育之悟

陈志红特级教师工作室学员论文集萃

■ 陈志红　主编

浙江工商大学出版社
ZHEJIANG GONGSHANG UNIVERSITY PRESS
·杭州·

图书在版编目(CIP)数据

育之悟：陈志红特级教师工作室学员论文集萃 / 陈
志红主编 . — 杭州：浙江工商大学出版社，2022.1
ISBN 978-7-5178-4776-2

Ⅰ.①育… Ⅱ.①陈… Ⅲ.①政治课—教学研究—中
学—文集 Ⅳ.① G633.202-53

中国版本图书馆 CIP 数据核字 (2022) 第 003352 号

育之悟——陈志红特级教师工作室学员论文集萃
YUZHIWU——CHENZHIHONG TEJI JIAOSHI GONGZUOSHI XUEYUAN LUNWEN JICUI
陈志红 主编

责任编辑	厉 勇
责任校对	童江霞
封面设计	沈 婷
责任印制	包建辉
出版发行	浙江工商大学出版社
	（杭州市教工路 198 号 邮政编码 310012）
	（E-mail：zjgsupress@163.com）
	（网址：http://www.zjgsupress.com）
	电话：0571-88904980，88831806（传真）
排 版	杭州朝曦图文设计有限公司
印 刷	浙江全能工艺美术印刷有限公司
开 本	710 mm × 1000 mm 1/16
印 张	18.5
字 数	270 千
版 印 次	2022 年 1 月第 1 版 2022 年 1 月第 1 次印刷
书 号	ISBN 978-7-5178-4776-2
定 价	68.00 元

目　录

序　言

　　我与陈志红老师相识已近三十年，在同行和学生的眼里，他是一位勤奋善思、富有爱心的老师；在周围百姓的眼中，他是一位朴实真诚、能做益友的老师；在我眼中，他是一位人品修养与敬业精神都值得大家学习的老师。我刚到教育系统工作，喜悉陈志红老师又出新书《育之悟——陈志红特级教师工作室学员论文集萃》，欣然作序，以表尊敬之心。

　　《育之悟——陈志红特级教师工作室学员论文集萃》，即教育的感悟。教师只教不悟难进步，只悟不教无基础，教悟结合开新局。所以，波斯纳认为：经验＋反思＝成长。

　　教育是科学，需要我们感悟教育的规律，学会按规律办事；教育是艺术，需要我们感悟创新的方法，提高教育的效能；教育是事业，需要我们感悟奉献的价值，增强奉献的自觉；教育是工程，需要我们感悟合作的智慧，加强合作的力量。陈志红特级教师工作室的全体教师在导师的悉心引领下，在中学思政课的教学实践中，坚持虚心学习、精心实践、潜心研究、热心分享，感悟教育之真谛、彰显教育教学之魅力、开创教育教学之新境，为建德市的教育事业做出积极的贡献。

　　教育感悟是一个系统，需要立足整体，优化相关要素的感悟，形成更加强大的感悟力量，方能推动教育教学"百尺竿头，更进一步"。

　　在教育理论的学习中感悟。没有科学理论指导的实践是盲目的实践。陈志红特级教师工作室的全体成员，通过阅读教育教学专家的原著、聆听教育名家的专题讲座和研读教育核心期刊高质量的教育教学论文等方式，全面而深刻地感悟教育专家的教育思想形成、发展和完善的历程，更加深刻地懂得教育教学理论的价值，提升运用科学教育理论指导实践的水平。

在教育教学的实践中感悟。实践是认识的来源和发展的根本动力，也是检验认识真理性的唯一标准。该工作室的广大教师坚持理论联系实际的根本原则，基于中学思政课的核心素养，积极转变教学方式，大胆试行高中思政课议题式教学实践，深研思政课议题式教学的规律与方法，从中感悟到要让学科核心素养高效落地，必须开展议题式教学实践，坚持不懈地把教学、德育、管理、研究、合作等有机统一起来，形成更大的教学合力，实现教学的可持续发展。

在教育教学的研究中感悟。教而不研则殆，研而不教则空。教与研和谐共生，相互促进，才能加快教师的专业成长。该工作室的同仁们坚持问题导向，竭力将教育教学中的问题提炼成小课题，把小课题研究的成果提炼成教学的经验，把鲜活的教育教学经验提升为教育教学智慧，从中感悟到研究只有直面问题，知难而进，攻坚克难，才能不断享受教育教学快乐的真谛。

在教育合作的优化中感悟。教育是一项系统工程，工程质量的提升在于优化合作。该工作室的同仁们在聆听大学教授的讲座中，感悟到唯有持续学习教育教学新理论，才能站在学科教学前沿的至理；在与兄弟学校教师的同课异构、命题说题、专题论坛等活动中，感悟到唯有在教育教学观念与行为的碰撞中，方可迸发出创新火花的道理；在与同事、家长与学生的合作中，感悟到教育教学成果是集体智慧的结晶，唯有合作方可共赢，孤军奋斗必将孤立无援的真理。

总之，陈志红特级教师工作室的全体教师，善于把学习、实践、研究、合作与感悟统一起来，争做习近平总书记所期望的"政治要强、思维要新、情怀要深、视野要广、自律要严、人格要正"的好政治教师。这值得我们学习和深思，更需要我们进一步实践和研究，为打造中学思政金课提供更多的教育教学智慧和力量，为立德树人做出更大的贡献！

浙江省建德市教育局党委书记、局长　胡国正

2021年5月31日

基于学科核心素养的高中思政课议题式教学行动研究报告

陈志红　邢　洁　谢　芸　饶云燕　方再华
连卫国　于　群　童建红　祝敏红　吴晓君

摘　要：中学思政课议题式教学研究是当下的一个热点问题，也是打造思政课教学金课的重要抓手。该课题组全体成员坚持以立德树人为根本任务、以提高学生的核心素养为宗旨、以课堂教学为主阵地，对中学思政课议题式教学开展了系统深度的实践研究，包括议题式教学的主要价值、基本原则、操作策略、课堂评价、合作研究等几大板块，取得了可喜的阶段性研究成果。

关键词：学科核心素养；思政课议题式教学；行动研究

一、课题研究缘由

1.这是彰显学科性质、实现学科目标的必然追求。教育部《普通高中思想政治课程标准（2017年版）》指出："高中思想政治课以立德树人为根本任务，以培育社会主义核心价值观为根本目的，是帮助学生确立正确的政治方向、提高思想政治学科核心素养、增强社会理解和参与能力的综合性、活动型课程。"聚焦当下国内外重大时政热点问题，围绕课堂教学的内容和教学目标，针对学生学习的实际和教师教学的具体情况，科学选定议题，开展议题式教学，需要综合运用学科内外的知识，开展丰富多彩的课堂探究活动,更要加以充分彰显高中思政课的学科性质,突出思想政治课教学的新亮点。

2.**这是转变教学方式、提高核心素养的重要载体。**新课程改革,要求教师转变观念,回归教育初衷,让课堂处于一个互动氛围民主、师生关系和谐、智慧火花迸发、价值引领无痕的教学空间,从知识传授走向素养提升。促进学生转变学习方式,增强自主合作、探究讨论、踊跃展示、感悟升华的主动性和创造性,提升思政课"政治认同、科学精神、法治意识、公共参与"的核心素养。议题式教学围绕核心素养培养的具体目标确定议题,然后进行包括精选情境、搜集资料、课堂互动探究、及时反馈等活动环节的设计。改变传统教学教师"一讲到底"的教学方式和学生被动"一听到底"的学习方式,培育学生的核心素养,为学生的终身发展奠基。

3.**这是丰富教师智慧、加快专业发展的有效形式。**习近平总书记2019年3月18日在全国学校思想政治理论课教师座谈会上指出:"办好思想政治理论课关键在教师,关键在发挥教师的积极性、主动性、创造性。"教师是立教之本、兴教之源。办好思政课,离不开一支政治素质过硬、业务能力精湛、育人水平高超的高素质专业化思政课教师队伍。议题式教学是以议题为线索、以生活情境为载体、以问题探究为纽带、以核心素养为导向、以学科知识为基石的一种崭新的教学模式,需要教师具备高尚的师德、渊博的专业知识、扎实的教学基本功和敏锐的时政洞察力,这就需要教师关注当前国内外重大时政,主动研究和积极开展议题式教学活动。这既是对教师实践能力的严峻挑战,更是提升教师学科核心素养、加快政治教师专业成长的新机遇。

4.**这是破解当下困惑、提高课堂实效的当务之急。**我们课题组对建德市49名高中思政课教师,就议题式教学进行了问卷调查。结果发现,只有19位教师听说过议题式教学,15位教师知道一点议题式教学,2位教师尝试过议题式教学,还有13位教师对议题式教学一无所知。教师对议题式教学缺乏应有的了解和实践,偶有尝试者因缺乏正确的理论指导和实践经验而导致效率低下。这意味着,我们迫切需要开展议题式教学的实践研究,推广具有操作意义的研究成果，引领更多的思政课教师积极主动而有效地开展议题式教学实践。

（1）教学过程的浅表性，导致课堂教学低效。综观高中思政课的议题式教学活动的实际情况，许多教师没有对议题式教学进行深度的研究，有的甚至对思政课议题式教学的基本常识也不够了解，有的对此可能一知半解，还自认为把握了议题式教学的真谛，由此导致许多思政课教师把议题式教学简单理解为以往问题教学法的变种，没有真正弄清议题式教学与问题教学的联系与区别，没有真正把握议题式教学的特点与规律。不少教师虽然对开展议题式教学活动热情比较高涨，精神可嘉，但常常在盲目中开展思政课议题式教学活动，草草收场，这种走马观花式的议题式教学"表演"活动，曲解了思政课议题式教学的本义，导致思政课课堂教学效能低下。

（2）教学行动的突击性，导致发展难以持续。议题式教学对于广大的思政课教师而言，是一个崭新而长期的研究课题，不可能一蹴而就，需要扎扎实实深入研究，才能实现议题式教学的持续发展。然而，不少教师为了应付公开教学的紧急需求，常常是"赶鸭子上架"，对议题式教学活动进行突击表演，有时也会得到许多现场观摩同行的点赞。然而，十分遗憾的是，这些教师难以把议题式教学的创新火花渐变为熊熊烈火，不断燃烧，实际情形是在日常的教学中又故态复萌——沿袭传统的以讲授为主的教学方法，没有自觉有效地开展思政课议题式教学常态化研究，导致议题式教学难以实现可持续发展。

（3）教学实力的差异性，导致实践很不均衡。振兴民族的希望在教育，振兴教育的希望在教师。广大思政课教师是成功开展议题式教学活动的希望。教师议题式教学研究和操作的个体差异，导致整个思政课教师队伍在议题式教学实效上的差异，使议题式教学开展很不均衡。故迫切需要教育行政部门与各所学校的重视与参与，特别需要一线教学专家与先行同行们的传帮带，让思政课议题式教学的改革行动从点到面，由浅入深，由此及彼，处处落地生根，开花结果。防止议题式教学停留在理论层面的研究，局限于少数学校少数骨干教师或仅仅出现在一些公开教学的展示活动之中。

因此,要让议题式教学成为广大教师教学研究的常态,成为加快教师成长的抓手。

二、同类研究简述

国外"社会性科学议题"课程,近年在西方科学教育中受到广泛重视。它被认为是解决学生应用科学知识、理解科学本质、形成正确的科学观、培养参与社会决策能力以及提高道德伦理修养的有效途径。

议题涉及全球性、区域性与学科性等问题。如,哈洛尔德针对大学化学与生物化学,列出了与本专业有关的七类议题:药物的合法使用、食品卫生、个人健康、能源、公众政策与道德、科学研究道德、环境污染与其他等。

关于"社会性科学议题"的选择,有诸多的认识。比如,威瑟尔对议题选择的建议有三条:一是由于能够对公众的生活产生影响或消耗社会成本,成为人们必须解决的、被当下大众所关注的问题;二是对议题进行理性判断时,需要涉及多元的、复杂的证据及分析,其解决方案也往往没有定论的问题;三是议题解决涉及个人的生活特质或需要考虑不同个人的价值观和情感等方面。"社会性科学议题"课程关注科学本质内容主要涉及三大方面。一是科学知识的尝试性:知识的主体部分不变,有的科学知识会随着新的实验事实的获得而发生变化。二是科学证据的属性:科学建立在经验证据的基础上,但在进行实验获得数据以及对数据加以解释的过程中包含了科学家的创造性活动。三是科学的社会属性:科学研究和社会文化之间具有互动关系,科学的发展涉及社会伦理和道德问题。

这些有关科学议题的研究活动主要涉及课程建设的研究成果,可为本课题研究开阔视野,提供研究经验和路径。但是,这些研究往往没有深度涉及课堂教学活动,也没有对课堂教学开展议题式教学研究提供研究的方向、路径、方法和鲜活的经验。

随着思想政治课新教材的正式使用和高中新一轮教学改革的推进,在思想政治课开展议题式教学研究,成为广大思政课教学工作者的研究重点,并已经取得了阶段性的研究成果。比如,北师大李晓东老师对中学思政课实施议题式教学进行了多维度的研究,公开发表了《如何理解议题式教学活动》等多篇论文。许多政治教研员和中学的一线教师,也踊跃参与思政课议题式教学的研究活动,比如,江苏许大成老师的《精塑活动之"型":提升活动品质的四个维度》、江苏张翰老师的《提升议题教学设计能力》、浙江金朝辉老师的《自主辨析:议题式教学的新路径——以"科学认识不同的消费观"为例》、浙江鲁新民老师的《活动型学科课程的四维设计》、辽宁李锦老师等的《议题式教学:新课标下的课堂新样态》,等等,如此众多的阶段性研究成果,为本课题系统而深度的研究提供有益的鲜活的理论和经验。但是,上述有关议题式教学的研究,主要涉及思想政治课议题式教学某一方面的零散研究,需要把思政课议题式教学活动作为一个有机的系统来研究,为同行提供一个整体性的崭新的可以借鉴的新成果。

三、议题式教学的主要特征

议题式教学要求教师在认真研读新课程标准、深入精准地把握思政课教材内容和当下学生身心发展规律的基础上,尤其关注学生的"最近发展区"与"可能发展区"之间的关系,洞悉眼前国内外重大的时政热点问题,依据思想政治学科的核心素养的具体要求,从思政课教材、当下学生或者教师自身中确定合适的议题,然后搜集大量优质的情境材料,进行科学设计并有序展开针对系统问题的积极探究,最后进行归纳总结和整体提升,使学科的核心素养高效落地,扎下深根,喜结硕果。

1.**突破既定答案,体现开放性**。在以往的问题式教学中,教师根据教材内容和学生实际情况设计相应的教学问题,根据教学的预设展开,让学生在师生互动或生生互动中生成问题。而这些问题往往有一定的参考答案可供参考,或者教师在教学的交互中直接展示"标准答案",这种教学有较大的封闭性。比如,在《经济生活》有关"价值规律"的教学中,教师往往先设计什么是价值规律,价值规律的表现形式是什么,价值规律作用的重要表现是什么，价值规律的内容、表现形式与作用之间有什么关系等问题，然后引导学生自学教材，联系生活实际，总结和归纳这些问题的具体确定的答案。

议题式教学需要思政课教师在上课之前，从教材、学生与生活的科学结合中，筛选和确定一系列可以统摄课程的具体议题。这些议题常常没有唯一固定的现成答案，它突破了单一问题的局限，更加具有开放性，教师在引导学生畅所欲言的基础上，水到渠成地达成一定的共识，带领学生沿着每堂课培养学科核心素养的具体目标挺进。我们课题组的W老师，在《经济生活》"价值规律"的教学中，教师以杭州市主城区商品房的价格变动为话题，设计系列教学议题：杭州主城区商品房价格居高不下的原因有哪些？杭州主城区商品房价格居高不下会对当地的生产与生活产生哪些影响？政府怎样才能有更大的作为？……寻觅这些问题的答案有一定的特定情境的开放性，可以引导学生积极主动地参与问题的探究活动，弘扬科学精神，认同我国的社会主义市场经济体制。

2.**围绕核心素养，凸显价值性**。议题中心式教学的历史比较久远。这些议题中心式教学主要是通过课堂的生生、师生等反复讨论，为学生有机创设价值两难的具体情境，教师启迪学生在两难中做出一定的选择，引导学生在积极思考和讨论活动的体验中，锻炼和培养自身的思维能力。我们课题组的T老师，在《文化生活》"思想道德教育"的教学中，选择某公司在人才市场招聘员工时的一道面试题：当公司的利益与国家利益发生矛盾的时候，你应该如何选择？教师引导学生在价值选择冲突中，自主交流观点，主动分享体会，正确处理好国家利益与企业利益的关系，对学生进行社会主义核心价值观的教育，力争积极引导学生把社会主义核心价值观入心、入脑、导行。

在议题式教学中，并不刻意追求价值选择的冲突，而主要通过一系列符合学生实际、社会生活实际以及学科知识的具体议题，在教师启发下，引导学生积极主动思考，自觉参与探究，学会科学分享，从而逐步形成对学科核心价值的高度认同，提升学生思政课的学科核心素养。我们课题组的T老师，在《文化生活》"思想道德教育"的教学中，面对跌倒的老人扶与不扶的问题，设计议题：假如你的爷爷奶奶在马路边跌倒生命垂危，没有路人搀扶，你有什么想法？导致马路边老人跌倒扶与不扶问题的主要原因有哪些？应该如何解决老人在马路边跌倒扶与不扶的问题？让学生在议题的思考和交流中，进行正确的价值判断与选择。

3.联系真实生活，讲究情境性。在主题式教学中，教师主要是科学系统地统整课程知识，精准找到知识之间的相关性，然后选择与确定出一个可以把众多的知识点串联起来的主题，展开教学活动。主题式教学涉及的知识面可能很广，而且会有多种教学方法的有机整合。比如，在《经济生活》的专题复习中，选择我国实施精准扶贫的主题，探讨我国实施精准扶贫的经济学原因，可以涉及影响消费的主要因素、维护社会公平的意义、社会主义市场经济的根本目标、新发展理念等知识；寻找我国开展精准扶贫的经济学措施，可以涉及国家财政的作用、维护社会公平的要求、建设现代经济体系要求实施乡村振兴战略、科学宏观调控、新发展理念等知识。教师可以采用自主学习交流法、小组合作学习法、教师归纳讲授法等多种方法的有机结合，让学生多维度思考和回答现实问题，提高理论联系实际的能力。

与主题式教学相比，议题式教学更加侧重于教师引领学生在具体真实的生活场景中，运用所学的思想政治课的有关知识，学会分析和解决具体真实的问题。我们课题组的X老师，在《经济生活》"社会主义市场经济"的教学中，以我国对十八洞村开展精准扶贫的过程和成果为材料，创设具体而真实的情境，设计具体的探究议题：十八洞村致贫的主要原因是什么？开展对十八洞村精准扶贫的主要依据有哪些？对十八洞村开展精准扶贫取得显著成果说明了什么？让学生学会在具体真实的情境中，探讨和解决具体问题，提升学生具体问题具体分析的能力。

4.根据教学需要，展示多样性。新课程改革倡导学生的"探究学习"，思想政治课教材每框内容几乎都有一些探究性的问题，这对于培养学生的问题意识具有积极的导向作用。一些思政课教师或者受探究性教学惯性思维和教学模式的影响，或者对议题式教学的内涵和形式没有真正把握，往往把探究性教学与议题式教学方式的关系混为一谈，甚至颠倒，阻碍议题式教学的行动研究。探究式教学可以围绕特定的理论问题或者特定的实践问题进行探究，探究的问题和教学形式往往比较单调，教学过程相对独立，教学体验相对分散。议题式教学应该围绕一个主题的序列化问题进行设计，采取多种思维指向、多种问题形式、多种设问方式，以问题呈现、调查研究、活动体验、问题探究、课堂思辨等多种形式开展教学活动。主题要确定，情境要真实，问题要具体，形式要多样，过程由浅入深，波澜起伏，如此才能让体验连贯而真切。

5.针对文本知识，具有学科性。高中思政课是一门活动型、综合性的课程。议题式教学必须旗帜鲜明地"讲政治"，理直气壮地坚持坚定正确的政治方向，反对偏离政治学科的核心观点和核心价值。这就需要广大思政课教师在师生的交互活动中，综合运用思政课的知识，正确而切实地解决真实情境中的问题，提升学生的学科核心素养，防止偏离学科教学轨道，误入教学的歧途。有的政治教师设计的议题没有蕴含鲜明的思政学科知识，导致泛泛而谈；有的对议题教学中出现的偏离思政课基本观点的现象，不能及时引导，正确纠偏，导致课堂教学的引领失控，对学生产生误导；有的不能把问题情境与教材原理精准而有效地对接起来，仅仅停留在浅度教学的层面，往往存在材料与观点两张皮的现象，难以提升思政课教学的信度和效度，不能有效凸显思政课议题式教学的学科特色。这需要我们深度学习、研究和反思，扎扎实实把思政课议题式教学引向深入，使其跃上新台阶。

四、议题式教学的基本原则

开展议题式教学旨在引领学生通过对议题的自主、合作与探究学习，帮助学生提升思想政治学科的核心素养。议题式教学必须在遵循学科理念、植根时代生活、着眼学生成长、整合学科知识的基础上，再造学习化课程，打造高效新课堂。为此，议题式教学的实施过程，要从最有利于引领学生发展的适切性议题上着眼，让学生通过辨别是非，找准正确的前进方向；

要在能承载核心素养的关键议题上着力,让学生找准知识发源和生成的点;要在具体的思辨议题上着重,让学生找准问题探究的兴趣与价值;要在能够生成新问题、再创新情境的议题上着手,让学生在预设的基础上演绎有机生成,开创学习新境界。

1.引领性原则。在一定意义上说,教学就是引领。引领学生树立科学的世界观、人生观和价值观,坚持坚定正确的政治方向,让学生健康成长;引领学生学会学习,培养学习兴趣和学习习惯,掌握科学的学习方法,提高学习力,为学生的终身学习奠基;引领学生在自主合作学习中学会创新,为学生成才不断积累资本;引领学生学会做人,在个人与社会的统一中实现人生价值。

议题式教学对学生的引领,一般可以分为知识立意、能力立意和素养立意等三个层次。我们课题组的Y老师,选用"在省政府的指导下,经济发达的H市帮助经济落后的C市实施'产业帮扶'的精准措施,实现两市的共同发展"等背景材料,运用社会主义市场经济的有关知识,设计了三个问题:(1)产业帮扶,共同发展,体现我国社会主义市场经济的什么特征?(2)政府指导,产业帮扶,为什么能够促进两市经济的共同发展?(3)在我国,为什么能够促成产业帮扶,实现共同发展?第一问重在知道我国社会主义市场经济以共同富裕为根本目标,重在知识层次引领,让学生初步认同我国的社会主义市场经济体制;第二问重在理解市场和计划手段有机结合,能够优化资源配置,提高经济效益,让学生深度认同我国的社会主义市场经济体制,重在能力层次引领;第三问重在探究我国能够对国民经济进行科学宏观调控的原因,让学生深度认同我国的社会主义市场经济体制,重在素养层次引领。

议题式教学要通过有关议题的设计和展开教学活动,在这过程中,教师坚持循序渐进的原则,不断提升引领的层次和效能,尽量减少或防止只是停留在浅表层次,着力引领学生向着深度学习、深度互动、深度体验的层次迈进,让学科核心素养能够真正高效落地。同时也应该注意深而有度、深而有新、深而有益,防止出现深而畏难、深而不动、深而低效等现象。

2.**关键性原则**。思政课议题式教学为培育学生的学科核心素养服务，必须对提高学生的核心素养起关键作用。为此，议题式教学活动要聚焦核心议题，集中时间和精力，突出教学重点，攻破教学难点。防止面面俱到，眉毛胡子一把抓，或者主次颠倒等教学现象。

由于思政课教学存在教学内容繁多与教学时间不足的矛盾，许多教师在课堂教学中赶进度，多个议题的探讨面面俱到，重点难以突出；每个议题的探究只是蜻蜓点水，学科核心素养难以落地。

为此，教师要坚持两点论与重点论相统一的方法，学会统筹兼顾，在解决关键议题、提升学生的核心素养上多下功夫。我们课题组的C老师，在《政治生活》"中国共产党立党为公，执政为民"的复习教学中，针对一些学生由于受党内一些腐败案例的影响，对党的性质、宗旨等仍然存在认同度偏差；一些教师对此也存在认识误区，甚至不敢理直气壮地正确引导学生全面精准认识党的性质和宗旨，导致一些学生对党的感情不深，甚至对"立党为公，执政为民"产生质疑。为此，本框的复习教学重点应该放在培养学生对"立党为公，执政为民"的正确认识，培养学生对坚持党的领导的认同，培养学生热爱党的深厚情感之上。我们研究团队的H教师以我国"战疫"活动为背景创造情境，着重选择党组织和党员如何在"战疫"中坚持"立党为公，执政为民"，取得阶段性战略成果的典型素材和美国"战疫"的有关素材，重点设计了三大问题：（1）为什么在中国共产党的领导下，我国的"战疫"行动能取得阶段性的战略成果？（2）为什么在美国共和党的领导下，美国的新冠疫情不断蔓延？（3）中国共产党领导中国人民从"站起来""富起来"到"强起来"的过程，是如何体现"立党为公，执政为民"的？在中、美两国执政党对"战疫"成果显著差异的对比中，在中国革命、建设与改革的实践中，全面深刻认识中国共产党"立党为公，执政为民"的辉煌历史和现实，进一步培养学生对政党制度优越性的深度认同，对中国共产党的深厚情感。

3.**探究性原则**。议题式教学直面真实的教学情境，运用学科的科学理论知识，破解真实的教学问题，旨在引导学生自主创造学习的新空间，丰富学生的学习经历，从而不断提升学科核心素养。为此，在思政课的议题式教学中，需要组织引导学生开展自主、合作、探究学习，培养学生的问题意识，提高学生不断提出、探究和解决议题式的具体问题的能力。坚持探究性原则需要着力做好以下四个方面：一是根据议题式教学的要求，提出适合学生探究水平的高质量问题，防止设计偏离学生实际的不适切的探究问题。二是选择适合学生特点的探究方法。引导学生在自主、合作、探究中找到适合自己的探究方法。三是激发学生的探究兴趣，启迪学生积极主动参与课堂的探究活动。比如，我们课题组的X老师，在《经济生活》"市场配置资源"的复习教学中，借用北大自主招生面试题"白马与黑马有什么区别"进行探究。学生在思考中萌发探究的兴趣，但存在较大的畏难情绪。紧接着X教师，在本框的复习中结合教材内容，把问题分解为三个新的具体问题：（1）单一的伯乐相马有什么利弊？（2）白马与黑马同台竞赛有什么意义与不足？（3）如何更加有效地配置"马"的资源。从而调动学生深入探究计划与市场配置资源的优劣，进一步懂得在社会主义市场经济中只有充分发挥市场的决定性作用和更好地发挥政府的重要作用，才能优化资源配置，提高经济效益？四是拓展学生探究的视野。让学生学会把小课堂与大社会结合起来，把立足中国与放眼世界结合起来，把继承传统与推陈出新结合起来。比如，我们课题组的W老师，在《生活与哲学》"世界是普遍联系的"复习教学中，运用2020年7月全国Ⅰ卷高考作文题的材料：分析齐桓公、管仲、鲍叔三个人，并提出三个问题：（1）齐桓公如何处理眼前利益和长远利益、局部利益与整体利益的关系？（2）鲍叔如何正确处理好个人利益与国家利益的关系？（3）管仲如何正确处理好敌我矛盾的关系？再结合中国"战疫"行动中的具体事例，进行讨论：我国是如何处理好上述关系，开展全国与全世界的"战疫"行动，为全球的"战疫"做出中国贡献，并展示中国形象的？把中华优秀文化的智慧与马克思主义哲学的智慧完美结合起来，提升学生的政治认同与科学精神等核心素养。

4.生成性原则。课堂教学是一个科学预设与动态生成的过程。议题式教学也需要教师在课前把课堂教学的一般规律、思政学科教学的特殊规律与学生成长发展的规律紧密结合起来进行科学预设,在课堂中,尊重生活逻辑、知识逻辑和教学逻辑,引导学生生成、分析和探索问题,让师生之间、生生之间相互促进、共同发展,打造生态型的高效课堂。我们课题组的H老师,在《经济生活》"国家财政的作用"的复习教学中,选用"我国针对疫情防控与需求不振等新形势,为了进一步做好防疫抗疫工作,加快复工复产的步伐,对小微企业减税降费,国务院转移给地方约2万亿元的专项防疫与复工复产资金,地方政府拨出配套防疫和支持复工复产的专项资金,并适度发放消费券,扩大内需等措施,由此促进我国联防联控和经济复苏双赢的局面"等材料来创设情境。由此提问:国家财政如何实现我国疫情联防联控与经济复苏双赢?教师在引导学生运用教材上的有关国家财政三个方面作用的知识,探究上述问题之后,请学生分小组学习,根据既定材料,从国家财政的角度,提出新的问题并拟好答案要点,并选派代表在全班交流。同学们提出了许多新的有价值的问题:(1)政府的上述措施是如何体现国家财政在促进资源合理配置中的作用的?(2)政府的上述措施为什么能够促进我国国民经济的平稳运行?(3)运用"国家财政"的有关知识,分析我国政府宏观调控的科学性。(4)从"国家财政"的角度看,政府如何处理好国家、企业与个人三者的关系?(5)结合材料,运用"国家财政"的相关知识,分析政府的上述举措对扩大内需的意义。这些问题的生成,从不同的角度把财政的有关知识与社会再生产的四个环节结合起来,拓展学生运用知识探究问题的深度和广度,把课堂议题式教学引向更高的境界。

五、议题式教学的实施步骤

思政课议题式教学过程是一个有机的系统,需要立足于深化思政课教学改革,提升学生的学科核心素养,打造生态型的高效课堂这个整体,优化"议题选择、目标制定、情境创设、过程优化、反思改善"等各个要素之间的关系,力争让整体功能大于各部分功能之和,实现议题式课堂教学效能的最优化。

1.在"四贴近"中选择适合议题。议题,既包含学科课程的具体内容,又展示价值判断的基本观点;既具有开放性、引领性,又体现教学重点,抓准学习难点。选择适合的议题是成功实施议题式教学的一个重要前提条件。因为适合的议题常常承载着时政热点的素材、学科的核心知识、提升学生核心素养的导向和教育教学的规律等丰富多彩的内容。议题的设计要直面真问题。因为真问题具有邀请性,让学生产生思考的冲动,更具有冲击力,引发思考的深度和强度。设计一个适合的真实议题需要做好"四个贴近"。一是贴近师生实际,让师生"可议"。这里的"师生实际"主要包括师生现有生活积累的经验、学科的基础知识水平、相应的学习能力、探究的动力等,并经过"跳一跳"能够到达"可能发展区"的潜在实力。要防止设计难度过浅或过深,导致师生一蹴而就"或"难以抵达"等现象。二是贴近教材,让学生"准议"。议题设计必须蕴含学科知识,彰显思政学科的鲜明特色,把中国学生的核心素养和思政课的核心素养有机结合起来。防止偏离甚至远离思政课的学科核心知识设计议题,导致议题教学泛泛而谈,盲目实践,脱离思政课教学目标的要求。三是贴近生活,让学生"想议"。这里的"生活"须符合"三个统一":学校生活、家庭生活与社会生活的统一;过去生活、现在生活与未来生活的统一;国内生活与国际生活的统一。尽量选择学生关注的,存在认识困惑的并与学科知识紧密结合的生活事例,设计相关的教学议题。四是贴近教学规律,让学生"会议"。遵循教育教学客观规律,是实施议题式教学的前提和基础。只有把知识逻辑、生活逻辑和教学逻辑完美结合起来,才能让议题式教学达到事半功倍的实效。如果违背教学规律,只是知识逻辑和生活逻辑的简单拼凑,必然收效甚微。比如,我们课题组的G老师,在《生活与哲学》"系统优化的方法"的教学中,选择"某校如何教育学生管理和使用好手机,提升学生的学习成绩"的案例,重点探究三个议题:(1)如果把学生手机管理作为一个系统,需要考虑哪些要素?(2)该校是如何运用系统优化的方法管理和使用好手机,提升学习成绩的?(3)从"系统优化的方法"的角度看,我校在学生手机管理和使用中存在哪些问题?应该如何解决?这些议题的设计贴近学生校园生活的实际、思政课的学科知识与教学规律，是适合的议题，为高效达成教学目标创造重要条件。同时，我们课题组的D老师，同样在《生活与哲学》"系统优化的方法"的教学中，选择了"中央与香港特区治理乱局"的事例，指导学生探究三个问题：（1）香港乱局形成的主要原因有哪些？（2）中央政府与香港特区政府在治理香港乱局中存在哪些问题？（3）我国应该如何完善"一国两制"，维护香港的稳定与繁荣？该教师关注时政的焦点问题值得肯定，但是由于师生对香港乱局问题了解不多，且有的信息也缺乏权威性，加上教学议题的设计没有紧密贴近思政课的学科知识，导致课堂教学表面热热闹闹，实际收效很低。

2.在"四结合"中制订教学目标。议题教学目标是教学的指南针，也是我们创设教学情境与设计教学议题的重要依据。要切实制订依据教材、立足学生、指向素养，具有全面性和可操作性的教学目标，把教学目标与教学行为紧密结合起来。要科学设计议题式教学的目标，必须做好"四个结合"。一是坚持教学目标的共性与个性相结合。这里的教学目标的"共性"主要是指教育的根本任务与思想政治课核心素养的基本要求，坚定正确的方向；"个性"主要是指本节课具体的教学目标，具有可操作性。我们既要防止每堂课教学目标设计过于"共性"化，又要防止偏离"共性"，设计每堂课"个性"的教学目标。比如，我们课题组的G教师，在《生活与哲学》"社会主义核心价值观"的教学中，结合"在我国'战疫'行动中，4.26万名医务工作者驰援武汉，决胜武汉保卫战"的感人事例，根据教育的根本任务"立德树人"，思政课核心素养的"政治认同"等要求，设计教学目标：（1）理解和认同社会主义核心价值观的基本内容及其内在的关系；（2）能够运用社会主义核心价值观的知识，分析社会生活的有关现象；（3）增强学生在"个人层面"践行社会主义核心价值观的自觉性。这样的目标设计践行了教学目标共性与个性的有机统一。二是坚持目标与手段相结合。教学目标是教学实践的方向，教学手段是实现教学目标的措施。没有教学目标的教学手段，只是盲目的手段；没有相应的教学手段的教学目标，只是空想的目标。只有把教学目标和教学手段有机结合起来，才能实现或接近理想的教学目标。因此，要把制订科学的教学目标与选择适当的教学手段一并思考，一起选择和完成，防止两者偏离甚至对立的现象。比如，根据教学目标的要求，如何选择教学的素材，设计教学的议题，选择教学的手段，分配教学的时间，安排师生的活动，穿插课堂的练习，等等，都要与教学目标相契合，最大限度地保障教学目标的实现。三是坚持重点与一般相结合。由于课堂教学时间的有限性与教学内容的多样性的矛盾，教学目标的制订不能搞平均主义，必须坚持统筹兼顾，突出重点，兼顾一般。既要防止眉毛胡子一把抓，也要防止主次颠倒等现象。比如，我们课题组的Z老师，在《政治生活》"民主监督"的教学中，根据学科核心素养与本框的教学内容，既重点设计学生对我国民主监督制度的"政治认同"与学会参与民主监督的"公共参与"等核心素养的目标，又设计了坚持依法参与民主监督的"法治意识"和学会民主监督的"科学精神"的一般教学目标，做到了重点与一般的科学结合。四是坚持现实与理想的结合。教学目标源于现实，又高于现实，但不能等同于现实，更不能低于现实。因此，议题式教学目标设计应该坚持问题导向，充分了解社会的现实问题，尤其是学生自身存在或面临的问题，通过科学教学目标的达成，帮助学生直面社会与自己的现实问题，引领学生在知识学习、能力提升、素养培育上多头并进，追求教学的针对性和理想性。我们课题组的L老师，在《生活与哲学》"用对立统一的观点看问题"的教学中，针对学生在当下学习中存在的问题，设计教学目标：（1）在提升学习力中，坚持"两点论与重点论相统一"的方法，学会"具体问题具体分析"；（2）学会用上述方法分析当下自己在学习中存在的问题并找到解决的对策。引导学生用"科学精神"指导自己的学习生活，为学生终身学习指明了正确的方向和方法。

3.在"四趣"中创设教学情境。兴趣是最好的老师。有趣的教学情境能够唤醒学生探究的欲望，激发学生探究的内驱力，积极主动并富有创造性地参与到议题式教学活动中来。无趣无味的教学情境往往让学生昏昏欲睡，甚至产生逆反心理，导致课堂议题式教学气氛十分沉闷，教学进程举步维艰，课堂收效可想而知。坚持贴近学生的实际，把知趣、情趣、理趣、志趣统一起来，在学生的"兴奋点"上狠下功夫，创新有趣的教学情境。我们课题组的C老师，在《生活与哲学》"唯物辩证法"的复习教学中，用"中学生恋爱是利大于弊，还是弊大于利"的问题，创设情境，并引导学生理解"一般地说，中学生恋爱是糖衣裹着的苦果"的唯物辩证法道理及对我们中学生的启示。学生情绪非常高涨，分组讨论十分热烈，课堂交流异常活跃，师生总结归纳精准全面。"中学生恋爱往往是糖衣裹着的苦果"体现的唯物辩证法道理有：（1）中学生由于"恋爱"，所以品尝"糖衣与苦果"，体现了因果联系的观点；（2）中学生"恋爱"，从品尝"糖衣"到品尝"苦果"，体现了变化的观点；（3）中学生"恋爱"，既品尝"糖衣"，又品尝"苦果"，而"苦果"是主要方面，体现了根据矛盾主次方面的辩证关系，要求坚持两点论与重点论相统一的方法；（4）不同学生品尝"糖衣"与"苦果"是不同的，体现了矛盾普遍性与特殊性的辩证关系；（5）不同学生品尝"糖衣"与"苦果"不同，"糖衣"与"苦果"哪个是主要方面也不完全相同，体现了根据矛盾的特殊性原理，要求坚持具体问题具体分析的方法。所以，中学生要树立正确的恋爱观，正确处理好权利与义务、情与理、学与情、眼前利益与长远利益的关系。

4.在"四有"中优化操作过程。在创设有趣的教学情境之后，还需要优化操作的过程，让整个教学过程有序、有度、有潮、有长。有序，就是议题式教学要按教学规律办事。议题的呈现、分组探讨、观点分享、课堂评价、总结归纳等教学环节，既要做到根据科学预设有序展开，又要依据课堂教学的现场变化适时调控教学进程，让整个教学过程的各个环节井然有序，防止面对突如其来的变化而手忙脚乱。有度，就是整个教学过程、各个环节的进程调控以及教学手段的使用要适度。主要包括议题的探讨，坚持重点与一般、民主与集中、预设与生成的统一；多媒体的使用，坚持传统与现代、质量与数量、方法与效能的统一；学生的参与，坚持自主与合作、显性与隐性、课内与课外的统一。有潮，就是整个议题式教学过程波澜起伏，高潮迭起。主要包括教师要有针对性地进行教学大小高潮的精心设计与教学现场的见机行事，有机诱导，让学生处在学习的亢奋之中，产生学习的高峰体验。既要防止教学过程的平铺直叙，导致"闷课"，又要防止学生情绪失控，产生"乱课"。有长，就是竭力促进师生的共同成长。为此，教师首先要充分发挥民主，让学生敢想、敢说、敢做，善于质疑问难。其次，要给学生留足探讨问题的时间与空间，让学生尽情发挥，积极参与。再次，要对学生进行鼓励性的评价，培养学生批判性思维的能力。教师在引导学生成长的同时，让学生"倒逼"教师的成长。我们课题组的C老师在《政治生活》"坚持以人民为中心"的教学中，选择了中国共产党在"战疫"活动中的典型材料，主要包括党中央对"战疫"活动的部署与指挥，各级党组织和广大党员积极主动地投入"战疫"活动之中的感人举措。设计三大议题：（1）共产党员钟南山、李兰娟、张文宏等是如何在"战疫"中发挥先锋模范作用的？（2）中国共产党为什么能够在这次"战疫"中发挥战斗堡垒作用？（3）你是如何评价党组织和党员在本次"战疫"中的作用？在议题的探究中，有学生提出，据说中国共产党有9000多万名，参与本次"战疫"的只是少数党员，党内还存在许多腐败分子，这样还能不能从中归纳出"党始终坚持以人民为中心"的结论？C教师认真倾听该生发言，并请其他同学发表意见，结果出现课堂短时"冷场"现象。C老师又提出三个具体问题并分组再讨论：（1）部分党员在前线抗疫，其他党员在干什么？（2）党内的腐败分子与党员有什么区别？（3）共产党领导的中国抗疫与共和党领导的美国抗疫，为什么有巨大的成果差异？经过学生热烈的讨论，师生共同归纳：部分党员在前线抗疫，其他党员在后方支援；党内的腐败分子徒有党员的称号，已经不是真正意义上的共产党员；中美抗疫成果的巨大差异，反映出中、美两个执政党不同的性质与宗旨。由此使整个议题式教学的课堂呈现跌宕起伏与教学相长的精彩局面，高效达成课堂教学目标。

　　5.在"四分"中反思行为得失。 失败是成功之母，反思是成功之父。波斯纳认为：经验＋反思＝成长。科学反思的实质是不断发现问题、分析问题和解决问题，并提出新的问题，让议题式教学活动更科学、更精致、更高效。一般地说，议题式教学的反思可以有四种分类方法。一是按教的主体分为反思本人的教学行为和他人的教学行为。教师可以通过对教学过程的呈现、他人的评课、课堂教学录像的回放反思自己的教学行为得失,归因,并找出对策,还可以在同课异构、同课同构、异课同构、异课异构等活动中,反思他人教学活动行为的优劣,分析原因,提出建议。二是按教学的时空分为课前反思、课中反思与课后反思,适时调整自己的教学目标、教学行为和教学手段等,整体优化教学过程。三是按理论与实践的关系分为理论反思与实践反思。所谓理论反思,就是在科学理论,尤其是新发展理念、核心素养等理论指引下,分析课堂教学的得失,改进教学方法。所谓实践反思,主要是指运用已有的教学经验对课堂教学行为进行反思,敢于突破狭隘的经验,防止犯教学经验主义的错误。四是按课堂教学的要素分为教学议题的设计、教学手段的选择、教学方法的使用、课堂练习的组织、课堂评价的实施等多个方面。我们课题组的X老师在《生活与哲学》"用发展的观点看问题"的全市公开课教学中,选用"自媒体"的有关话题。说课后,同事提出了教学目标不够具体、议题设置过多、PPT数量不精、"两题"联系不紧、课堂评价单一等许多问题。C老师在反思后做出必要的修改。在试教后评课阶段,同事又提出了本堂课的教学时间安排前松后紧、思政教育气息不浓、课堂探究重点不够突出、教师情感比较平淡等问题。C老师再对课堂设计进行较大调整。C老师在观看自己试教的录像课后,主动与同行深入探讨,对议题情境的创设、议题讨论的引导与议题探究后的总结等内容深度锤炼。C老师在正式的市级公开课的教学中,就演绎了一堂精彩的思政课,得到与会教师的广泛好评。因此,教师想要把日常的议题教学课上得更精致、更出彩、更高效,必须不断在科学的反思中改善教学理念,改进教学设计和优化教学行为,不断开创议题式教学的新境界。

六、合作研究路径

议题式教学是一种新的教学方式,需要广大思政课教师认真学习有关教学理论,把握议题式教学的规律和基本特征,深入开展议题式教学的合作研究,不断攻克教学的难题,积累丰富的教学经验,让课堂教学迈上新台阶。

1.**专家合作引领化**。思政课一线教师往往比较缺乏教育理论的研究和指导，这既需要高校、研究机构专家的理论引领，又需要一线教学行家的经验指导。只有把科学的教育理论与复杂多变的教学实践紧密结合起来，才能在新的教学实践中明确方向，探究路径，优化过程，积累经验，力求高效。为此，我们课题组的全体成员，积极参与各级各类的培训和研究活动，坚持"走出去"与"引进来"相结合，先后组织教师赴华东师范大学、北京师范大学、浙江大学、陕西师范大学等高校进行培训活动，聆听钟启泉、朱明光、李晓东、王葎、黄建伟等教育专家的专题报告，又邀请方培君、孟祥平、梁侠、董晨、祝国强、边永坚、陆志龙、董凌达等一线教学和研究专家来校做专题讲座。老师们在听完报告之后，适时进行专题研讨，分享学习心得，相互共同启发。在培训学习之后，及时组织同课异构活动，力求准确运用所学理论，指导议题式课堂教学活动。我们课题组依据李晓东老师关于"教学改革应该是更上一层楼，而不是平地另外起高楼"的观点，来审视自己的以往教学与议题式教学之间的关系，运用辩证否定的观点，继承以往教学中重视热点时政材料进课堂，坚持预设与生成相统一，引导学生自主合作探究学习，适时调整课堂教学进程，适当运用多媒体辅助教学手段等合理因素。改变教师一讲到底，"讲条条、画条条、背条条"，让学生被动接受的陈腐习惯。克服过度使用多媒体教学手段，重视预设忽视生成，注重理论轻视运用等弊端。适当增加议题式教学情境创设、议题探讨、有机生成、培养学生学科核心素养等基本要素。避免全部否定以往的教学经验和照搬过去的教学行为的两个极端，把以往教学的优势和议题式教学的要求紧密结合起来，推进议题式教学的深入开展。

2.**师生合作常态化**。教学是师生的双边活动，只有充分调动教师和学生两方面的积极性和创造性，才能促进教学相长，打造高效课堂。实施议题式教学课堂新、要求高、难度大，要求师生知难而进，合作探究，循序渐进，使议题式教学活动常态化，并体现在课堂教学的方方面面，贯穿课堂教学的始终。实施议题式教学既要防止"作秀"、非公开教学"沉默"等或热或冷的现象，又要防止蜻蜓点水、走马观花等"浅表式"做法。由于受教学主客观条件的影响，思政课日常的议题式教学活动，不可能每节课都像公开教学那样备课、上课与反思。在日常的议题式教学中可以坚持整体与部分相结合，既有整堂课的全面设计，又有部分穿插或渗透，坚持点面结合，有序推进，逐步创新。比如，我们课题组要求每位教师坚持每月开展一节完整的议题式教学课，每节课侧重某个要素的尝试。每个学期开展一至两次"同课异构"的教学研究活动，每次活动紧紧围绕议题式教学的重点和难点，开展议题式教学目标与议题设计、情境创设、引领学生分组合作探究、总结归纳与观点分享等专题研究，分享经验与教训，取长补短，加快改进教学行为。我们课题组的Y老师指导学生开展议题式日常时政演讲活动，选择一个当下的时政热点材料，选用一个或几个思政课教材的观点进行评说，再请由学生推荐产生的"学生专家组"成员进行评价，其他同学也可自主发表意见。比如，学生F在我国《中华人民共和国香港特别行政区维护国家安全法》（以下简称《香港国安法》）颁布之后，面对国际上极少数国家政客对我国颁布《香港国安法》说三道四等情况，从国家结构形式和依法治国等角度开展议题式演讲，精准分析中国颁布《香港国安法》的合法性与合理性，引起广大同学的共鸣。由此培养学生直面现实、设计议题和探究议题的能力和提升学科核心素养。

3.同事合作课题化。华师大教授钟启泉认为，当下中国中小学教师往往存在三个问题：不看书、不研究、不合作。究其原因主要是我国中小学教师的教学事务过于繁重、压力过重。如果任凭这些问题不断蔓延和恶化，势必严重影响我国教育事业的可持续健康发展。解决上述问题的密钥之一就是开展课题合作研究。为此，我们工作室坚持申报省市立项课题，吸引同事参与课题合作研究，助推同事把研究、学习、合作紧密结合起来，加快专业发展。我们工作室申报的本立项课题，分为七个子课题：（1）议题式教学的价值研究；（2）议题式教学的情境创设研究；（3）议题式教学的原则研究；（4）议题式教学的策略研究；（5）议题式教学的议题设计研究；（6）议题式教学的课堂评价研究；（7）议题式教学的校际合作研究。每个子课题由一个骨干教师领衔，若干教师参与。我们工作室对参与研究的教师发放学习参考用书、征订教学专业杂志、赠送相关学习资料；组织研究成员赴上海、湖北、重庆、安徽、海南等地参加观摩学习活动；开展议题式教学的"同课异构""异课同构""异课异构"等专题研讨活动，并邀请有关专家学者到场指导；把各位参与研究老师的学习与研究成果编辑成册，由省级出版社公开出版，并向全国核心期刊推荐研究佳作，力争公开发表。这就为这些教师的学校考核、职称评审、职务晋升、评先评优等提供了重要的科研参数，由此提升了研究者对教育科研、自主学习、自觉合作的认识，改变了研究者对学习、研究与合作的态度，提高了研究者的工作实力和效率，缓解了研究者工作与生活的压力，不断增强课题组老师对周围同事的影响力和带动力，同时把我们工作室的课题合作研究推上了一个新的高度，可期结出新的研究硕果。

4.校际合作共赢化。浙江省著名特级教师王国芳教授认为，教师的影响力可以分为三重境界：一是影响同学，促进学生德、智、体、美、劳全面发展，为学生的终身发展奠基和导航；二是影响同事，推动同事专业和事业共同发展，为本校教育事业的可持续发展立杆和助力；三是影响同行，促进同行专业和事业的协调发展，为本国教育事业的可持续发展做出贡献。我们课题组为了学习和吸收兄弟学校在实施议题式教学中的先进经验和科学做法，同时进一步扩大我们课题组的影响力，始终坚持深化实践改革，扩大对外开放，优化校级合作，推动合作共赢。为此，我们工作室主要开展了三个方面的校际合作学习与研究。一是组建了"思政课校际学习研究共同体"，由杭州学军中学、金华市外国语学校、德清高级中学、严州中学等四个成员单位组成。该"共同体"秉持"聚焦课堂、提升素养、和谐互动、合作共赢"的理念，通过平等协商一致制订议题式活动计划，开展议题式教学专题研究活动，通过"同课异构"的说课、观课与评课，专题讲座交流，资源分享、合作研究等活动，推动"共同体"议题式教学"各美其美、美美与共"。二是建立了"思政课校际培训共同体"。不定期组织教师参与华东师大、北京师大、浙江大学、陕西师大、浙江师大等高校的培训活动，让教师与高校专家真诚面对面探讨，把教育专家在议题式教学研究的前沿理论和一线教师议题式教学研究的鲜活经验联系起来，使两者优势互补，相得益彰。三是建立了"思政课初高中一体化互动共同体"。主要是与建德市新世纪实验学校、乾潭初级中学、新安江第三初级中学等三所初中，建立课题共研机制、相互听课机制、校本课程联合开发机制、教育教学资源共享机制等，尤其是在实施议题式教学的实践研究中，增进初高中之间的相互了解，注重初高中的有机衔接，分享各自教学实践研究的经验，打造初高中议题式教学共同体，为共同提升学生的学科核心素养共同精准发力。

七、教学评价要求

1.根本标准，促进学生核心素养发展。议题式教学要紧紧围绕立德树人的根本目标，坚持把培育学生政治认同、科学精神、法治意识和公共参与的核心素养作为根本标准。为此，我们课题组全体成员认真学习《普通高中思想政治课程标准（2017年版）》，全面理解学科核心素养的内涵与相互关系。政治认同就是拥护中国共产党的领导，坚持和发展中国特色社会主义，认同中华人民共和国、中华民族、中华文化，弘扬和践行社会主义核心价值观。科学精神就是在认识世界和改造世界的过程中表现出来的一种精神进取，即坚持马克思主义的科学世界观和方法论，能够对个人成长、社会进步、国家发展和人类文明做出正确的价值判断和行为选择。法治意识就是尊法、学法、守法、用法，自觉参加社会主义法治国家建设。公共参与就是有序参与公共事务，勇于承担社会责任，积极行使人民当家作主的政治权利。四者在内容上相互交融，在逻辑上相互依存。其中"政治认同"是"科学精神""法治意识""公共参与"中国特色社会主义的共同标志；"科学精神"是达成"政治认同"，形成"法治意识"，实现"公共参与"的基本条件；"法治意识"是"公共参与"的必要前提，是"政治认同"和"科学精神"的必然要求；"公共参与"是"政治认同""科学精神""法治意识"的行为表现。四者要求努力把学生培养成为有信仰、有思想、有尊严、有担当的社会主义事业建设者和接班人。经过学习、研讨与实践运用，竭力做到学而思、学而信、学而行，把思政课核心素养的要求内化于心、外化于行，自觉使学科核心素养成为思政课实施议题式教学的行动指南。

2.**课堂目标，根据教学需求分层细化**。每堂课的议题式教学目标需要围绕活动型学科课程教学、辨析式学习、综合性教学、系列社会实践活动等多种形式，按照思想政治学科核心素养四级水平的划分要求，把思政课的学科核心素养具体化，并通过科学的议题设计有序展开教学活动，力求把本堂课的教学目标落细、落小、落实，防止课堂教学目标设计共性化、目标与手段之间游离化、目标达成低效化等现象。比如，我们课题组的W老师在《生活与哲学》"价值的创造与实现"的复习教学中，采用活动型课程教学方式，设计具体的教学目标：（1）深入理解实现人生价值的途径和主客观条件等基础知识；（2）能够准确运用历史唯物主义人生观的有关知识，分析社会上模范先进人物是如何实现人生价值的，培养学生知行合一的科学精神和对社会主义核心价值观的政治认同等核心素养。围绕本堂课的教学目标，选择"杭州'95后'快递小哥李庆恒被评上杭州市高层次人才"的材料（李庆恒，1995年出生在安徽，高中毕业后在杭州送了5年快递，早上五六点到岗，晚上10点才回家休息。12分钟设计19条派送路线，熟背全国邮政编码。他细心分类、安全送货、工作高效。先后获得公司"优秀员工""浙江省技术能手""浙江金蓝领"等荣誉称号，被杭州市认定为D类人才，获得购房补贴100万元）创设情境，引导学生探讨议题：（1）李庆恒为什么能破格成为杭州市高层次人才？（2）李庆恒的事迹对我们青年学生的成长有哪些启示？学生对李庆恒事迹的认同度高，通过踊跃探讨，深入分析，深化理解教材内容，深度达成教学目标。

3.**评价改进，内容、主体、方法多元化**。为了更好地发挥评价的引导、激励与诊断等功能，必须改进议题式教学的评价活动，坚持把评价内容多维化、评价主体多元化、评价方法多样化结合起来，让评价为推进议题式教学增添新动能。

在评价的内容上，坚持把测试成绩、调研小报告、政治小论文、议题小设计、课内外的行为表现等结合起来。防止只看测试成绩,不问学生实际行为表现等片面现象。引导学生坚持知、信、行的真正统一,实现思政课议题式教学信度与效度的完美结合。我们课题组的Z老师在日常议题式教学中,有机穿插社会调研小报告、议题小设计、政治小论文、志愿者小行动等"四小"活动的设计与评比等活动,为对学生进行全面的评价和精心的指导提供依据,取得显著成效。

在评价的主体上,坚持把学生、教师、班主任的评价结合起来。为此,教师在充分发扬民主的基础上,制定具体的评价标准,努力让这些标准成为学生的行动指南。我们课题组的X老师,对学生在议题式教学中的行为和成果进行适度量化,总分100分,按1:2:3:4的比例计算:上述"四小"获奖10%(分一、二、三等奖,分别占6%、8%、10%);行为表现20%(课堂参与6%、练习数量与质量8%、课外行为表现6%,每项又分三个层次);期中测试成绩30%;期末测试成绩40%。在评价中,对照考核标准,先由每个学生自评,再由班级考核小组联评,最后由教师与班主任审定。

在评价的方法上,把定量评价与定性评价结合起来。这种结合既要落实在终端评价,更要体现在平时的过程评价,把过程评价和终端评价有机结合起来。比如,我们课题组的H老师,对学生在课堂中表现的评价,有对学习小组、对个人的定量评价与定性评价,及时激励和引导学生,以更加积极主动的状态,深度投入议题式教学的自主与合作探究之中。他把平时的评价资料作为期末评价的重要依据,对学生进行期末终端评价,还评出演讲之星、论文之星、志愿之星、练习之星、辩论之星等,并举行隆重的颁奖仪式,大大激发学生参与议题式教学的积极性和创造性。

八、课题研究反思

思政课议题式教学作为新的教学方式需要不断深化研究,积累鲜活的经验与教训,为深度提升思政课的教学效能做出更大贡献。为此,我们研究团队一路同行一路歌,共享研究的过程与成果。研究的主要收获如下。

1.学生在"五个提升"中增强核心素养。我们的思政课议题式教学研究活动紧紧围绕立德树人的根本任务,在"培养什么人""怎样培养人"与"为谁培养人"等问题上思路更加清晰,措施更加扎实,效能更加显著,为提升学生的核心素养进行不懈的探索,迎来了学生可喜的变化。

直面思政课议题式教学的课堂,学生出现"五个"显著的提升。一是提升了学生对思政课学习的"信度"。由于思政课议题式教学创设真实的情境,尤其重视聚焦当下社会生活的热点问题,广大学生更加相信思政课是在研究"真问题",解决"真问题",而不是讲大话讲空话。二是提升了学生对思政课学习的"热度"。由于思政课议题式教学,大都设计学生感兴趣的"议题",并引导学生深入探讨"议题",由此激活了学生的问题意识,调动了学生的内驱力,激发学生以更加饱满的热情投入课堂学习之中。三是提升了学生对思政课学习的"合度"。思政课议题式课堂教学,需要引领学生共同探究系列议题,充分发挥学生学习小组团队的合力作用,由此增强了学生的团队意识,提升了学生合作的融合度与紧密度。四是提升了学生对思政课学习的"高度"。思政课议题式教学,需要引导学生深度探究有关议题,调动学生高阶思维的积极性和创造性,引导学生不断攀登思维的高峰,开创思维的新境界。五是提升了学生对思政课学习的"效度"。思政课教学,启迪学生学而思、学而信、学而行,树立正确的学习观、合作观、探究观与效益观,竭力提高课堂学习的"效度"。

由于上述"五度"的不断融合,让思政课政治认同、科学精神、法治意识与公共参与的核心素养,深入学生的骨髓,融化在学生的言行之中,为学生的终身可持续发展扎下深根。

2.教师在"五个转变"中加快专业成长。开展高中思政课议题式教学研究,能够比较彻底地改变教师"一讲到底"的传统方法,自觉选择民主探究的教学方式,提升教师在研究学生、研究教材、研究教法、研究高考等方面的理论与实践水平,努力将学法、教法与考法有机结合起来。在"五个转变"中加快专业成长的步伐。

一是在学习上,由"被动"向"主动"转变。思政课议题式教学研究是一个新的课题,需要用新的科学理论支撑实践研究。这就倒逼全体研究人员,必须主动学习有关理论与经验,并自觉用所学理论指导议题式教学的实践活动。广大教师"东"赴上海与著名特级教师方培君、孟祥平真诚面对面交流,"南"下海南中学观摩"全国议题式教学品质课堂","西"进重庆南开中学参加"全国思政课议题式教学探讨与论文写作"活动,"北"上北师大聆听李晓东老师的讲座,"中"在本地接受祝国强、边永坚、董凌达、陆志龙等省特级教师的指导。老师们越学越主动,受益匪浅。二是在行动上,由"畏惧"向"淡定"转变。由于思政课议题式教学课题研究的新颖性与复杂性,导致许多教师在课题研究的初期对课题研究存在畏难情绪,总担心新的研究不成、旧的传统丢失,引起课堂教学效益下滑和学科地位下降。经过一段时间的实践研究,老师们欣喜地发现学生的学习态度改善了,参与热情高涨了,课堂活力增强了,逐渐增强深入研究的自信和自觉。三是在合作上,由"孤军"向"联军"转变。个人的能力与智慧总是有限的,集体的能力与智慧是无穷的。课题研究的孤军作战,往往付出很多辛劳却未见收获。这需要用团队联军奋战来弥补孤军作战的缺憾。我们课题组的全体研究成员,在课题组成员"同课异构"研究中分享教学智慧,在与学军中学、金华外国语学校、德清高级中学等学校的"校际合作"研究中分享教学经验,不断取长补短,共同深化课题研究。四是在创新上,由"模仿"向"变化"转变。教学研究的创新往往从"模仿"开始,再出现"变化",后形成"特色"。我们课题组的老师坚持虚心好学,认真研究思政课议题式教学的"样式",精心打造议题式教学的"变式",竭力打造自己的"特色",合力将思政课议题式课题研究引向深入。这些"特色",主要包括X老师与F老师的"三要领"情境创设特色、R老师与T老师的"系列性"议题设计特色、L老师与C老师的"激励型"课堂评价特色、Z老师与Y老师的"多变式"课堂总结特色等。五是在成果上,由"自赏"向"分享"转变。教学智慧与经验因"自赏"而窃喜,而此"喜"往往不深不广。教学研究的成果因"分享"而大喜,此"喜"常因深广而闪光。我们课题组通过教学样式研讨、疑难问题探究、研究经验交流等方式,及时分享研究心得,相互学习,共同发展。

3.同行在"五个共建"中实现共同发展。省著名特级教师王国芳认为，教学有"三重境界"：第一重境界是为知识而教；第二重境界是为能力而教；第三重境界是为素养而教。思政课议题式教学研究，在共建中共享，在共享中共建，有利于集中各方智慧，共同提升学生的核心教养。

我们课题组主要在"五个共建"中实现共同发展。一是在"拜师"中共建。每个参与课题研究的教师，拜省内外的著名教育教学专家为师，包括浙江的吕有志、祝国强、杨志敏、边永坚、董凌达、陆志龙，上海的方培君、孟祥平，北京的李晓东、梁侠、董晨等，虚心接受他们的指导，认真与他们交流学习与研究的体会，把我们一线研究的成果与教育教师专家的理论有机结合起来。二是在"结对"中共建。我们课题组的每位教师与本校或兄弟学校的思政教师结为师徒关系，签订协议，明确双方的权利与义务关系，并进行适度的考核，促进师徒之间通过共同研究，相互交流，取长补短，推进议题式教学研究向纵深推进。三是在"协作"中共建。我们课题组与学军中学、金华外国语学校、德清高级中学等学校建立思政课议题式教学协作共同体，不定期开展研讨活动，分享议题式教学研究成果，推动思政课议题式教学协作体共建共享共赢。四是在"支教"中共建。为了最大限度地发挥思政课议题式教学研究成果的辐射作用，我们课题组成员先后赴新疆阿克苏市高级中学、安徽合肥第八中学、重庆二十一中、河南安阳中学、浙江宁波中学、浙江永嘉中学和建德各普通高中等学校开展支教活动，与同行共同探究破解议题式研究的疑难问题，分享研究的经验与教训。五是在"文综"中共建。政史地有许多知识相互交叉，有许多教法一脉相承，有许多研究相互贯通。加强与"文综"各科之间的议题式教学研究，可以从不同的视角拓展研究的思路，创新研究的方法。我们课题组主要通过集体备课、相互观课、共同议课等活动，深化"文综"各科之间的合作研究，开创了议题式研究的新境界。

思政课议题式教学研究是一个系统工程，也是一个永久工程。只有联合各方面的力量，坚持不懈地深化研究，才能不断取得新成绩。因此，思政课议题式教学研究只有起点没有终点，永远在路上。

我们对思政课议题式教学通过研究，收获了不少成果的同时，也进行了以下几个方面的反思。

1.在深度研究中狠下功夫。提高课堂教学实效，是议题式教学研究的永恒追求。在议题式教学活动中，有时议题设计显得比较精致，但探究过程中出现了冷场；有时学生的课堂探究争执不下，教师难以掌控局面；有时教师的议题预设过多，课堂教学匆匆走过场。这些问题的存在，有待进一步深化研究，在纠偏纠错中不断奋进。

2.在常态教学上狠下功夫。议题式教学是一个复杂多变的教学过程，既要突击攻关，更需常态探究。不少教师在议题式教学中，常常因公开教学的需要，进行作秀式表演，看似热闹，其实漏洞百出。为了赶教学进度，又重回"一讲到底"的老路，或者心血来潮，又进行新的探索。而这些零散的突击行动，会让议题式教学滑入歧途，更不可能实现教学的可持续发展。当然，我们难以做到每堂课都进行完整的精致的思政课议题式探索性教学活动，但是，我们可以把完整的探究与局部研讨结合起来，把日常的理论学习与常态化的实践活动结合起来，把自主的研究与合作的研讨结合起来，真正开展常态化的议题式教学实践研究活动。

3.在合作共赢上狠下功夫。议题式教学研究是一项十分复杂需不断推陈出新的活动，广大思政课教师只有解放思想，深化改革，联合各方面的力量，分享经验和智慧，合力破解难题，才能不断开创思政课议题式教学的新境界。我们课题组的全体教师，将以本次课题研究结题为新的起点，以更加开放的姿态，更加宽广的视野，更加务实的行动，把思政课议题式教学常态化实践研究引向深入，永攀新的教研高峰！

参考文献：

[1] 魏国栋，吕达.普通高中新课程解析 [M].北京：人民教育出版社，2017.

[2] 周军海.走出议题式教学误区的个性化课堂 [J].思想政治课教学，2020（3）：20-23.

[3] 杨雪.哲学课堂中的议题教学 [J].思想政治课教学,2020(3):24-26.

[4] 王峰.基于生活的议题式教学策略探微 [J].思想政治课教学,2020(6):19-22.

[5] 黄建友.在议题式教学中培育核心素养 [J].中学政治教学参考,2020(1):26-27.

[6] 张建庆.议题式教学不可"随议" [J].中学政治教学参考,2020(1):38-40.

[7] 方军.从"三新"视角看议题式教学的价值 [J].中学政治教学参考,2020(3):11-13.

[8] 沈雪春.试论思政课议题式教学的基本特征 [J].教学月刊(中学版·政治教学),2020(6):3-6.

[9] 周智宁.让学生爱上思政课——来自南京东山外国语学校的校本实践 [J].教学月刊(中学版·政治教学),2020(6):44-46.

坚持"三个结合"，共同讲好思政课

浙江省严州中学新安江校区　陈志红

2019年3月18日，习近平总书记亲自主持了全国大中小学思政课教师代表座谈会并发表重要讲话。2020年9月1日《求是》杂志又全文发表了习近平总书记在座谈会上的重要讲话。大中小学的思政课教学之所以受到习总书记的高度重视，是因为思政课是立德树人的关键课程，也是我国在世界百年不遇的大变局中赢得胜利的迫切需要。

中、美两国在意识形态等方面的斗争必将是长期的，也将更加复杂与尖锐。这就需要我们站在民族兴亡的战略高度，旗帜鲜明地对青少年学生进行正确的思政教育，科学引导他们从小能够把爱国、爱党与爱社会主义统一起来，增强民族的凝聚力、向心力和战斗力，彻底粉碎美国等西方国家对我国分化与西化的阴谋，为早日实现中华民族伟大复兴而不懈奋斗。因此，我们需要坚持"三个结合"，切实提高思政教育的效能。

一、树立大思政课观念，把学校、家庭与社会的力量结合起来

青少年学生正确思政素养的形成是一个复杂的长期的系统工程。系统工程的力量在于有机的合作。为此，思政教育必须联合学校教育、家庭教育和社会教育的力量，彼此形成正向的合力，而不是此长彼消，方可全方位提升思政教育的实效。

学校是对学生进行系统的思政教育的主战场。我们要倾力建设好大中小学一体化的科学的思政课课程体系，建设好一支政治素质过硬、战斗力

强大和人数足够的思政课教师队伍，建立大、中、小学思政课教学的长效机制，形成一整套适合学生并行之有效的教学方法体系，一以贯之地加强对大中小学生的思政教育。小学重在以讲故事的方式，千方百计地帮助学生"扣好人生的第一粒扣子"，引领学生打好思政素养的底色。中学要重在以讲道理的方式，竭尽全力启发学生懂得提高思政素养的重要性和必要性，提高学生"政治认同、科学精神、法治意识、公共参与"等思政课的核心素养。大学要重在以讲理论的方式，重点深入引领学生懂得"中国共产党为什么能、马克思主义为什么行、中国特色社会主义为什么好"等道理，努力树立"四个意识"，切实坚定"四个自信"，自觉做到"两个维护"，并引导学生切实坚持学以致用，积极主动地成长为社会主义事业的建设者和接班人，争做担当民族复兴大任的时代新人。

家庭是社会的细胞，家长是孩子成长的第一任老师，也是孩子永远的老师。教育好孩子是家长的天职，也是家长的重要事业之一。所以，家长在担当起教育孩子健康成长重任的同时，也要讲好"家庭思政"。政府、社会和学校要通过办好学校、社区或村委文化礼堂等途径，通过专题讲座、经验介绍、榜样示范、重点帮扶等手段，帮助广大家长纠正重孩子的考试分数，轻孩子的思政素养等片面言行，致力于提高广大家长自身的思政素养，优化"家庭思政"教育的方法，传承和建设良好的"家庭思政"教育的家风，让广大家长在言传身教中提升"家庭思政"教育的实效，与孩子一起持续健康成长。

社会是影响个人发展的大熔炉。当前，社会成员素质良莠不齐，导致全社会思政教育的内容复杂多样，方式千姿百态，对青少年学生的影响也是正负并存。党和政府要坚持以深化社会主义核心价值观教育为重要抓手，真正让社会主义核心价值观教育落细、落小、落实。同时，党和政府要把深入开展反腐败和扫黑除恶专项斗争常态化、长期化和高效化，为全社会共同讲好"社会思政"课扫清障碍，营造风清气正的社会环境。

二、树立学科思政观念，把教书与育人结合起来

教育的根本任务是立德树人。学校的全体教工都要以德育人，尤其是广大教师的课堂教学是学校德育的主渠道，理应成为学校德育的主阵地。学校的各科教师都要全面贯彻党和国家的教育方针，牢固树立学科思政观，在课堂教学中自觉把教书和育人结合起来。

教书与育人相辅相成，不可分割。教书是手段，育人才是目的。教学即教育，教学的内容往往渗透着思政教育的因素，需要广大教师充分挖掘学科思政教育的内容，有机对学生进行学科思政教育，努力追求"随风潜入夜，润物细无声"的"无痕思政教育"境界。既要防止"贴标签"式过分夸大化的学科思政教育方式，也要防止"任其自然"式或者"自我反动"式的过分自由化的学科思政教育的错误现象，真正让课堂教学中的学科思政教育落地，充分发挥各门学科思政教育在学生健康成长中应有的积极作用。

由于受应试教育的负面影响，一些教师常常存在着重知识、轻育人的问题，有的教师甚至在课堂上，散布一些与社会主义核心价值观不相容的言论，对学生产生误导，严重偏离学科思政教育的正确方向。为此，学校要不断完善教学评价体系和评价方式，把定量评价和定性评价结合起来，把学校评价、学生评价和家长评价结合起来，把过程评价和结果评价结合起来，更好地发挥课堂教学评价的诊断、激励和导向作用。学校还要开展形式多样的督查活动，善于及时有效地发现问题、分析问题和解决问题，让学科思政教育成为教师的职业自觉，合力引导学生提升思政素养，努力为党育人、为国育才。

三、树立思政课效能观，把真理、艺术与人格的力量结合起来

传统的错误观点以为，思政课往往讲空话、讲大话、讲废话。这一错误观念严重影响思政课教师的形象和思政课教学的效能，必须切实纠正。形成这种错误观点的原因：一方面，受"文革"遗风的影响，并对思政课的教

学内容不了解；另一方面，一些思政课教师往往长期沿用从理论到理论的灌输式教学方式，没有切实转变教学方式，理论脱离实际，导致收效甚微，滋生一些不良的影响。为此，广大思政课教师要把马克思主义真理的力量、教学艺术的力量和教师人格的力量有机结合起来，打造高效课堂，树立思政课教师的良好形象。

思政课是一门综合性课程，是对学生进行马克思主义立场、观点和方法教育的基础性课程，更是以实践为基础、批判继承人类有益的重要文明成果、与时俱进的科学性课程。广大思政课教师首先要讲政治，坚信思政课的教学内容是科学的，并经得起社会实践的检验；更要理直气壮地讲思政课，勇敢而有力地承担起思政课教学的重任，彰显思政课教学的生命力和战斗力，严防贬低甚至曲解思政课文本的内容。只有这样，才能让学生相信思政课教学内容的科学性，增强学生学好思政课的主动性。

由于思政课新教材内容的高度抽象性和部分内容的相对滞后性，广大思政课教师要深化课堂教学改革，坚持把贴近文本、贴近学生、贴近社会结合起来，把知识逻辑、生活逻辑和教学逻辑结合起来，把加强学习、大胆实践和科学反思结合起来，切实改进教学方式。当下，要深入学习和研究议题式教学方式，进一步明确议题式教学的价值、特点与操作要领，不断总结议题式教学的新经验和新教训，让议题式教学方式在课堂教学中扎下深根、绽放百花和结出硕果，不断开创思政课教学的新境界。要千方百计克服议题式教学"无用论""悲观论"与"应付论"等不当言论，严防把议题式教学高高挂起或者公开教学疲于应付、日常教学无所涉及等极端行为。

俗话说，亲其师，信其道，乐其教。教师是最重要的课程资源。教师应该成为一本学生百读不厌的书。为此，教师要坚持校内校外一个样，线上线下一个样，群聚独处一个样，防止出现双面人格，不断完善自己，提升教学的境界，切实发挥思政课教师人格力量在提升思政课教学的信度、高度与效度中不可替代的作用。

"办好思想政治理论课关键在教师，关键在发挥教师的积极性、主动性、创造性。"广大思政课教师要认清新形势，知难而进，顺势而为，讲究新方法，形成新合力，力争新作为，为早日实现中华民族伟大复兴的中国梦做出新的更大贡献！

（本文系笔者在中共建德市委宣传部座谈会上的讲话）

参考文献：

[1] 习近平.在全国大中小学思政课教师代表座谈会上的讲话[N].中国教育报，2021-03-18.

[2] 熊川武.反思性教学[M].上海：华东师范大学出版社，1999.

在学业、职业、家业的和谐发展中享受教育的幸福

浙江省严州中学新安江校区　陈志红

笔者自1978年参加工作以来，在教坛上已经走过了40多个春秋。从小学到初中到高中，教过多门学科；从中师到本科到研究生课程班结业，努力提升学历；从小学校长到初中校长再到重高党组织书记，担任过中小学中层以上的大多数职务。回望在教育战线上走过的艰辛历程，笔者最深刻的体会是教育的终极目标是追求幸福，教师只有实现学业、职业、家业的和谐发展，才能更全面更深刻地享受教育的幸福。

一、学业是教师享受幸福的基业

伟大的人民教育家陶行知说："唯有学而不厌的先生，才能教出学而不厌的学生。"教师坚持博学多才，厚积薄发，可以让自己真正成为课堂教学最重要的优质资源，享受教育成功的幸福。中学思政课是一门活动型、综合性（涉及经济、政治、文化、哲学、法律、逻辑等学科知识）的课程，这就要求我们政治老师只有比其他学科教师更刻苦、更广泛、更持续地学习，才能攻坚克难，适应思政课教学改革的需求，赢得更多的自由和尊严！

笔者在学习中着重在三方面下功夫。一是精选学习内容。每年订10本杂志（《思想政治课教学》《中学政治教学参考》《教学月刊》《中学政治及其他各科教学》《教育研究》《人民教育》《中国教育学刊》《瞭望》《半月谈》《求是》等）；订5份报纸（《人民日报》《环球时报》《中国教育报》《教育信息报》《中国剪报》等）；选择5—6本教育教学的专著（一学期精

读2—3本）。二是认真做好摘记。及时把学习中学到的一些精彩内容，分门别类地存入电脑。三是适时精选运用。在教学资料的选用中，坚持"好用、够用、用足"的基本原则，选择一个或数个最贴切而典型的素材，丰富课堂教学的资源，并用足用好每个鲜活的材料，为开展深度教学服务，让思政课教学的核心素养落地、落深、落实。比如，在唯物辩证法的复习中，笔者选用北大自主招生面试题：白马与黑马有什么区别？从联系的观点看，由"白马"与"黑马"联想到"伯乐相马"，再联想到"人力资源"配置的手段；从发展的观点看，在我国计划经济时期，"人力资源"的配置主要使用计划的手段，在发展社会主义市场经济时期，"人力资源"的配置主要运用市场的手段，适当使用计划的手段，给"白马"与"黑马"以公平竞争的机会；从全面的观点看，"白马"往往因颜值好，更容易被"相中"，而"黑马"常常凭实力在市场的公平竞争中脱颖而出。因此，我们在人力资源的配置中，要给"白马"与"黑马"创设公平竞争的环境，重视形象与实力的统一、德与才的结合，既要防止仅仅以貌取人，又要防止重才轻德等现象。这既深化了学生对唯物辩证法观点的理解，又深度引导学生要坚持内外兼修，德才兼备，立志成人、成才、成功。

二、职业是教师体验幸福的主业

教育事业涉及千家万户，关乎民族和国家未来。教育的根本任务是立德树人。思政课是立德树人的关键课程。思政课教师在立德树人中发挥着不可替代的作用。教学是一个复杂的系统工程，需要教师发挥各种力量，才能提高思政课课堂教学的信度和效度。笔者在思政课教学中，着力整合与发挥"三种力量"，为打造高效课堂，体验教学成功的欢乐服务。

一是马克思主义真理的力量。中学思政课是开展马克思主义基本观点、立场与方法教育的基础性课程，更是传授马克思主义中国化新成果的科学性课程。为此，笔者坚信马克思主义的理论是科学的，沐浴着马克思主义真理的光辉，努力掌握马克思主义的理论体系，理直气壮地讲思想政治课，充分发挥马克思主义真理的力量，让学生口服、信服、佩服，把马克思主义的真理内化于心、外化于行。比如，笔者在"中国共产党的先进性"的教学中，讲到"没有中国共产党就没有新中国；没有中国共产党，就没有中国特色社会主义现代化"的时候，有学生举手表示不认同。他说："我们的政治课本是共产党领导下编写的，当然要讲共产党好。"笔者当即回答："该同学用方言，揭示了思政课的阶级性，有一定的合理性；但没有从根本上把握思政课的科学性。因为上述观点是历史的结论，是经过实践检验的真理性的认识。况且历史没有假如，天天都是现场直播。"该生哑口无言，点头认同。所以，政治教师要讲政治、讲信仰、讲情怀、讲方法，正确引导学生纠正错误观点，树立正确的观念，提高思政课的核心素养。

二是教学研究的力量。讲好思政课的关键是教师，教师教学的关键在于研究。要在教学研究中破解疑难，开拓新境界。笔者在40多年的教育生涯中，开展了人本管理、师本培育、生本德育、生本教学、校本教研等8个省级立项课题的研究，研究成果获全国或省级一、二等奖；撰写了150余篇教育教学论文，出版《心之声》《教之辩》《经之练》等3本专著；在省内外做了200多场精彩纷呈的专题讲座。所有这些都是源于教育教学的实践研究和科学的反思。

笔者始终坚持教育教学与教育科研的统一。坚持不懈地把教育教学中的问题提炼成研究的课题，用课题研究的鲜活经验来破解教育教学中的难题，又在破解新难题的过程中，丰富教育教学的智慧，把教育教学论文写在无限的教育教学实践之中，努力实现教育教学与教育科研相互促进，和谐共生。比如，笔者在打造高效课堂的"效"的研究中，总结提炼出课堂教学的"效"包括：片面重视知识能力的单效与注重"三维目标"共同实现的复效；片面重视学生眼前应试分数的短效和注重学生终身发展的长效；片面重视极少数学生进步的低效和注重最广大学生发展的高效；片面重视学生死记硬背的浅效与提升学生核心素养的深效；重视学生正面教育的正效与防止对学生产生消极影响的负效；重视学生发展的生效与关注师生共同发展的和效。在思政课教学中，教师需要自觉追求复效、长效、高效、深效、正效、和效，最大限度地提升思政课课堂教学的效能。

三是教育合作的力量。任何教育成果的取得都是合力作用的结果。笔者向来重视有关方面的合作，分享他人的智慧，助力自己的成长，推进教育教学的更大成功。充分利用好省、地、县级教研平台，积极参加他们组织的各种各样的教研活动，主动承担一些具体的教研任务，增强自己的教研能力。加强校际之间的合作，尤其是与华东师范大学第二附属中学、复旦大学附属中学、杭州学军中学、金华市外国语学校等学校的交流与合作，及时分享他们的思政课教学信息、教学经验和教研成果，助推课堂教学改革，提升教学质量。特别要加强校内学科教研组教师之间的合作，在集体备课、资料分享、教法探究等方面实现优势互补，共同促进学校思政课教学成效走在全省同类学校前列。

三、家业是教师争创幸福的事业

家庭是教师的港湾和可靠后方，家教是教师争创幸福的手段。教师教育好学生是崇高职责，教育好自己的子女是天职。山东王金战老师的儿子初中毕业没有考上普高，王金战老师就应聘到人大附中。他在各类专家对其儿子学习成长问题的会诊中分析总结，指导儿子参加美术类高考，其子最终被清华大学录取。他认为，教育好自己的孩子也是家长的事业，这不仅是对家庭的贡献，也是对国家的贡献。因此，教师要把教育好学生和教育好自己的孩子统一起来，才能创造更广、更深的幸福。当然，家庭关系中最重要的关系是夫妻关系。处理好夫妻关系最重要的原则是情理义有机结合原则。教师要注重情感，把关爱更多地献给配偶；适度讲理，选择能使对方接受的道理进行平等交流；担当道义，自觉有力地承担家庭兴旺的责任，以自己的模范行动，感动家庭成员，为把家庭打造成温暖的港湾而竭尽全力。

现在我们正面临百年未遇之大变局，形势发展对我们思政课教学更有利；党中央对思政课教学更加重视；新课程教学也是我们面临的新机遇。我们只要把学业、职业、家业有机统一起来，使之和谐发展，我们思政课教师的明天一定会更加美好，当好一名思政课教师一定会使我们更加幸福！

（本文系笔者于2021年6月16日在退休仪式上的讲话）

参考文献：

[1] 徐世贵.给教师战胜职业倦怠的建议［M］.天津：天津教育出版社，2017.

[2] 李文龙.回归生活世界，优化政治教学［J］.中学政治教学参考.2021(3)：43-45.

教师写好教育教学论文的"三个关键点"

浙江省严州中学新安江校区　　陈志红

　　教师撰写教育教学论文是对以往教育教学实践经验的总结、反思和提炼，也是对未来教育教学实践的展望、引领和改进。它不仅能够推动教师本人在专业上持续成长，还能带动同行共同发展。为此，教师要克服对写教育教学论文的偏见，增强写好教育教学论文的自觉性。教师要写好教育教学论文，唯有在"三个关键点"上狠下功夫，才能提高论文写作的质量，既让自己豁然开朗、开拓新界，又让读者耳目一新、受益匪浅。

一、论文框架严密新颖

　　教育教学论文的框架结构严密而新颖，是作者思路清晰和思维创新的集中体现，也是引发读者兴趣、产生共鸣的关键点。假如一篇论文的整个框架内部存在重复或交叉因素，文章的结构往往呈现混乱状态；如果一篇论文的内容是那种人云亦云的，必然价值低劣甚至毫无价值，常常让读者置之不理。因此，教师要写好一篇教育教学论文必须布局好框架结构。

　　教育教学论文的逻辑结构严密，主要体现在三个方面：一是标题之间的关系严密，如果一篇论文有主副标题与大小标题，就要坚持主标题引领副标题，大标题管好小标题，小标题联好小标题，严防彼此之间关系颠倒、交叉、重复、脱节等现象；二是标题与行文之间关系严密，标题要统领行文，行文要紧扣标题，两者相对独立，浑然一体。既要防止"下笔千言，离题万里"的不良现象，也要防止"章法无序，行文松散"的写作遗憾；三是名言与论述之间的关系严密。要恰当引用名家名言，为写作论文增色，有利于提升论文的理论高度和论述的思维深度。要坚持精准选用名家名言，使之在与论文内容融为一体中发挥独特的积极作用，防止所引用的名人名言与论述之间风马牛不相及或者名言引用错误等问题。

论文框架结构的新颖，首先是提炼新颖。论文的框架结构经过作者的深思熟虑，提炼出与众不同的观点。比如，笔者的论文《三写：让政治主观题的答案更完美》中的三个小标题：改写，让政治主观题的答案更准确；补写，让政治主观题的答案更全面；缩写，让政治主观题的答案更精炼。此论文从准确、全面、精炼的三个维度展开论述，使政治主观题的答案更完美，提炼出一定的新意。其次是逻辑新颖。论文的标题之间、标题与行文之间、理论与经验之间的逻辑严密而新颖。比如，笔者在《我的教育理想：做好"三个两"》中的三个小标题：相看两不厌、相处两促进、相别两依依。该文从师生态度、教学相长与评价标准等三个角度谈教育理想，逻辑比较新颖。最后是解读新颖。对名人名言、他人的教育教学经验和自己教学实践的案例，有个性化的新颖解读，可以形成新颖的论文框架结构。比如，笔者在《教师备课的"三个转变"》中的三个层次：从"先人后己"到"先己后人"；从"先思后写"到"边思边写"；从"课前备课"到"课后备课"等，并对此展开富有新意的解读。

二、论文案例的选择新颖

失败是成功之母，反思是成功之父。教师通过撰写教育教学论文，反思自己过往教育教学实践的成败得失，总结其中的经验教训，既可以使自己更好地开创未来，也可以给同行一定的借鉴和启示。所以，教师在教育教学论文写作中，选择富有一定新意并具有重要的实践操作意义的教育教学典型案例，可以启迪自己和同行更新观念，改进行为，提高效能。

论文案例的选择可以是自己亲身经历的，也可以是学习和借鉴他人的。比如，笔者在《中学思政课要有"三味"：原味、趣味、鲜味》论文中，选用了

"用联系的观点看问题"的教学案例。本框教学引用了英国某航空公司招工的一道面试题。一个年轻人开车途中遇见三个候车人：自己的女朋友、病重的老太、有恩的医生。假如你的车只能带走其中的一个人，你会带走谁？学生通过兴趣高涨的分组讨论与争先恐后的班级交流，呈现多种答案和理由。再引导学生深入分析理想答案及用联系观点看问题。学生在理想答案"让医生开车，把病重的老太带走，自己与女朋友继续候车"的深度解读中得出了哲学分析的结论：该答案立足整体，把四个人作为一个系统，重视部分与部分之间的联系，自己与女朋友相会、拯救重病人、感恩医生，把系统的功能发挥到最大化。由此激发学生浓厚的学习兴趣，有机引导学生重视系统思维，在破解学习、生活、工作与社会等方面的难题中，力争在着眼整体中合理兼顾各个要素，竭力争取效益最大化。又如，笔者在《后进生的转化艺术漫谈》的论文中，引用人大附中王金战老师在经过多方专家的会诊和建议下，把自己没有考上普通高中的儿子培育成清华学子，又把另一个学习成绩在班级名列倒数第一的老乡之子培养成北大学子的例子。王老师在这两个特殊的教育案例中，总结提炼出这样的教育信念：其实教育后进生的方法很简单，就是发现他们的闪光点，把它点亮，让他们享受成功的喜悦。一个智力正常的孩子都有考上名校的潜能。因此，广大教师要坚定教育好后进生的信念，在反复抓与抓反复中，竭尽全力助推后进生的成长。

三、对名人名言解读新颖

真理是人们对客观事物及其规律的正确反映。任何真理都是客观的、具体的、有条件的。我们对于真理的解读都应坚持历史的、辩证的、比较的方法，切忌主观随意性。因此，我们在教育教学论文的写作中，对引用的名家名言要做科学的、富有个性化的新颖解读，以增添论文的理论底色和论述的思辨亮色。

笔者在《后进生的转化艺术漫谈》的论文中，特别分析了某教育名人提出的"没有教不好的学生，只有不会教的老师"的观点。长期以来，许多教师对上述观点持有不同的看法。他们认为这一观点强调教育万能。况且教育好一个特别难教的后进生常常是一个系统工程。假如教育万能的话，国家还需要监狱干什么呢？这一分析虽有一定的合理性，但对坚定教育好后进生的信念，坚持不懈地转化好后进生会产生不良的影响。因为持有这一观点的人，往往在对一些特殊后进生的教育实践中，一段时间收效甚微就悲观失望，丧失信心，或任其自然，或针锋相对，这都不利于师生的共同成长。

其实，"没有教不好的学生，只有不会教的老师"这一观点主要强调的是，绝大多数后进生是可以被教育好的，即便是十分难教的后进生也是可以教育好的，我们教师要有仁爱之心，坚定教育好后进生的理想信念，增强教育好后进生的信心，把教育好后进生视为提升自己教育实力的机遇，防止动辄把教育后进生的责任推给他人，甚至千方百计把某些特殊的后进生赶出学校，导致严重的教育恶果。

又如，笔者《争做一名学习型的教师》的论文中，深入分析我国某知名大学教授的观点："当下中国的中小学教师存在'三不'现象：不学习、不研究、不合作。"对此，也有不少教师觉得这一观点很片面，甚至很过分，这是对当下中国中小学教师的侮辱！

上述观点中的"不学习"，不是指我国的中小学教师不学习任何东西，而是主要指教师因忙于教育教学的事务，不注重系统的持续的教育理论和学科专业前沿知识的学习；"不研究"不是指我国中小学教师不做任何教育教学的研究，而主要是指教师不自觉重视系统的教育教学的课题研究；"不合作"不是指中小学教师不进行任何教育合作，而主要是指教师在教育合作中迫于应试教育的巨大压力而疲于应付，没有进行深度的高效合作。为此，做一名学习型的教师，尤其需要系统学习崭新的教育教学理论和学科最前沿的知识，提高自己的专业化水平；在系统的持续高效的课题研究中学习，提高自己教育教学的研究实力；在教师的深度合作中，分享智慧，取长补短，推动教师队伍共同发展。

总之，教师只有在学习、实践与反思的紧密结合中，切实找准关键点，集中力量攻破难点，培育自己论文写作的生长点，才能不断写出优质高效的论文，体验写论文的乐趣，由此推动教师专业持续发展，为教书育人做出更大的贡献！

（本文系笔者在建德"新安名师"论文写作研讨会上的发言）

参考文献：

[1] 傅宏.轻松做教师[M].南京：江苏凤凰科学技术出版社，2017.

[2] 康维铎.教育科研论文选题与写作[M].西安：陕西师范大学出版社，2014.

商议·辩议·探议：高中政治议题式教学策略

浙江省严州中学梅城校区　方再华

摘　要： 随着新课程改革的不断深入，议题式教学成为高中思想政治课教师经常采用的一种新的教学模式。议题式教学将思想政治课堂从传统的"教中学"向"议中学"转变，突出了学生的主体地位。该文从商议式、辩议式、探议式三种议学活动方式展开论述，以此来提高思想政治课议题式教学模式的可操作性。

关键词： 议题式教学；商议；辩议；探议

一、问题提出

议题式教学是以情境为主线，以活动为载体，以议题为导向，以学科素养为目标的一种新的教学模式。高中政治教学采用议题式教学模式已蔚然成风。但是，在此过程中也出现了"有题无议""议而低效"或者在议的过程中"重议轻知"等现象，活动过程"杂乱无章"的看似热闹其实无效的课堂现象。这些课堂披着议题式的外衣，实则采用的仍然是教师"一言堂"的传统教学模式，使议题式教学流于形式。

议题式教学作为一种新的教学模式，其具体的实施步骤并没有一个统一的界定和规范，许多一线教师都在摸着石头过河，这给议题式教学的开展带来了一定困难。笔者尝试通过商议、辩议、探议三种不同的议学方式，以及情境、问题、活动三个要素的设计，来提高议题式教学的逻辑性、辨析性和自主性,从而达到提高学生自主学习、主动学习、探究学习能力的目的。

二、含义阐述

商议、辩议和探议主要用于不同情境议题的解答,也通常采用不同的活动方式。教师可以引导学生通过商议、辩议、探议这三种方式解决思想政治课中有关是什么、为什么、怎么办、怎么看等问题,提高学生自主学习、主动学习、探究学习的能力,实现政治课堂从"教中学"向"议中学"的转化。

商议:商量,讨论。商议是基于讨论式教学模式的议学方式,通常用于结论性的问题的总结。商议是议题式教学中最常用的方式,可用于解决描述性与分类性的学科任务,如"是什么""怎么样"等理解性的问题。经常采用小组讨论探究等活动形式,让学生在商量讨论中得出结论。

辩议:争论,辨析。辩议是基于思辨性教学模式的议学方式,通常用于有争议性问题的辨析。可用于论证性、预测性的议题,解决"如何办""怎么看"的问题。让学生在辨析争论的过程中打开思路,创新思维,提高其理论联系实际的能力,将课堂知识与生活实际紧密联系起来。经常采用模拟辩论赛、模拟课堂等活动形式。

探议:探究,议论。探议是基于探究性教学模式的议学方式,通常用于探因式问题的解决。可用于解释性和论证性的相关议题,解决"为什么"的问题。引导学生从自主探究、社会实践的过程中找出解决问题的方法,在活动过程中提高学生公共参与的意识和思考解决开放性问题的能力。经常采用社会实践等活动形式。

三、实施策略

(一)商议式议学:结构化议题设计,提高议题教学的逻辑性

1.系列化情境设计。系列化情境设计是指在教学过程中,在"一例到

底"的基础上，根据学科逻辑或生活逻辑对情境材料进行分解，形成系列。系列化情境设计要做好以下两个"根据"。

（1）根据教学逻辑分解情境材料。高中思想政治人教版新课教学一般以框题为单位作为一课时的内容，一个框题下一般有两三个目题。根据目题之间的知识联系，选取相对应的情境材料，再根据目题所指向的具体内容，对选取的材料进行分解，形成系列；也可以根据目题下具体的知识点之间的逻辑线索对情境进一步分解，用于微观知识的商议总结，按实际的教学需求具体操作。这样可以使情境结构一目了然，以便于学生更好地理解情境，有利于学生商议活动的开展。

（2）根据生活逻辑分解情境材料。根据生活逻辑分解材料，一般来说，具体的情境材料可以材料的时间顺序或者发展阶段进行分解，也可以材料理解的难易程度由浅入深地进行分解，或者由现象到本质、由共性到个性进行分解等，符合生活的逻辑思维。但是要注意在处理材料的过程中紧扣知识主题，不能偏题，以防学生找不到商议点。

例如，在讲解《哲学与文化》第四课"探索认识的奥秘"中的重难点知识"实践是认识的基础"时，以"中国人的飞天梦"为情境主题，进行以下操作，如表1所示。

表1　"中国人的飞天梦"情境主题

情境	系列化处理（发展阶段）	商议点
情境一	梦想的开端	人类是如何认识到飞天梦是可以实现的？
情境二	梦想的起航	是什么在推动"飞天梦"的发展？
情境三	梦想的发展	中国是如何应对国内外对"飞天梦"的质疑和压力的？
情境四	梦想的实现	中国为什么要不断优化 C919 设计方案？

2.序列化问题设计。序列化问题设计是指根据系列化的情境材料，紧扣教学重难点设计并列的或者递进的序列问题。问题序列一般和情境系列相吻合，形成完整的议题。序列化的问题设计要做好"两清"要求。

（1）厘清与情境的关系。序列化的问题设计要和情境相吻合。序列化的问题设计一般是在情境设计完成之后进行的，根据系列情境，一一提取出情境所想要表达的中心思想，形成相对应的序列设问。问题的设计要让学生可以根据情境材料通过讨论总结分析出答案。

（2）厘清与教材的关系。序列化的问题设计要和教材相衔接。问题的设计不能天马行空，要紧扣教材知识点，不能"重议轻知"，只考虑议的热闹而忽略知识点的落实。在问题设计过程中，可以先将教材知识点进行分层，根据知识的分层可以设计"是什么""为什么""怎么办"等问题，也可以只选择其中一种形式设计并列式的设问或者层层递进式的设问。

3.层次化活动方式。层次化活动方式是指根据教学层次、学习层次、组织层次等将活动分为不同的层次，推动商议式议学的开展。教学层次：根据教学内容的难易、情境设问的繁简、教学目标的达成程度进行分层。学习层次：一方面，根据学生的学习情况和知识水平将学生分成学优组和学弱组；另一方面，根据学生的性格特点、语言表达能力将学生分成活跃组和沉闷组，两种分法可以重合。组织层次：根据商议任务的不同确立相关负责人，一般由组长、组员和发言人组成。

商议式议学一般采用分小组讨论探究的活动方式，以下是小组讨论探究活动的具体操作，操作过程中要做好"三分"要求。

（1）分组：根据教学层次，一般将小组数量控制在12组，每组4—5人，以小组为单位，以个人为代表，这种方式便于教师组织和管理。也可以将12组分为4大组，以大组为单位，以小组为代表，这种方式比较节约时间，效率较高。

（2）分人：根据学习层次，每组组员根据"组内异质，组间同质"的原则进行分配。将学优生和学弱生分散搭配，以优带弱；将活跃生和沉闷生分散搭配，以动带静，避免出现有的组"热热闹闹"、有的组"冷冷清清"的情况。

（3）分工：根据组织层次，在每一小组设立一个小组长负责组织讨论和控制节奏，一个发言人负责收集观点和整理发言，其他组员要积极参与、发表观点。每个组员的分工可由学生自荐、推荐或教师指定，轮流担任。

（二）辩议式议学：思辨化议题设计，提高议题教学的辨析性

1.**可议性情境设计**。可议性情境设计是指根据现实生活中的争议现象，或者教材上呈现的不同观点的冲突而进行的一种情境设计。可议性情境设计要注意"两议"。

（1）情境内容要有争议。可议性情境内容的选择要凸显现实生活中的热点问题或者常见问题，要有争议性。一般选择的情境可以是真实社会新闻事件，也可以是反映一定社会问题的电影电视的片段或者学生生活周边所发生的事情等可以引起学生共鸣的一些问题。内容能够让学生展开争辩和争议。

（2）情境观点要有异议。可议性情境设计过程中要注意学生对其能持有不同的意见或者能提出不同意见，在辩议中能够体现学生的认知冲突，可以是现实与教材之间的冲突，也可以是道德与法律之间的冲突，或者个人与集体之间的冲突等。材料的选择要有典型性和针对性，不能缺少主题和目标，让学生难以展开辩议。

2.**可辩性问题设计**。可辩性问题设计是指根据具体的情境材料，设计可展开辩论的问题。其设计可采取以下两种形式。

（1）对生活现象的辨析。可辩性问题的设计可以对某种社会现象进行辨析。针对现实生活中存在或者反映社会生活现象的小说、电影、电视中存在的有争议性的现象，提取出辩议的点让学生展开辩议。通常可以用"如何看待……"进行设问。

（2）对不同观点的辨析。可辩性问题的设计也可以是对两种不同观点的辨析。在设计时要注意两方观点是否有明显冲突，如果一方的观点明显正确，另一方的观点明显错误，缺乏可辩性，那么观点明显错误的一方就很难展开辩论，会影响辩论的有效性。

例如，在对《哲学与文化》第六课"实现人生的价值"中的重难点知识"价值观的导向作用"进行讲解时，可以以《我不是药神》选段作为情境，

设计以下问题,如表2所示。

表2　《我不是药神》情境

情境	问题形式	辩议点
《我不是药神》片段	如何看待"为救命而违法"?	个人的生命自由和社会规则的价值冲突
	"情大"还是"法大"?	"情"的变化和"法"的稳定之间的冲突

3.**有序性活动形式**。有序性的活动形式是指在教师的指导下和学生的配合下有序地开展辩议活动。辩议活动一般分为课堂辩论活动和课堂模拟活动,两种活动对教师的课堂掌控度和学生的参与度提出了更高要求,容易出现一节课时间分配的无序、学生组织的无序、活动过程的无序等问题。

(1)时间的有序性。由于这两种活动形式任务比较重,组织比较烦琐,时间消耗比较久,所以在组织时要注意时间的掌控。一般讨论时间为3分钟,双方代表辩论时间为5分钟,教师总结点评时间为2分钟左右,时间要控制在10分钟左右。时间不能过长,以免打乱整个课堂的时间节奏;也不能过短,导致学生不能充分地开展辩议。

(2)组织的有序性。辩论的开展可以参考小组讨论活动的分组方式。以模拟辩论赛的活动为例,一般是以大组形式分配任务,将学生分为两大组并各负责一个观点,每大组确定1—2名联络员同学负责收集辩论信息给发言人,发言人整理总结后进行辩论。

(3)过程的有序性。在活动过程中教师应该是掌控全场的人,可以帮助学生解答疑惑并参与到议题辨析过程中去,也可以帮助联络员收集各组信息,确保活动的有序开展。

(三)探议式议学:探究性议题设计,提高议题教学的自主性

1.**可探性情境设计**。可探性情境设计是指引导学生通过课堂思考讨论或者社会实践活动等形式,可以自觉主动地探索掌握相关知识原理的情境设计。

（1）课堂式的可探性情境。这种形式就是由教师收集资料形成情境以问题的形式在课堂上组织学生探究学习。该形式与传统式的教学有相似之处，便于实施操作，但是对于提高学生自主探究能力的作用有限。

（2）实践式的可探性情境。这种形式由教师课前设计教学主题，学生通过社会调查、参观访问、上网检索等社会实践活动进行资料收集，然后对资料进行取舍、分类、归纳形成情境材料，教师对这些情境材料进行加工修改，选出优秀案例。由学生进行情境论证，这有利于学生在收集资料和讲授过程中形成论证性和探究性的思考过程和总结。这对学生形成自觉主动探究的能力作用较大。其操作过程如图1所示。

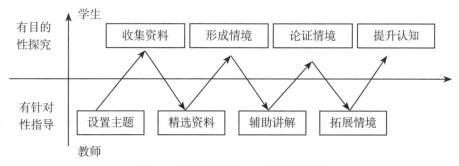

图 1　实践性可探情境设计操作图

2.**可证性问题设计**。可证性问题设计是指可论证、可验证的问题设计。教师根据教学内容设置主题问题，问题的设计应具有可证性，学生可以通过资料的收集或社会调查等形式对问题进行论证，在论证过程中逐步掌握相应的知识点和潜移默化地接受价值观的指导。教师根据学生整理的资料进行议题的初步拟订，并结合课本知识进行议题的方向确定。

3.**实践性活动形式**。探议式议学主要通过社会实践活动展开。社会实践活动包括志愿服务、社会调查、专题访谈、参观访问，以及各种职业体验等。活动的实施可分小组进行，也可单独个人进行。社会实践的开展要紧密围绕主题，并符合学生的认知能力和成长需要。注重本地乡土资源的开发与利用，让学生在熟悉的环境中更好地进行实践活动，提高活动的实效性和拓宽学生的社会视野。例如：在《哲学与文化》第七课"继承发展中华优秀传统文化"一课中,要求学生可以对家乡的传统文化进行收集和调查具体如表3所示。

表3 家乡的传统文化调查表

分　组	调查任务	调查方法	调查结果	结果展示
新安江组				
梅城组				
寿昌组				
乾潭组				

议题式教学无论采取哪一种议题实践步骤,都要遵循议题设计的相关原则,议题教学的实践步骤也不是一成不变的,可以结合实际教学情况合理安排。商议、辩议、探议教学方法,在议题式教学过程中突出了实战性、规范性和精确性,有利于议题式教学实践操作的实施;实现了在课堂教学中学生的主体地位,有利于提高学生的思辨能力,培育思想政治学科素养和落实思想政治课"立德树人"的根本要求。

参考文献:

[1] 中华人民共和国教育部.普通高中思想政治课程标准(2017年版)[M].北京:人民教育出版社,2018.

[2] 沈春雪.议题式教学例论[M].西安:陕西师范大学出版社,2019.

[3] 鲁新民.活动型学科课程的四维设计[J].中学政治教学参考,2019(1):41.

高中思政课议题式教学模式的行动研究

浙江省严州中学梅城校区　方再华

摘　要：在当前高中思想政治课教学过程中，议题式教学模式已经成为高中思想政治课教师经常采用的一种教学模式，议题式教学模式虽然和问题导学式教学模式类似，但是二者仍然存在一定的区别。鉴于此，该文主要结合思想政治课教学案例对议题式教学实践操作行动进行分析，期望对提高思政课课堂学习效能有一定的帮助。

关键词：思政课教学；议题式教学；教学实施

议题式教学模式最早起源于20世纪中叶时期，由美国社会学科学术领域的学者发起。最早的议题式教学内容主要针对美国的社会学科教学情况进行调查和反思。美国学者在进行议题式教学过程中，会结合一些争议性较高的社会实际案例让学生展开辩论和分析，提高学生的思辨能力和语言表达能力。

随着我国教学改革的不断推进，我国也引入了这一教学模式。在目前的高中思想政治课教学过程中，很多思政教师也会采用议题式教学模式展开教学，学生可以围绕教师给出的案例提出个人的意见和观点，教师会结合学生的意见给出正确的价值导向。通过议题式教学，转变了教学方式，学生进行独立思考与合作探究，从而提升了学科核心素养。

一、当前高中思政课议题式教学存在的主要问题

（一）议题不够典型，难以激发学生的探讨兴趣

就当前的高中思想政治课议题式教学情况来看，其中最突出的问题为教师选择的案例或者议题缺乏典型性，不仅很难和课本上的理论知识有机结合，同时也难以激发学生的探讨和学习兴趣。在高中思想政治课教学过程中，由于这门课的理论性和抽象性较强，如果教师采用纯理论授课模式，常常让学生感觉索然无味。鉴于此，一些教师通过案例式教学、问题式教学等手段进行教学。虽然这类教学手段在一定程度上增加了高中思想政治课的学习趣味性，但是很多思想政治课教师都忽略了一点：教师给出的案例或者议题严重缺乏典型性。在课堂上给出教学案例的主要目的并非只是单纯用来活跃课堂氛围、激发学生兴趣，而是要学生通过案例分析掌握其中蕴含的思想政治理论，并将其应用到实践中。然而，结合实际的高中思想政治课教学效果来看，很多教师所选用的教学案例只能帮助学生了解一些浅层的思想政治理论，并不能真正启发学生的思想，引起学生的共鸣。鉴于此，在高中思想政治课堂上进行议题式教学的过程中，教师一定要选择一些可以真正引起学生探讨兴趣的教学案例进行教学。只有这样，才能帮助学生碰撞出思维的火花。

（二）未能统筹兼顾，难以调动全员探究责任感

如果教师选择的探究议题缺乏代表性，则很难真正调动学生的积极性。久而久之，议题式教学就会沦为一种形式。一旦议题式教学沦为一种普通的教学形式，必然会导致部分学生在探讨议题或者案例时丧失责任感。一般情况下，高中思想政治课中的议题式教学主要采用小组合作分析和讨论的模式，小组会根据教师给出的议题或者案例展开讨论，但是由于班级小组之间的差异性明显，上述模式并不能很好地反映每个小组最终的探讨结果。此外，由于组员的个体差异显著，往往是那些语言表达能力强、思政

理论基础雄厚的学生掌握议题方向，而那些基础相对薄弱的学生则会成为陪衬。长此以往，思想政治课堂中的议题式教学就会沦为优等生的"天下"，进而导致部分后进生丧失学习的主动性，严重的还会引发学生之间的矛盾。为此，在议题式教学模式构建时，一定要做好任务分配工作，不能只让优等生充当主力，要面向全体学生。

二、没有尊重差异，无法完全调动学生积极性

由于学生的家庭环境、学习方式以及思维能力不同，导致每个学生最终的学习成果常常是不同的。对此，教师在高中思想政治课实际教学过程中，应该充分认识到这一点，结合学生的个体差异以及性格特征展开教学。但是就目前的高中思想政治课教学情况来看，由于受到多方面因素的影响和限制，实现这一点非常困难。此外，受到我国教学体制的显著影响，很多学生都已经习惯了灌输式教学，一旦教师转变教学方法，会导致课堂教学质量大幅下滑。

三、高中思想政治课议题式教学的实践操作

为了进一步提高高中思想政治课的教学质量和教学效果，提高学生的思辨能力，教师可围绕议题的选择、议题的具体实施，以及议题情况设计等环节展开教学。

（一）在时政与教材的结合中选择和设计议题

在高中思想政治课教学过程中，议题的题目和内容选择是最为关键的一环，它决定了后期的教学方向，同时也会对本节课的教学目标产生影响。所以，在议题式教学的实践中，教师一定要紧密结合国内外时事，选择一些具有讨论和分析意义的议题内容，并紧密结合思想政治教材的理论知识。

例如，在人教版高中思想政治必修一《经济生活》第一单元"生活与消

费"的教学过程中，教师应该结合实际的教学情况开展议题的选择和设计，根据课本内容选择贴合学生生活实际的实例进行分析，并使学生进行自由讨论，从中找出反映思想政治理论的部分，这样有助于提高课堂效率。在"影响价格的因素"的教学过程中，教师应该根据"供求影响价格"和"价值决定价格"进行相应议题的确定。对此，教师可以进行科学的选择和设计，如对于目前新冠肺炎疫情下口罩价格急剧上升的事例进行分析，让学生对这一经济现象进行讨论，深刻理解影响价格的因素。对此，教师可以这样说："在目前新冠肺炎疫情的影响下，我国口罩价格出现了一定幅度的上升，请同学们从'影响价格的因素'方面进行现象分析"，这样可以使学生结合当下的时事新闻对于"影响价格的因素"进行学习讨论，有利于高中思想政治课开展议题式教学，促进议题选择和设计的科学性。

（二）在"三性"的融合中设计议题的情境

为了进一步激发学生的思政课学习兴趣，提高学生的学习效果，在当前的议题式教学模式下，教师还要设置相应的议题情境，通过议题情境帮助学生更好地理解和掌握相关的思想政治理论和知识。在议题情境的设计和创造过程中，高中思想政治课教学所选择的议题情境一定要具有生活性、典型性和趣味性。只有这样，才能更好地提高高中思想政治课的教学的实效。

例如，在人教版高中思想政治必修三《文化生活》第三单元"中华文化与民族精神"的教学过程中，教师应该对议题情境进行科学的设计，并且选择具有生活气息的典型实例进行分析，这样有助于创设有效的议题情境，提高课堂教学效率。首先，教师应该对我国源远流长的中华文化进行相应的再现，如教师可以选择被称为"世界第八大奇迹"的秦始皇兵马俑为议题情境，让学生对兵马俑的制造过程进行想象，并且由教师进行相应的指导，以此为议题情境进行讨论。这样有助于学生充分体会到古代劳动人民的智慧，从而有助于学生形成对我国古代传统文化的热爱和敬畏之情，有助于对传统文化的传承和发展。在我们的民族精神的教学方面，教师应该结合我国当代中华民族之魂进行议题情境的创设，根据课本中所提供的例子进行相应的分析。如对鲁迅所说的"中国的脊梁"和毛泽东所写的"可上九天揽月，可下五洋捉鳖"的诗句进行分析，同时与我国"神舟九号与天宫一号"实现空间首次手控交会对接的伟大成果进行对照，让学生对此进行因果关系的总结和分析，让学生在讨论中创设浓厚的议题情境。同时教师还可以给出议题讨论的方向，如"请同学们联系中国百年沧桑之变，从这三个镜头来看，分析判断鲁迅先生所说的'中国的脊梁'体现出了什么精神？"，再让全班学生进行讨论分析。在讨论之后，教师应该根据讨论的结果进行正确的引导和总结，主要围绕我们的民族精神进行爱国主义的正确教育，使学生树立热爱祖国、热爱民族的精神，有助于高中思想政治课的有效开展，促进议题式教学情境的有效建构。

（三）在实践与反思统一中完善操作的步骤

高中思想政治课议题教学的最终质量和其具体的实施效果有着密切的关系。鉴于此，在实际的教学过程中，教师一定要严格按照议题式教学的步骤和流程开展教学，不能随意变动和更换流程。目前较为常用的议题式教学流程主要有两种：第一种为议题式教学流程。该流程主要针对已经在课前选好议题这类情况展开，主要包含以下四个环节：①议题的陈述；②议题的设计；③议题过程的有效组织；④议题效果检测评价。第二种为针对未在课前选好议题的情况，主要包含以下四个环节：①议题设计；②预设场景；③议题生成；④议题呈现共识。为此，在实际的议题实施步骤中，教师一定要结合实际情况严格按照流程实施教学。

例如，在人教版高中思想政治必修三《文化生活》第二单元"文化传承与创新"的教学过程中，以传统文化的继承与发展为例，对于第二种议题式教学的具体实施过程来说，高中思想政治教师首先应该在课堂上进行议题设计，结合传统文化传承与发展的实例进行课堂的导入，这样有利于确定相应的议题。如以课本中提到的京剧传承为例，教师应该结合京剧的特点和其在今天的艺术表现形式进行议题的初步拟订，并结合课本进行议题方向的确定，如"你认为京剧传统文化对现实生活而言是财富还是包袱？你能够用事例说明你的观点吗？",这样有助于学生发挥自己个性化理解的作用,通过对议题的进一步讨论,提高课堂学习效率。之后教师应该要求学生进行小组内的议题讨论,在讨论完成之后,应该由小组长进行本组讨论结果的发表,并在各组之间进行意见的相互交流,起到议题呈现共识的作用。在各组意见交流完成之后,高中政治教师应该发挥教学的引导和总结作用,对于各组的讨论结果和交流意见进行总结分析,对其中正确的观点予以赞赏,并进行发展性的评价,对于其中欠妥的说法进行科学的分析,并帮助学生进行改正,这样有助于学生树立对京剧传统文化传承的正确态度,从而进一步对京剧传统文化的发展进行思考,从而加强对于传统文化传承与发展的政治学习,有利于高效构建高中思想政治课程议题式教学模式,促进学生学习效率和质量的有效提升。

四、议题式教学实践的反思

议题式教学是当前高中思想政治课中常用的一种教学模式,它不仅可以有效提高学生对各类思想政治的理解能力,同时也可以培养学生的思维和创新能力。由于笔者实施议题式教学的时间很短,其中难免存在一些问题,需要在以后的实践中不断完善。

首先,在议题提案的来源以及议题资源的开发上,教师除了可以引入一些时事之外,还可以选择一些代表性较高的课本案例作为议题备选,虽然课本上的议题案例不够新颖,但是这类案例和教学理论知识的相关性较高,便于学生学习。

其次,可以由学生自己来选择合适的思想政治议题。在新课标改革教学要求下,学生是学习的主体,教师只是学生学习的引导者,在实际的教学过程中,议题内容的选择和学习不完全由教师个人负责,学生也应参与其中。

最后,在议题的实践步骤中,由于高中思想政治课议题的具体实施步骤在学术界并没有一个统一的界定和规范,有学者认为有四个步骤,也有学者认为有七个步骤,但是无论采用哪一种议题实践步骤,都要严格遵循议题设计的科学原则。此外,议题的实践步骤并非一成不变,教师应该结合实际情况不断创新发展。

参考文献:

[1] 余国志.议题式教学:高中思想政治课教学的新路径——以"做好就业与自主创业的准备"为例[J].中学政治教学参考,2018(2):12-15.

[2] 覃遵君.凸显统整性课程重构 探索议题式教学方法——高中思想政治新课标初探(二)[J].中学政治教学参考,2019(1):15-18.

[3] 孙健.塑造活动型高中思想政治课——谈议题式教学法在高中政治教学中的应用[J].中学政史地(教学指导版),2019(6):54-55.

"自我表露"理论在协调好高中侧文班女生人际关系的应用研究

浙江省严州中学梅城校区　　方再华

摘　要：侧文班女生人际关系问题包括生生之间的关系和师生之间的关系。它是班级管理中一个比较突出的问题。利用好"自我表露"理论能增强女生的人际交往能力，拉近师生之间的关系，提高女生之间人际沟通的有效性，推动良好人际关系的发展，促进女生的心理健康发展和班级的稳定和谐发展。

关键词：自我表露；侧文班女生；人际关系

一、侧文班女生人际问题的表征与归因分析

班级人际关系的好坏是衡量一个班学生心理是否健康的标志之一，也是班级能否团结、健康发展的一个重要因素。高中选课之后，侧文班大约有3/4的女生。俗话说："三个女人一台戏。"高中女生正处在心理尚未成熟又渐趋成熟的阶段，没有丰富的阅历来分析和处理同学之间的人际关系，她们解决问题常常比较盲目、冲动和幼稚，所以在侧文班中经常会出现女生之间发生矛盾和摩擦的问题。这些问题主要包括两方面：生生之间关系不和谐和师生之间关系不融洽。

通常情况下，同班女生交往对象和范围比较单一和狭窄，常见的是两类：一类是同寝室、同桌或者是前后桌，座位比较相近的容易交流；另一类就是高一时曾是同班同学的，高二分班时，面对新的班级自然而然地对老同

学更有亲近感。但是就这两类来说也经常会出现关系不稳定的现象。笔者在当侧文班班主任的两年中，就处理了不下10起同桌间以及前后桌间甚至是同寝室之间发生的矛盾，而且十之八九是女生问题。产生这些问题的原因主要有：一是同学之间不善于表达，有事情都埋在心里；二是同学之间不坦诚，不能用心交流；三是在交往中自私自利，无法维持同学之间的友谊。

人际关系出现问题的女生通常有以下几个心理特点：一是自卑、敏感、自我封闭，对与人交往有极大的抵触心理；二是冲动、偏激，在与人交往中难以控制自己的负面情绪；三是自私、傲慢、以自我为中心，在与人交往中不顾及别人的感受，但自己对他人的刺激却比较敏感。

侧文班女生的人际关系问题同样体现在师生之间的关系上。如今的中学生传统美德淡化，对待老师不像以前那样敬畏，其思想意识、价值观、道德选择受多元因素影响。而女生在这个年龄段通常生理心理敏感、情绪强烈且不稳定、负面情绪多、以自我为中心、自尊要求迅速增长、学习竞争压力大等。影响师生之间人际关系的主要问题：其一，教师为保持自己的威严，在与学生的交流时往往高高在上，使学生与老师间常有一条无法逾越的鸿沟；其二，学生往往认为老师与学生是管理与被管理的关系，把老师放在其对立的位置上，不愿与老师进行平等交流；其三，学生向师性减弱，女生面子薄，自尊心强，受到批评后耿耿于怀，甚至敌视老师。

作为班主任，建设一个团结、友爱、健康、向上的班集体，首先要做的就是培育良好的班级人际关系。

二、"自我表露"理论内涵解读与使用价值

"自我表露"理论是由美国人本主义心理学家西尼·朱德拉于1958年提出的。他认为，自我表露就是让目标人了解有关自己的信息，目标人就是将个人信息与其进行交流的人。后来他又在《透明的自我》一书中将自我表露界定为告诉另外一个人关于自己的信息，真诚地与他人分享自己的私密想法与感觉。

自我表露是健康人格的一个特征，自我表露能增强自我觉察的能力，可以与他人分享体验，可以从他人那里获得反馈，自我表露降低了人与人之间的神秘感，可以建立亲密的关系，维护自身的心理健康状况，达成合作。通过自我表露对了解自我、了解他人、建立良好的人际关系和保持心理健康水平有重要的作用；但是自我表露也需要勇气和把握尺度。很多研究认为，表露得太少或太多都不好，适度的表露将对心理健康有益。自我表露在人际交往中有着很重要的位置，也是衡量一个人交际能力的一个标准、适当的自我表露不仅会拉近自己和别人的距离，而且也让别人对自己有更多的了解与信任。

自我表露在改善中学生的人际关系时起到非常重要的作用。通过自我表露，学生可以促进相互间的交流，增进彼此间的感情、密切关系，促进人际关系的形成和发展；通过自我表露，学生还可以进行心理调试，增进自我认识，可以解决自身遇到的问题，增进自信心，有益于生理和心理的健康。一个人的心理问题会体现在她的人际关系上；相反，一个人的人际关系处理得如何，同样能够反映出这个人的心理健康问题。

三、运用"自我表露"理论，建立侧文班女生良好人际关系的基本策略

（一）建立良好的同学关系的策略

1.主题活动：优化自我表露载体。

（1）开展畅所欲言的主题班会活动，树立正确的自我概念。活动主题："Nice to meet you."在班会上通过介绍自己"你的名字怎么来的？你家在哪里？你有什么样的品质？你喜欢什么格言？"等加强交往对象对自己的了解，获得自我评价。健康的人格是我们通过自我坦诚的方式来表现的。自卑、封闭、自负、自我评价过高、自尊心过强的人常常无法自由地自我袒露，她们往往会用一些谎言来伪装自己的缺点。这样会给人一种虚伪的印象，

那么别人也会回避与你的交往，更不会坦诚相待了。在生活中，人们对自己的认识，一方面是通过内省，另一方面是通过别人的眼光、通过别人对自己的行为反应得到的，即"镜中我"概念，也就是通过观察别人对自己的行为反应而形成的有关自我的概念。

作为个体，如果在人际交往过程中，自我评价过低则容易形成自卑、敏感、自我封闭的心理。这类人往往行为比较孤僻，不善于甚至不敢与人交流，从而影响良好人际关系的建立。自我评价过高则容易形成自大、自以为是、以自我为中心的心理，同样会阻碍良好人际关系的形成。日本的一位青年心理学家把"在别人面前如实地表现出自己的本来面目"的这种"自我表露"称为"认识自己、改造自己的最简单、最可靠的方法"。所以，应鼓励学生坦诚地表达自己。

（2）开展丰富多彩的班级文体活动，增强有效的沟通能力。活动要形式多样并适合女生心理特点，如文艺展示、诗歌朗诵、跳大绳等，展示自己，增强自信心，让其他同学更加了解自己的兴趣、爱好及优点，为女生相互间的心灵碰撞、交流创造条件。同时让学生努力寻找、发现别人的优点，并给予真挚诚恳的赞赏和肯定，从而增进同学之间的交往，建立良好的人际关系。当然，相互交往要有个循序渐进的过程，不能操之过急，一下子向他人透露太多有关自己的信息，这样会使他人害怕和退缩，从而给良好人际关系的建立造成障碍。

鼓励学生主动参与人际交往活动，克服人际交往的心理障碍，如自卑心理、怯懦心理、孤僻心理、封闭心理、多疑心理、恐惧心理、排他心理及冷漠心理等。努力培养学生在人际交往中稳重、大方、不卑不亢，对待别人要热情、诚恳，交往时要表现出应有的热情和兴趣，这样别人才会以同样的热情回应你。

2.树立正确的自我意识。一个拥有基本安全感的人才敢于自我暴露，因为暴露本身说明其已经认识自我，接纳自我，对自己已经有了基本的认识。拥有健康人格的人是乐于别人了解自己的真实感受，并且敢于暴露自己的。但是自卑心理严重者，由自卑而导致过度地修饰或过度地自我保护，很难让人走进自己的心里。心理学家阿德勒认为，每个人都有先天的生理或心理欠缺，这就决定了每个人的潜意识中都有自卑感的存在。在我任教的班里，由于成绩、相貌、家庭等因素的影响，有自卑心理的女生不在少数。对于这类女生要帮助她们树立正确的自我定位，强化自我意识，提高她们的心理素质，改善她们的心理承受能力，激发她们实现自身价值的热情。

在选用班干部，让学生自主管理班级的过程中，引导和帮助学生不断地发现问题、分析问题和解决问题。在不断处理问题的过程中发现自己的优点、正视自己的缺点，正确地评价自己、肯定自己。有意识地进行自我监管，监督自己不合理的、消极的、不当的行为，形成自信、独立处事的自我意识。不仅自己要与同学建立良好的关系，还要学会处理班级中出现的人际关系问题。

单独的谈心，让这类女生在情绪低落或者情绪不稳定时，能够进行适当的自我发泄，能够敞开心扉与老师、同学、父母进行良好的交流，使她们不会感觉孤独和被孤立。学会自我调节，自觉抑制不良情绪，加强自我的心理适应和承受能力。

小X是我新任教的高二女生，给我的第一印象是这个女生非常内向，走路总是低着头，说话声音非常小，从来都是独来独往，在班上也是从不与人交流。这就使得她在班里很不受欢迎，甚至没有一个女生愿意和她同桌。我经常看到她在吃饭时独自一人待在教室里，同寝室同学也向我反映她经常在寝室自言自语。她提出要一个人坐在教室最后面的角落，不参与班级每两周座位轮换，而且希望搬离现在的寝室。当我问她原因时，她总是低着头，问得急的时候就一直哭。我了解到这个女生的家庭比较贫困，家里只靠父亲一个人打工养家，母亲有精神疾病正在医院治疗，而她自己本身学习成绩也不太理想。家庭和学习情况造成小X有非常强烈的自卑心理，内心非常敏感，严重缺乏安全感，自我保护意识比较强烈。

这类女生通常都不愿意自我表露，认为自我表露会暴露自己的弱点，别人会利用弱点来伤害她。这种自卑、敏感、自我封闭的心理使她不愿意和人交流，久而久之她对与人交往产生了极大的抵触心理。这对她自身的心理健康发展和学习积极性的提高非常不利。针对这种情况,要帮助她建立起良好的人际关系。首先,要让她放开自我,敢于自我表露,自我展示。其次,要学会认识自己,认识他人,学习与人交往,提高人际沟通技巧。

3.提高沟通技巧与能力。

(1)放开自我,不畏首畏尾。与人沟通过程中首先要能放开自我,给人以稳重、大方的印象。不能欲言又止,给人有话不能说的感觉。不能畏首畏尾,要清楚地表达自己的意思。

(2)宽厚待人,不自私自利。在与人交流中要善解人意,不揭人伤疤,不戳人痛处,不把自己的想法强加给别人。任何一个有效的沟通都需要宽厚待人,不斤斤计较,不自私自利。

(3)用心倾听,不随意打断。要沟通首先要倾听,倾听是沟通的前提。用心倾听是尊重对方的表现,可以满足对方的需要。即使对方所讲的已经是你知道的东西,也不能随意地打断。

(4)学会赞美,不轻易批评。赞美是维系良好人际关系的灵丹妙药。卡耐基说过:"赞美能够改变一个人的一生。"真诚的赞美会使别人感到愉悦,给人以信心。经常给予别人赞美,别人也会赞美你。

(二)改善师生关系的基本策略

1.教师要懂得倾听,走进学生的心里。有一则寓言:一把坚实的大锁挂在门上,一根铁杆费了九牛二虎之力还是无法将它撬开。钥匙来了,只见它瘦小的身子钻进锁孔,只轻轻一转,大锁就"啪"的一声开了。铁杆奇怪地问:"为什么我费了那么大的力气也打不开,而你却轻而易举地就打开了呢?"钥匙说:"因为我最了解它的心。"而班主任就需要找到走进学生心里的那把钥匙,才能拉近与学生的距离,建立起和谐的师生关系。

老师与学生关系最紧张的时候就是学生容易犯错误的时候,此时往往凸显的是老师与学生对立的一面。学生会产生害怕、逆反的心理,这时如果老师一味地训斥,学生就会产生抗拒心理,于是会敷衍了事,老师无法获知学生的真正想法。要与学生进行有效的沟通,就要有平等、尊重的态度,使学生感到老师是可以信任、可以倾诉的，从而自发自愿地与老师交流。在交流过程中，教师要倾听学生的感受，倾听学生的内心，倾听学生的潜台词。倾听之后要理智分析，绝不能先入为主，自以为是，不分青红皂白地横加训斥。这样只会把学生越推越远，使得学生不会轻易地和老师说出真实信息。所以当学生犯错误时，要先让学生述说，老师耐心倾听，从中发现问题，分辨学生说的是不是实话，有利于接下来的师生交流，促进问题的解决。

在高三时我发现班上的一个女同学整天魂不守舍的，学习成绩从班里的前十名退步到三十多名。经过侧面了解发现她可能有早恋现象，我就认定她这几天的表现和她早恋有关。不管三七二十一，我劈头盖脸地就和她说了一大堆早恋带来的危害。而她只是低着头，一声不吭。谈话结束后，她的精神状态和学习情况也没有好转，甚至有点变本加厉。这让我有点无从下手，不久之后，这个同学的家长打电话给我，和我说明了情况，是因为家里的一些事情才影响到这个学生的情绪。这件事情让我反思了很久，我在处理问题时的不当做法，不仅不能解决问题，甚至对我们之间的师生关系影响非常大。之后，我尝试着把学生放在平等的地位上，加强心与心的交流。先倾听学生的陈述，尊重她们的想法，和她们一起解决问题，而不是一味地斥责学生。这对我在之后解决学生问题、与学生沟通中起了很大作用。

2.教师要懂得分享，拉近师生间的距离。对于学生来讲，最好的老师是在交往中忘记自己是教师，而把自己的学生视为志同道合的朋友。学生首先是喜欢这个教师，再喜欢这个教师的教育，从而服从这个教师的管理。在信息化时代，教师并不是学生获得知识的唯一载体，所以教师在履行"传道、授业、解惑"的传统使命之外，更应该帮助学生树立正确的世界观、人生观和价值观，注重情感、态度、价值观的培养。教师要能把自己的知识、价值观拿出来与学生分享。在这个分享过程中，需要结合教师的自我表露。一个吸引人的课堂往往不是单纯地讲书本知识点的枯燥的课堂，而是能调动学生积极性和创造性的课堂。有时教师在脱离书本知识讲自己阅历的时候，这个时候学生的反应是最为热烈的。很多学生都很希望了解教师在教室之外的生活，共同分享秘密在无形中会拉近学生和教师之间的距离，建立起融洽的师生关系。每个学期我会开几次只有女生参加的主题班会,在班会上我们会讨论一些女生的问题。例如:"自尊、自爱、自强""做一个窈窕淑女""学会保护自己"等主题班会。在班会中我和女生们一同探讨、交流,和她们一起分享在高中碰到的问题,在潜移默化中将知识、情感、价值观灌输给她们。这样的班会形式,在很大程度上促进了我与班上女生之间的了解,再出现问题时她们也会主动来找我谈心。

四、研究的反思

正确地解决侧文班女生的人际关系问题至关重要,它直接影响到文科女生健全人格的形成和学生的身心健康,以及班级的稳定、和谐发展。在解决班级女生人际交往问题的过程中,要重点关注在人际交往上有心理障碍的女生,加强学生的自我表露能力,促使学生做出正确的自我评价,树立正确的自我意识,加强人际沟通能力,推动良好的人际关系的建立。在人际交往的过程中,教师应发挥主导作用,正确地引导学生进行合理、适当的自我表露,教师要懂得倾听和分享,有效地建立起民主、平等、和谐的师生关系。老师应该从我做起,提高师德修养,做好与学生的有效沟通,为学生树立起人际交往的榜样。

正如教育家苏霍姆林斯基在《给教师的建议》中写道:"教育的实质就在于使一个人努力在某件事件上表现自己,表现出自己的优点。在某种好的东西中来认识自己——善于支持人的这种高尚的志向是多么重要啊!教育者往往在那么长久而痛苦地寻找的那种自我教育的强大推动力,不是就在这里吗?应当在心理学讨论会上提出这个问题:人的表现问题。……怎样才能做到,使人尽量地努力在好的方面表现自己呢?我深信,一个人想在某个好的方面表现自己的愿望越强烈,越诚挚,他的自我约束力就越强,他对自己身上不好的东西就越加不肯妥协。"教师既要发现学生优点,还要创造条件让学生展现优点,学会推销自己,实现自己的人生价值,形成正确的自我评价,树立合理的自我意识,让别人认识和接受自己,最终促进人格的完善。帮助学生走出人际关系的沼泽地，使其能够自然、和谐地融入人际关系中，是班主任及教育工作者职责的应有之义。如果说一个班集体是一个小小的星系，那么每个学生就是一颗星体，每一颗星体都散发着它的星光，我们将看到一片璀璨的星空。

参考文献：

[1] 何旭明,陈向明.教师的自我表露影响学生学习兴趣的质的研究 [J].全球教育展望,2008（8）：58-63.

[2] 蒋索,邹泓,胡茜.国外自我表露研究述评 [J].心理科学进展,2008（1）：114-123.

[3] 沈月梅.职业高中女生人际关系的实践研究——以吴江市三所职业高中为例 [D].上海：华东师范大学,2009.

[4] 邱蕾.人际关系中的自我暴露 [J].社会心理科学,2009（3）：10-12.

[5] 邱莉,陈会昌.中学生自我暴露发展趋势研究 [J].湖南文理学院学报（社会科学版）,2004（5）：88-91.

思维可视化技术下高中政治知识体系的构建研究

浙江省严州中学梅城校区　　方再华

摘　要： 在教学过程中，教师引导学生构建适合自己的知识体系，有助于提升学生的逻辑思维和调动知识储备能力。以思维导图、鱼骨图、概念图等为主要代表的思维可视化工具有形象、直观、系统的特征，运用思维可视化技术构建知识体系，可以更加直观、明晰地呈现知识和问题脉络以及逻辑关系，有助于深化知识记忆和理解，增强知识系统性。

关键词： 思维可视化；高中思政课；知识体系

一、研究缘由

（一）从新高考改革的考核目标要求看

新高考改革后，考核目标从文综的获取和解读信息、调动和运用知识、描述和阐述事物、论证和探究问题四大能力，向记忆、理解、比较归纳、判断批判、分析探究和表述等六大能力转变。要求学生必须将理解和记忆结合起来，通过比较事物和所学知识的异同，寻找知识间的内在联系，注重构建知识体系，提高知识的运用能力。可见，培养和发展学生的比较归纳能力，不仅是思政课教学的一大重任，也是高考能力考核的一项重要目标。这就需要学生在理解思政课的基本概念、基本原理和基本观点的基础上，把握知识内部各要素之间的联系，通过一定的逻辑思维方法，构建出符合记忆规律的知识体系，并且能够运用到一些经济、政治、文化、社会现象的分析中去。

（二）从2014—2016年浙江政治选考的综合题看

1.分值减少，知识细化。新高考改革后，选考政治综合题与文综政治综合题相比，分值在减少，对知识点的考查更加细化。这就要求学生要有丰富的知识储备，不仅要掌握书本的主干知识，还要更深入地把握一些细枝末节知识点，以备在需要时能灵活运用，具体情况如表1所示。

表1　2014—2016年浙江政治选考的综合题

试卷	题量	总分	每小题分值	举例说明
文综卷	两大题五小题	52分	8—12分	［2014年］41（1）"结合材料，说明美食的创造是发挥意识能动作用的过程。"（10分） ［2015年］41（1）"结合材料，运用就业和加快转变经济发展方式的知识阐述高校毕业生创业创新的意义。"（12分）
选考卷	五大题七小题（包括选修）	29分	3—6分	［2016年10月］39（2）"结合材料，说明意识在改造世界过程中的能动作用。"（6分） ［2016年4月］39（2）"结合材料，运用'加快转变经济发展方式'的知识，说明苹果生产经营者如何缓解苹果'销售难'的困境。"（6分） ［2016年10月］38（1）"从转变经济发展方式的角度，说明民间资本加速流向新经济领域对经济结构调整的积极作用。"（2分）

2.由目到点，层次深化。高考政治问答题设问多以教材目录标题作为知识范围进行考查，不管是文综卷还是选考卷都如此。与文综卷的政治题相比，选考卷的考查知识层次更加深化。从2014—2016年的文综卷来看，2014年的综合题以单元标题、框题、目题作为知识范围；2015年综合卷以单元标题、课题、目题作为知识范围；2016年的综合卷以课题、目题作为知识范围。2014—2016年选考卷中的必修部分没有出现单元标题和课题，而是以框题和目题作为知识范围，而且考查了目题下的具体知识点。例如：2015年10月选考卷第40题"结合材料，说明价值观对人生的导向作用，并谈谈体会"。2016年10月选考卷第38题第（1）题"从转变经济发展方式的角度，说明民间

资本加速流向新经济领域对经济结构调整的积极作用"。

3.**理材结合，能力强化**。以往政治问答题的答案组织是以原理加材料分析，选考卷问答题的答案组织则是原理和材料融为一体。例如：2016年10月选考卷第38题第（1）题"从转变经济发展方式的角度，说明民间资本加速流向新经济领域对经济结构调整的积极作用"，这题涉及的知识范围是"转变经济发展方式的角度"。书本原话"推进结构的战略性调整，把推动发展的立足点转到质量和效益上来"。本题的答案呈现是"民间资本加速流向新经济领域，可以提高新经济在国民经济中的比重，优化经济结构，提高国民经济整体的质量和效益"。原理和材料完全融为一体，在一定程度上加大了学生的答题难度，这就需要学生掌握学科知识背后的思维规律，加深对知识的理解，在提取和解读材料信息的基础上，合理、准确地把握和应用知识，写出思维清晰的答案。

（三）从学生答题的实际情况看

学生在政治课学习和考试过程中普遍存在以下问题。

1.**逻辑思维能力不足**。知识运用的基础是记忆，要想调动和运用知识来分析和解决问题，首先应该记住并理解知识点。大多数学生是通过死记硬背的机械学习，通过这种方式掌握的往往是片面的、表层的知识，基本停留在"感知记忆"层面，是对知识的"机械重复"。当知识应用的情境发生变化时，学生由于思维能力不足，便难以解答问题。

2.**知识调用能力不足**。有的学生在答题时，会把问题限定范围的知识一并搬上，或者想到什么就写什么，虽有知识储备，因知识储备杂乱，对知识理解不到位，思维混乱，致使对答题知识的调用能力不足。学生每天吸收各门学科的信息和知识，如果只靠死记硬背不及时整理和归纳，长时间之后大脑就会一团糟。回答问题时，即使是学过的、背过的知识点也会想不起来。拿到题目后对不同的问题不能用相应的知识来说明或者不能切中问题的要害，答非所问。

3.**答题策略应对不足**。学生在回答思政主观题时，普遍存在理论观点与材料论据缺位、错位和脱节，缺乏辩证分析和灵活运用的硬伤。在原材结合过程中缺少有效的链接，分层作答，致使答案洋洋洒洒，不得要领，答案组织常常没有逻辑思路，想到什么写什么，这样就会出现错写、漏写、表述不清等现象，造成失分过多。

二、概念简述

（一）思维可视化内涵

思维可视化（Thinking visualization）是指以图示或图示组合的方式把原本不可见的思维路径、结构、方法及策略呈现出来，使其清晰可见的过程。通俗地讲，就是把大脑中的思维"画"出来的过程。一般而言，思维可视化是通过视觉表征手段将思维路径、方式及整个思维状态进行外化，其实质是思维的视觉表征，即在图示技术支撑下，将抽象思维过程和状态进行外部表征，形成直接作用于人的感官的概念图、导图等外在表现形式，促进学习者理解掌握相关的知识。

（二）思维可视化技术

实现思维可视化的图示技术主要包括两类：一类是思维导图、模型图、流程图、概念图、鱼骨图、问题树等图示方法；另一类是生成图示的软件，主要有MindManager、MindMapper、XMind、iMindMap、FreeMind、DropMind等，实现思维类图的设计、制作、编辑、显示等功能。

三、实践运用

（一）利用思维导图，厘清教材逻辑

思想政治教材有一个显著特点就是强调"生活逻辑"，学生只有厘清了

教材逻辑之后，才能更好地掌握这门课的知识。教师要引导学生学会通过画思维导图来理顺书本逻辑思路，从宏观上把握课本内容脉络。

以《经济生活》为例，这门课程的教材编写是从生产、分配、交换、消费四个环节展开的。教材的每个单元强调解决经济学的一个基本问题：第一单元——生产什么；第二单元——如何生产；第三段元——为谁生产；第四单元——在什么背景条件下生产。从贴近学生的生活方面来说，消费活动与学生的生活最贴近，所以教材就从消费说起，依次分析生产和分配，最后则讲交换即我国当前经济活动的基本背景——面向全球开放的社会主义市场经济。教师可以引导学生画出教材的逻辑脉络的思维导图，使教材脉络形象化、具体化。将"经济"作为中心主题，由此中心向外分成四个关节点：消费、生产、分配、交换。每个关节点又可以成为另一个中心主题，再向外发散关节点，最后形成一张放射性的知识网，如图1所示。

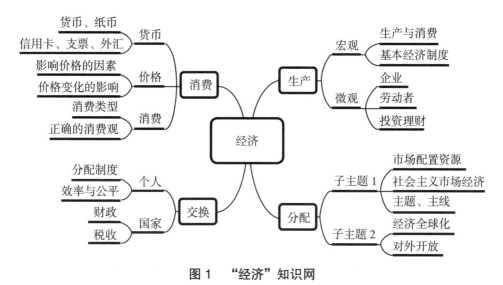

图1 "经济"知识网

（二）利用鱼骨图，深化知识层次

学生对于一个问题的解决往往停留在表层，也就是用书本上的知识去解答，而缺乏深入分析问题的能力。书本原理和材料不能有机融合，究其原因就是学生没有深化知识的层次，没有很好地理解知识点。高中思想政治题的设问角度大体分为"是什么""为什么""怎么办"三个角度,而学生对于"为什么"和"怎么做"的题型往往把握不好。

鱼骨图分为原因型鱼骨图和对策型鱼骨图。原因型鱼骨图可以帮助学生整理、分析问题的原因,培养学生分析问题的能力,便于学生理解和掌握知识。对策型鱼骨图有助于学生从横向和纵向去分析和解决问题,深入问题的本质,提出有效的解决措施。在画鱼骨图时须注意,按惯例原因型鱼骨图鱼头在右,对策型鱼骨图鱼头在左。如,"转变经济发展方式"对策型鱼骨图,如图2所示。

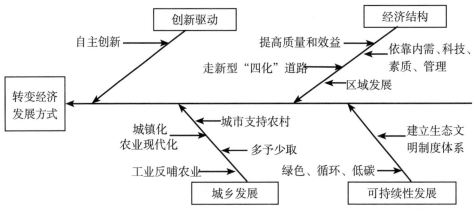

图2 "转变经济发展方式"对策型鱼骨图

(三)利用概念图,重构知识关联

思想政治考试把对考试内容掌握的程度要求分为三个层次,从低到高依次为识记、理解、应用。认识最终要运用到实践中去,学生要能够运用所学的思想政治学科的知识、观点和方法,分析、探究和说明一些简单的经济、政治、文化、社会现象。应用也就是知识的输出,怎么把书本的知识变为自己的知识,理论与实际相结合,在遇到问题时能准确、灵活地调动和运用相关知识。在知识输出的过程中要学会把握知识关联,将一些社会的热点现象最大限度地与知识点联系起来,对热点问题进行多角度、多层次的分析,以强化理论联系实际、认识问题和解决问题的能力。例如:对热点"供给侧改革"的知识关联图,如图3所示。

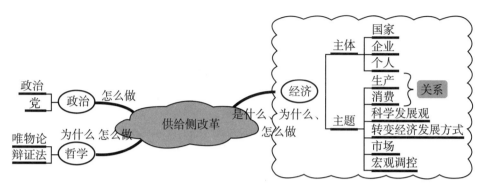

图3 对热点"供给侧改革"的知识关联图

（四）利用知识树，重新聚合知识

高考政治试题注重考查学生多层次、多角度分析和解决问题的能力，在回答综合题时，一部分学生总是围绕着一个知识点反复论证，重复作答，对其他要点避而不谈，造成要点缺失，失分严重，导致答案写了一大片，得分只有一点点的后果。究其原因，主要是学生的知识掌握不系统、应用不够灵活。学生应该在对基本概念、基本观点和原理熟练掌握的基础上，打破单元和课的界限，根据知识间的内在联系，进行知识的重新聚合，形成学科内的知识渗透，做到点、线、面的有机结合。通过知识树的方式构建知识体系，让知识"成网连片"以便需要的时候"抓住一个点，顺着一条线，带出一大片"，一网打尽。用知识树构建知识体系，可以将一个知识主题作为树干，将发散在各单元、各课、各框各目中的相关知识点作为树枝，从而将知识重新聚合、集结成块。例如：以"消费"为知识主题，构建的知识树形式的体系，如图4所示。

图4 "消费"知识树

四、研究反思

在教学过程中,教师要引导学生构建适合自己的知识体系,来提升学生的逻辑思维和调动知识储备的能力。而以思维导图、鱼骨图、概念图等为主要代表的思维可视化工具有着形象、直观、系统的特征,运用思维可视化技术构建知识体系有利于直观、明晰地呈现知识和问题脉络以及逻辑关系,有助于深化知识记忆和理解,促进知识系统的构建,具体意义如下。

1.有利于增强学生有效学习的能力。思想政治理论性强、知识点多、涉及面广、跨度大,如果完全兼死记硬背、机械重复,学生不但不能掌握相关知识,更严重的是久而久之会产生厌学情绪,而形象的、具体的、直观的事物要比抽象的语言容易记得多。美国学者哈里有一句名言:"千言万语不及一张图。"通过思维可视化技术构建知识体系,运用丰富的图示技术把知识加工的过程清晰地呈现出来,学生在学习的过程中不感到枯燥无味,促进学生在原有认知结构的基础上,将新知识与原有知识建立起联系,进行知识建构,发散思维,激发学生的学习兴趣,增强理解和记忆能力,提高学生学习的效度。

2.有利于提升学生逻辑思维的能力。通过学科思维导图、概念图等思维可视化技术构建知识体系,可以有效促进培养学生理解性、结构性思考能力等目标的达成。以丰富的知识为基础,开拓学生知识领域,便于学生发现各种知识之间的联系,主动构建适合自己的知识结构体系,提升逻辑思维能力。

3.有利于提高学生解决问题的能力。记忆知识不是目的,我们的知识要用来认识世界和解决问题。但许多时候面临问题时无法将知识顺利"取出",思维能力强的学生在同样情况下更容易取出大脑里存储的知识,究其原因是大脑里知识的结构化和体系化。任何知识只有通过系统的学习、实践、反思才能真正转化成个人的知识。通过思维能力的培养,可训练学生从纵、横贯穿知识,形成知识的系统性,拓宽学生思维,提高学生理解、应用知识的能力。

　　"纸上得来终觉浅，绝知此事要躬行。"在教学过程中，教师和学生往往较多关注问题的答案，而忽视了生成答案的思维方法和过程，忽视学生逻辑思维的培养，结果往往是事倍功半。在学生构建知识体系时，应以学生为主，引导学生主动探究，培养学生会学能力。但是，在具体操作中很多学生总以参考资料上面已系统化整理好内容为借口，不愿意自己动手整理。这就需要教师正确引导，科学激励，充分调动学生的积极性、主动性和创造性。

参考文献：

[1] 邢文利，李梁.思维可视化技术下的教学目标建构［J］.教育科学，2013（2）：30-33.

[2] 赵慧臣，王玥.我国思维可视化研究的回顾与展望——基于中国知网2003—2013年论文的分析［J］.中国电化教育，2014（4）：10-17.

[3] 李靖.思维导图在高中思想政治课堂中的应用［J］.现代中小学教育，2013（9）：30-32.

[4] 金鑫.鱼骨图分析法在地理教学中的应用——以人教版八年级下册"黄土高原"为例［J］.中学地理教学参考，2014（1）：38-39.

[5] 钱五海.宏观把握　中观贯通　微观落实——《经济生活》知识体系构建方法例谈［J］.中学政治教学参考，2013（9）：18-19.

一材多用创情境　法治意识再增强

——以部编教材必修3《政治与法治》"严格执法"为例

浙江省严州中学新安江校区　黄宏菊

摘　要： 法治意识是思想政治学科的核心素养之一。该文以部编教材《政治与法治》"严格执法"为例，从一材多用情境创设的角度，探索法治意识培育的路径。创设模拟情境，激发学法兴趣；构建两难情境，引导守法行为；促成生发情境，孕育护法思维；利用对比情境，坚定法治信念。

关键词： 一材多用；情境教学；法治意识

法治意识的本质就是要求公民尊法学法守法用法，自觉参加社会主义法治国家的建设。培育法治意识离不开情境教学，学生只有在恰当的情境中，才能用所学知识，解决现实中的复杂法治问题，形成适合的价值导向、必备品格和关键能力。围绕某一主题展开的一材多用的情境教学直指教学议题，串联教学主题，往往能更深入地统整教材，更有利于激发情感，澄清价值，生发问题，践行理念。本文以"严格执法"教学为例，从一材多用情境教学角度探索法治意识培育的路径。

一、创设模拟情境，激发学法兴趣

模拟情境是将现实生活场景融入课堂教学中，是社会生活原型在学生头脑中的再现。它强调知行合一，强调寓教于活动，寓学于活动。这种情境创设模式具有高度的针对性和逼真性，是促使学生积极参与、主动探究的有效方法之一。本节课采用角色扮演、模拟程序等方式进行情境创设。

在课堂导入部分，围绕"'严格执法'中如何达到'严格'的要求？"这一子议题，笔者进行了如下情境创设。

情境一：杭州市民张先生在路口左转车道等红绿灯时，后面驶来一辆拉着警报的120救护车，他为了让道，减少车子停在路口的风险，就直接闯红灯左转，给救护车让出了一条生命通道。路面执勤交警王警官拦下了张先生的车辆。

任务活动：1.围绕"严格执法"的主题，根据提供的法律条款，模拟设计一段张先生和王警官接下来可能会发生的对话；2.小组成员展示对话，并由发言人阐述这样设计的原因；3.评价组对执法办案情况进行监督评价。

在整个教学活动中，教师只提供了《中华人民共和国道路交通安全法》第五十三条的相关内容：警车、消防车、急救车、工程救险车执行紧急任务时，通过警报器、标志灯具告知其他车辆，不受交通法规限制，在确保安全的前提下通行，其他车辆和行人应当让行。学生模拟表演调动了全班积极性，在模拟设计对话的过程中，学生必须运用相关法律，这就激发了学生学法的动力。由于学生事先并没有做充分的准备，所以他们的模拟无论在法理依据和法律程序上都会有漏洞。但也正因为这些瑕疵，学生模拟表演后，评价组的同学对表演内容有很多自己的思考、判断和评价，这正是我们课堂教学所需的生成效果。

在学生的问题探究中，对于张先生会不会按交通规则受处罚，会有怎样的处罚，小组之间一开始存在完全不同的意见。对于交警王警官的执法过程，经过错误与正确的交互认知，学生们逐渐形成了自己的观点。在合作讨论过程中，学生不仅提高了对政府执法的感性认识，激发了学法的兴趣和法治情感，对于教材知识"政府应如何严格执法"也有了更深入的体验和更深刻的理解。

二、构建两难情境，引导守法行为

情境创设不仅是为了以境激情，激发学生兴趣，还为了激情明理，培育素养。"两难"就是面对困难的选择很难取舍。现实世界是多元化的，经济、政治、文化、社会等各个领域两难问题都层出不穷。高中阶段是人生的"拔节孕穗期"，"三观"正在打底塑造，最需要精心引导和栽培。所以，在教学中构建两难情境非常必要，它能激起学生内心价值的冲突，引导学生在冲突中思辨，在思辨中审视自我、矫正自我，在正确判断的基础上做出科学的选择。为此，本节课就构建了一个"情"与"法"的两难情境。

情境二：执勤交警王警官给张先生开了行政处罚单"记6分，罚200元"，对此张先生很郁闷，把自己的遭遇发到了微博上，立刻引起广大网友的激烈讨论。不少网友替张先生打抱不平，认为做好事还要承担被罚的风险，太寒心了，下次遇到特殊车辆不如不让。

任务活动：面对网络舆情，如果你是杭州交警部门的负责人，应该怎么办？

在这个活动环节，通过讨论交流，学生们达成一致意见：下次遇到特殊车辆必须要让，于情于法都要让。学生们更深刻理解了《中华人民共和国道路交通安全法》第五十三条中的"应当让行"的法律内涵。还有学生提到，"与人方便就是与己方便"，因为等待特殊车辆救援的很有可能就是你的亲人，也有可能是我们自己。但对于张先生的行政处罚，各小组的争议还是比较大的，主要有三种观点：第一种观点认为，交警部门应该撤销处罚，宣传张先生的这种礼让行为；第二种观点认为，交警部门应该安抚网络舆情，减轻处罚，比如只罚款不扣分；第三种观点认为，闯红灯的行为非常危险，交警部门应该一视同仁对待。支持第二种观点的同学最多，超过了全班半数，而且他们认为该观点兼顾了"情"与"法"的关系。

在各小组充分交流讨论的基础上，教师首先展示了对于不避让特殊车辆的交通行为的处罚依据：对于有条件避让却不避让、故意阻挡等行为，根据《中华人民共和国道路交通安全法》第五十三条与第九十条，不避让执行任务的特种车辆的，记3分，罚款200元。另根据《中华人民共和国治安管理处罚法》规定，阻碍特种车辆通行，情节严重的，处5日以上10日以下拘留，可以并处500元以下罚款。以此来肯定同学们做出的避让特殊车辆的选择。然后展示了交警部门对此的答复：司机让行值得称赞，但是操作不规范。交警大队指出，避让也是讲究方法的，只需要在原车道上左转一点或者是右转一点让出通道即可，不可以借避让的名义违法，不能因为避让而给他人的安全带来隐患。根据《道路交通安全违法行为记分分值》第二条和第九十条："驾驶机动车违反道路交通信号灯通行的，一次记6分，罚款200元。"在解决争议的探讨中，学生们改变了原有的认知，提高了法律、道德水平，在反思争议的触动中，学生们形成了正确的价值取向，使守法行为内化于心。

三、促成生发情境，培育护法思维

课堂上个别学生对预设情境的创设与理解会生发新情境，这是非常难能可贵的课堂生成的重要资源，需要教师及时捕捉，适时合理开发和科学使用。教师利用好这一"节外生枝"的教学资源，能够让学生的思维活跃起来，课堂探讨生动起来，课堂气氛热闹起来。

在课堂教学中及时而有效地捕捉学生的鲜活资源，促成生发情境需要尊重学生的主体性和创造性。一材多用的情境创设使课堂教学更有逻辑性、层次性和实效性，本节课本人在了解学生的生活经验和真实知识水平的基础上，选择了"新修订的《中华人民共和国道路交通安全法》"作为主题情境，在前两个情境的基础上，课堂生成了如下情境。

情境三：刚有同学发现，遇到特殊车辆，避让有可能闯红灯，将面临"记6分，罚款200元"的处罚；不避让面临的是"记3分，罚款200元"。既然避让不避让都要被罚，我就选择接受从轻的处罚，不避让。做好事还给自己找更多麻烦，以后谁还愿避让？对此，你有何良策？

课堂上生发的情境唤起了学生探究的热情，培养了学生解决复杂情境问题的能力，更是孕育了法治精神，激活了学生们维护法律尊严的思维。不少学生都从如何完善《中华人民共和国道路交通安全法》，来避免这一钻法律漏洞的劣行发生的角度，提出了自己的意见。通过这一生成教学，学生们对于科学立法的重要性和"良法"的内涵，都有了更进一步的认识。还有部分同学，从政府角度提出了意见，建议政府主动提供更好的服务，让更多的司机敢做好事、愿做好事。通过这一活动，学生对于"政府如何全面履职来促进'严格执法'"有了更全面、更系统的认知。教师面对有思想的学生，打造动态生成的课堂，应该成为我们教学的常态。教师可以多创设开放、全面的情境，促进学生思维的开放和创新，以最大限度提升生发情境的效能。

四、利用对比情境，坚定法治信念

情境的创设应成为学生的思维激发处、知识形成处、能力成长处、情感涵育处。在日常教学中，利用对比情境可以为学生学习做好必要的铺垫。设置认知冲突，使学生原有的知识建构无法解释新现象，激起学生内心的学习需求，在对比中消除学习疲劳、展开思维的碰撞、重构知识体系，引领学生将课程知识内容和学生的生活经验、情感体验相衔接，使核心素养落地生根、开花、结果。本节课在课堂最后设置了和之前情境形成鲜明对比的情境，之前的几个教学情境呈现政府严格依法执法，总体比较刚硬，所以在课堂结尾，笔者设置了"刚柔并济"的情境。

情境四：1.教师向学生展示了杭州市民收到的"首违免罚"短信通知的截屏。请学生议论，"免罚清单"是否有悖于"严格执法"？2.针对2021年5月1日新实施的《中华人民共和国道路交通安全法》中调整的关于"轻轻重重"的条款。请学生谈谈，你觉得哪些交通行为应该从重罚，哪些应该从轻罚？3.这些"轻轻重重"的规定，对执法者和执法对象有何意义？

在本节课的前段部分，学生通过学习认识到要学法守法，哪怕是做了好事但违法了也会受到处罚，学生原有知识无法解释"免罚清单"这一现象。在学生思维发生碰撞时,教师向学生宣传了新的法律制度:浙江省交通运输厅、省综合行政执法指导办公室联合印发的《关于在交通运输领域推行轻微违法行为告知承诺制的意见(试行)》,在全国首推交通运输轻微违法行为"首违免罚"制度。同样是通过对比情境,对于"轻轻重重"这些条款,在辨析讨论过程中,帮助学生更深入地理解法治知识,更有利于将法治知识转化为法治实践。这些活动的设置,目的指向明确,有利于学生结合具体情境拓展思维,对于法治的意义有了更具体形象的感悟。这一对比情境活动的创设,让学生逐渐意识到我们中国特色社会主义法治能够与时俱进,顺应时代要求,保障每一个公民合法权益,促进社会公平正义、和谐稳定,提升社会文明程度,推动法治中国建设。作为中华人民共和国公民,应该尊法、学法、守法、信法、用法,做社会主义法治的忠实崇尚者、自觉遵守者和坚定捍卫者。

参考文献:

[1] 张志红.立足素养 巧设情境[J].中学政治教学参考,2019(4):36-37.

[2] 张志红.中学生法治意识培养路径[J].中学政治教学参考,2019(12):8-10.

[3] 赵雪飞,赵春英.政治课教学中的情境创设[J].中学政治教学参考,2019(12):35-36.

[4] 周建民.高中生法治素养培育路径探析[J].中学政治教学参考,2020(7):11-14.

[5] 许贵珍.基于主题情境探究的法治意识培育——以统编版初中《道德与法治》"依法行使权利"为例[J].思想政治课教学,2019(12):15-18.

化繁为简　化零为整

——高中政治"现代国家的管理形式"教材的微整合策略初探

浙江省建德市新安江中学　连卫国

摘　要： 教材资源（教材内容）是教师教学之基，也是学生学习之本。高中思想政治课的教材内容理论性较强，部分内容的编排不太符合当下高中学生的认知特点。因此，教师在熟悉大纲、吃透教材的基础上对教材内容进行微整合，实现"化繁为简，化零为整"就显得尤为重要。

关键词： 思想政治；教材内容；微整合

提高课堂教学的有效性，打造高效课堂，是高中思想政治课教学的重要追求。高效课堂的构建与实现是多种因素综合作用的结果，教材内容的合理取舍、整合重建无疑是重要因素之一。教材编撰者往往高屋建瓴，站得高，看得远，能为广大一线教师的课堂教学提供"脚本"，明确方向，但教材体系的构建、内容的选择和编排通常因人而异。因此在备课授课的过程中切不可囫囵吞枣，依样画葫芦。

作为教学组织者和实践者，应在弄清课时教学内容在模块中的地位，教学内容与教学目标间的关系，情境素材与教学内容的内在关系以及教学内容与学生学情之间关系的基础上，对教材内容进行必要的筛选、提炼和有机整合，从而使教师更易教，学生更易懂。本文拟结合人教版高中思想政治教材选修3《国家与国际组织常识》专题一第二框"现代国家的管理形式"的教学，就教材内容的微整合做简要分析。笔者所说的微整合包括两方面：一是强调以"框"为单位的教材内容适度整合；二是立足于教材内容的基本框架进行微调。

一、解读教材，厘清思路适当取舍

《浙江省普通高中学科教学指导意见·思想政治》（以下简称《教学指导意见》）对本框内容的教学要求有以下几点：1.明确代议制是现代民主政体的共同特征；2.知道影响国家管理形式的因素；3.比较民主共和制和君主立宪制、议会制和总统制；4.知道当代一些主要资本主义国家的管理形式；5.把握社会主义国家的管理形式。君主立宪制的两种类型和瑞士的委员会制是本框不做要求的内容。由《教学指导意见》的教学要求可知，"比较民主共和制和君主立宪制、议会制和总统制"是本框的教学重点和难点。下面，笔者按《教学指导意见》的教学要求，从教材整合取舍的角度对本框教学内容进行简要解读。

第一目"同为代议制，各有特色"是本框的导入，介绍了国家权力的实现、国家职能的履行等相关内容，需要国家机构按照一定的方式组织和运行，而这种组织和运行方式的形成受到多种因素的影响。现代国家一般都实行代议制，代议制是现代民主政体的共同特征。接着，教材又指出，根据不同国家的政体，可以归纳其基本形式，由此引出后两目内容。对于第一目内容，笔者认为在教学过程中可做这样的调整："代议制"的含义由学生自学完成，教师在课堂教学中不做具体讲解，这本身也符合淡化定义的教学要求；关于影响国家管理形式的因素，应在比较几种具体的政体类型后进行归总。

在第二目"民主共和制和君主立宪制"中，教材根据国家权力机关和国家元首的产生方式及职权范围的不同，主要介绍现代国家的两种管理形式，即民主共和制和君主立宪制。教材先介绍了民主共和制的基本特点及资本主义民主共和制政体的历史进步性和现实虚伪性，接着说明我国的人民代表大会制度属于民主共和制政体及其优越性,最后介绍了君主立宪制政体的特点。

在第三目"议会制和总统制"中,基于立法机关与行政机关的关系。教材介绍了现代资本主义国家的四种政体,即议会制国家、总统制国家、半总统制国家和委员会制国家,重点介绍了议会制与总统制的主要特征,并要求学生能够识别世界主要国家的管理形式。最后,阐明了社会主义国家的管理形式也属于代议制,民主集中制是我国国家机构的组织活动原则。

第二目和第三目是本框的重点和难点,内容多而略显杂乱。笔者认为在教学中将这两目合并为一目,题为"当代政体的基本类型"。在授课过程中,结合英国、美国、德国、中国政体的具体特点,归结出议会制君主立宪制、总统制共和制、议会制共和制和社会主义国家政体的主要特征,并形成当代国家政体结构图表。

通过资本主义政体与封建专制政体的比较得出资本主义政体的历史进步性,通过资本主义政体与社会主义国家政体的比较说明资本主义民主政体是虚伪的民主的体现。这样的调整,使原本繁杂的内容变得简洁,使零散的内容整体系统化。同时,此两目内容中有两处表述值得商榷。其一,教材认为区分民主共和制和君主立宪制的标准是"国家权力机关和国家元首的产生方式及其职权范围"。笔者认为这样的表述不准确。无论是民主共和制还是君主立宪制,其国家权力机关都由选举产生;民主共和制中的议会制和君主立宪制中议会制的权力机关的职权基本一致,而民主共和制中总统制和议会制政体的权力机关的职权存在明显差异。因此,"国家权力机关的产生方式及职权范围"不能成为区分民主共和制和君主立宪制的标准。从国家元首的职权范围看,议会制共和制和议会制君主立宪制的国家元首都是虚位元首,不拥有实权;总统制国家的元首拥有实权,是国家权力的中心。因此,"国家元首的职权范围"也不能成为区分民主共和制和君主立宪制的标准。这两类政体的唯一区分标准就是"国家元首的产生方式",国家元首通过选举产生并有一定任期的必然属于民主共和制政体,国家元首由世袭的君主担任必然属于君主立宪制政体。其二,教材在阐述民主共和制的历史进步性和局限性时认为,"民主共和制成为他们有效地管理国家的形式和维护资产阶级统治的最好的政治外壳"。笔者认为,在当代资本主义国家,君主立宪制政体也是有效管理国家的形式和维护资产阶级统治的政治外壳,其政权的实际运行与民主共和制大体相同。因此,无须刻意强调民主共和制是最好的政治外壳,应该在介绍完当代资本主义国家的几种国家管理形式后,得出其共同的本质都是有效管理国家的形式,都为维护资产阶级统治服务。

只有充分解读教材,才能明确教学重难点,对教材内容做出合理取舍,重新建构教材内容体系,从而厘清教学思路。

二、搜集资料,发挥学生主体作用

在我们的惯性思维中,学生主体作用的发挥体现在课堂教学的实施过程中,特别是通过师生互动、生生互动体现出来;其实不然,无论是在备课、上课还是在教学反思中都应该体现学生的主体作用。教材整合看似是教师的工作,但实际上学生的参与也是不可或缺的。

教师在日常教学中,会要求学生利用课余时间预习新课,至于如何预习,则任由学生发挥。少部分学生直接忽略这一"作业",大部分学生则将新课内容泛读一遍,还有一小部分学生阅读教材内容后会产生一些疑问。"现代国家的管理形式"这一框内容,理论性强,离学生现实生活较远,若要求学生自行预习教材,效果不佳、意义不大。因此,从教材整合的要求出发,教师可以给学生布置相关资料搜集和整理的任务。

首先,根据教学目标和教学重难点的定位,教师可以选取四个典型国家,分别是英国、美国、德国和中国,它们代表了资本主义和社会主义两种不同的国家类型,同时对应了本框要介绍的几种典型的政体类型。

其次,将全班学生分成英国、美国、德国和中国四个大组。分组的方式可以灵活多样,既可以由教师指定,也可以由学生自主报名自由组合,也可按现有教室座位分组。分组完成后,选出本组的组长,再由组长根据资料搜集的需要将本组细分为若干个小组,以便对任务进行分解。

最后,教师明确资料搜集的具体任务。其一,结合所学的历史知识,查找英、美、德、中四国现行政体确立过程的相关素材,素材以文本、图片、影像等为主。其二,英、美、德、中四国的国家元首和政府首脑的称谓分别是什么?现任国家元首是谁?是否拥有实权?其三,英、美、德、中四国的主要国家机关有哪些?这些国家机关如何产生?其四,英、美、德、中四个国家的国家机关之间的关系如何(用案例说明)?国家的权力中心在哪里?

教师在上课前3天将资料搜集的具体任务布置给各个大组,实行组长负责制。通过资料搜集整理,学生一方面增长了见识,拓宽了知识面;另一方面,也大致领会了教师教材整合取舍的意图,为课堂教学的顺利展开奠定了良好的基础。

三、立足课堂,优化重组,凸显重点

对教材内容的整合和重组优化最终要通过课堂教学来实现。本课时教学主要采用活动探究的方式。

新课导入采用开门见山式。教师回顾前一框教学内容,指出当代国家都采用民主政体,但同为民主政体,资本主义和社会主义政体形式有着明显差别,不同资本主义国家的政体形式也各具特色。

教师投影展示以下问题。

英、美、德、中四国:

国家元首的称谓?政府首脑的称谓?国家元首和政府首脑如何产生?

立法机关和行政机关如何产生?

立法机关(议会或国会)和行政机关(政府或内阁)的关系?

各个大组根据课前搜集整理的具体案例,进行角色扮演。"英国"组的角色主要有女王、首相、议长等;"美国"组的角色主要有总统、议长等;"德国"组的角色主要有总统、总理、议长等;"中国"组的角色主要有国家主席、总理、全国人大常委会委员长等。通过角色扮演,使抽象的理论知识具体化、生活化,让枯燥的说教形象化,从而使学生获得了对上述四国政体的感性认识。教师在学生角色扮演的基础上,对四国的政体特点进行归纳总结。

英国:

(1)君主世代承袭,是象征性的国家元首,职责多数是礼仪性的。

(2)议会由选举产生,拥有立法、组织和监督政府的权力(议会是国家权力中心)。

(3)政府(内阁)掌握行政权力,由议会产生并对议会负责。当议会通过对政府的不信任案或支持率下降时,政府就得辞职或提请元首解散议会(政府与议会的关系)。

符合上述特点的国家管理形式,称为议会制君主立宪制。

美国:

(1)总统既是国家元首又是政府首脑,总揽行政大权(总统是国家权力中心)。

(2)总统由选举产生,有一定任期。

(3)总统只对选民负责,不对议会负责;议会也是由选举产生,行使立法权(政府和议会的关系)。

符合上述特点的国家管理形式,称为总统制共和制。

德国:

(1)议会由选举产生,是国民代议机关,具有最高权力机关性质,有立法、组织和监督政府的权力(政府以议会为基础产生)。

(2)政府由占议会多数席位的政党或政党联盟来组织,政府总揽国家行政权力,总统作为国家元首只拥有虚位,没有实权。

(3)当议会通过对政府的不信任案时,政府就得辞职或提请元首解散议会。

符合上述特点的国家管理形式,称为议会制共和制。

中国:

(1)主席是国家元首,由选举产生,对内对外代表国家。

（2）全国人大是最高国家权力机关，拥有最高立法权、决定权、任免权和监督权。

（3）政府（国务院）由全国人大选举产生，对全国人大负责，行使国家最高行政权力。

我国的人民代表大会制度是社会主义国家管理形式的典型代表。

着重介绍这四种政体形式之后，教师简要补充（亦可学生自习）当前还存在二元制君主立宪制（沙特阿拉伯）、半总统制（法国）、委员会制（瑞士）等政体形式。最后形成当代国家管理形式的结构图，如图1所示。

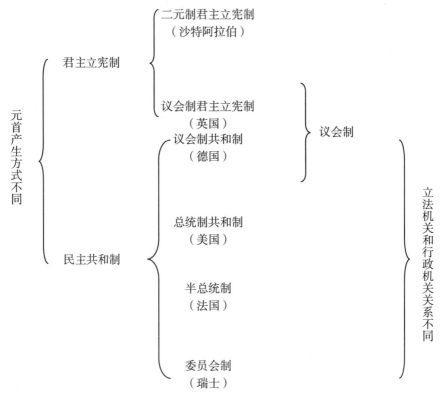

图1 当代国家管理形式的结构图

思考1：同样是资本主义国家，为什么英国、美国、法国、德国、沙特阿拉伯的政体各不相同？

学生依据课前搜集的各国资产阶级革命及其政体确立过程的素材，可以得出结论：英国的政治文化传统比较保守，善于妥协，因此保留了封建君主，形成了议会制君主立宪制政体。法国受到启蒙思想的影响，形成了激进的革命政治文化，因此确立了民主共和制政体。沙特阿拉伯等国由于资本主义发展较晚，封建地主阶级长期拥有巨大的势力，所以形成了封建君主仍拥有实权的二元制君主立宪制政体。

由此，教师引导学生得出教材第一目中"除了国体对政体的决定作用外，地理环境、历史渊源、文化传统、人口素质、发展程度等，都是影响国家管理形式的因素"的结论。

思考2：资本主义政体为什么能最终取代封建专制政体？资本主义国家的政体能真正实现广大人民的自由、民主和平等吗？

通过对这一问题的思考，学生应学会一分为二地看问题。既看到资本主义国家的民主政体和封建专制政体相比，在反对封建教会神权和专制特权思想和选举制替代世袭制、任期制代替终身制等方面的巨大进步，更认识到以民主的形式掩盖了这些国家政体的阶级性本质，广大民众是不可能真正享有自由、民主、平等的。

以上是笔者对"现代国家的管理形式"教学过程的概述。在课堂教学中要充分体现教材整合的意图，突出总统制共和制、议会制共和制、议会制君主立宪制等资本主义国家政体的主要形式。

四、教材微整合的基本原则

1.可行性原则。所谓可行性，是指某框教材内容是否具有整合的必要性和整合的可操作性。参与教材编撰的专家学者理论水平和专业水准必然高出一筹，他们深思熟虑，教材的编写也必定经过多方充分的讨论，大部分框目内容的编排都是严谨科学的。教师在教学实践中，若要对教材内容进行整合和重新构建，须深入领悟教材内容编写的意图及教学主题所在，切不可为了整合而整合，生搬硬套，否则只能是华而不实、哗众取宠。

2.整体性原则。所谓整体性，是指基于一定的教学主题对教材内容进行整合重组之后,内容更具系统性,教学重点更突出。因此,在教学内容整合过程中,不能随意删减或添加与教学主题无关的内容,整合要围绕教学主题展开,为教学主题服务。此外,要找到教材内容之间内在联系的"关节点",将零散的知识点串点为线、连线成面,做到形散而神不散;要将一框的教学内容置于整个模块教学内容的大背景中,寻找知识的前后联系,注重知识的迁移;要将教学内容置于时代发展的大背景中,使教学内容与时代发展要求相契合。

3.科学性原则。所谓科学性,是指在教材内容整合的过程中要依据课程标准对教学目标进行准确深度的解读,要依据学情正确把握学生认知特点及思维规律。其一,教材内容的整合不能偏离教学目标的要求,整合并不是推倒重来,而是在明确教学目标的基础上进行有利于教学顺利开展的调整。在教材内容体系的重建中,不能随意篡改教材观点进而影响教学目标的实现。其二,大部分高中生抽象思维能力并不强,对事物的认识往往停留在感性认识的层面。教师对教材内容顺序的重排要充分考虑学生的认知特点,使学生更易感知和理解教材,实现由表及里,由感性认识上升为理性认识。

总之,对教材内容的整合优化是提高教学活动有效性的重要途径之一。作为中学思想政治课教师,在教学实践中既要尊重教材、立足教材,又要大胆突破、勇于创新,使思想政治课教材更好地为教学服务。

参考文献:

[1] 沈毓春.教学内容的有效选择和创生——基于课堂教学主题的思考[J].
中学政治教学参考,2014(10):21-23,3.

[2] 邹成林.优化课程资源改善课堂结构[J].中学政治教学参考,2013
(11):84-86.

琴瑟和鸣奏华章

——农村普通高中和谐师生关系的建构策略研究

浙江省建德市新安江中学　连卫国

摘　要： 教育和谐是建构和谐社会的重要组成部分，建立师生之间的和谐关系是和谐教育的重要环节。在当前农村普通高中，师生关系不和谐的现象还普遍存在。该文从影响师生关系和谐的诸多因素入手，对农村普通高中师生关系不和谐的原因做了比较深入的分析，并在实践基础上提出了具体策略。

关键词： 农村高中；师生关系；和谐

一、问题的提出

苏霍姆林斯基曾经说过："以教育上的巨大不幸和失败而告终的学校内，许许多多的冲突，其根源在于教师不善于与学生交往。"师生关系是学校环境中最基本的人际关系。和谐的师生关系能为师生提供一种气氛融洽、令人心情舒畅的心理环境，有利于激发学生学习的积极性、主动性和创造性，真正发挥学生的主体作用。和谐的师生关系更有利于师生的互动，提高学校教育教学的质量和效益。笔者的教育实践和问卷调查表明，目前在农村普通高中师生之间的沟通状况普遍不能令人满意。40%的学生认为自己无法与老师进行沟通，40%的学生认为与老师之间是一种公式化、表面的关系或无所谓的关系，只有20%的学生认为自己可以与老师融洽相处。

而80%的教师认为自己无法走进学生的心灵。是什么导致师生关系的不和谐？如何营造和谐的师生关系呢？

二、师生关系不和谐的原因

（一）学生方面

1.**逆反心理作祟**。高中生正处于生理与心理的半成熟期，具有较强的自我意识和独立意识。他们常常以成人自居，而看问题又显固执和偏激，往往听不进老师苦口婆心的说教，甚至会产生逆反心理。

案例1：某校A班有一名学生小李。小李的家境非常不错，父母对他的要求和期望都很高，但他总是让师长很失望。小李从高一到高三几乎没有认真听过一堂课，课堂上不是在认真作画，就是在认真写作。班主任老师经常把他叫到办公室进行批评教育，但小李依然是我行我素。因为他认为中国的教育体制与教育方式已经完全落后，他不希望为了考试成绩而迷失了自我。班主任最后失去了耐心，三年当中数次将小李赶回家反省，而小李也逐渐对老师产生了不满，于是师生之间就产生了难以化解的隔阂。

2.**闭锁心理干扰**。青春期是中学生容易滋生闭锁心理的特殊时期。所谓闭锁心理，就是处于青春期的中学生拒绝与别人交流沟通的一种自我封闭、自我孤立的孤僻性格。产生这种闭锁心理的主要原因是青春期心理的发展导致自我认识的不稳定性。有的产生自卑心理，认为自己不如别人，缺乏自信，生怕别人看不起自己，就把自己禁锢起来不与别人交往。在与老师的交往中，这种自卑感则会更强烈，因此他们更不愿意与老师交往。有的则自命清高，对别人不屑一顾，认为别人都不如自己，其实其内心很脆弱，一旦别人不与自己交往时又觉得自己的自尊心受到了伤害，结果自己陷入了孤独、寂寞、抑郁之中。

3.**独生子女的"通病"**。现今大部分高中生都是独生子女，在家里是"小太阳""小皇帝"，他们就是家庭的圆心，父母及其他长辈就是半径，在家中他们的地位是最高的。由于家长的溺爱,很多孩子不懂得尊重他人、理解他人。在与人交往的过程中,他们往往以自我为主,不会设身处地地为他人着想。因此,在学校生活中他们无论是与同学还是与老师的交往都会出现这样或那样的问题。

4.与教师存在"代沟"。笔者在与很多学生的谈话中发现,大部分学生认为自己与老师没有共同语言。为什么会出现这种现象呢?主要在于教师与学生之间在年龄上相差较大,特别是一些老教师思想观念比较陈旧,而学生则思维活跃,乐于接受新事物。由于价值观、思维方式上的差距,立场、知识结构等不同,对同一问题或事物的认识师生往往会得出不同的结论。这就容易造成师生间的冲突。

5.沉迷于网络世界。21世纪是信息的时代,信息技术的广泛利用,给人类带来了诸多方便,促进了社会和经济的飞速发展。与此同时,网络也给人们带来了"烦恼"。网络游戏以其绚丽的色彩、夸张的动态和多变的形式吸引着许多中学生。一些高中生因此沉迷其中,不能自拔,甚至混淆了自己在现实社会和虚幻世界的角色,导致了各种心理疾病的出现。他们置身于网络世界,脱离了各种现实的社会关系,不愿与现实社会中的人打交道。这也是影响师生关系和谐的一个重要原因。

6.受不良风气影响。随着改革开放的深入和市场经济的发展,社会的价值取向发生了一定的变化,人们更偏重于对物质利益的追求,中学生及其家长也变得更加功利化。在整个国家民主化进程中,教师与学生之间的关系不再被认为是一种仿效家庭伦理的血缘关系,在很多家长看来,教师仅仅是帮助孩子成功的"工具"。在这种观念指导下,学生过去对老师像神一样的顶礼膜拜渐渐消失了,取而代之的是对老师的苛刻要求,当这种要求不能满足时就会对老师产生不满情绪。

(二)教师方面

1.师德缺失。作为教师,关爱全体学生,尊重学生的人格,平等公平地对待学生。对学生严格要求,耐心教导,不讽刺、不挖苦、不歧视学生,不体罚或变相体罚学生,保护学生合法权益,促进学生全面、主动、健康发展,这是师德的起码要求之一。在现实生活中,有的教师随意增加学生的课业负担,作业不能及时上交就要罚抄课文,上课迟到不问原因就罚学生打扫教室,还有的教师偏爱成绩优异的学生而对后进生则不屑一顾,等等。教师的这些行为伤害了学生的心灵,更影响了师生关系的和谐。

2.**魅力缺失**。有的教师不能认真对待自己的工作,得过且过,教学水平差。这样的老师,学生通常是不愿意与之交往的,甚至是学生所厌恶的。

3.**性格缺失**。有的教师性格比较内向,平常除了上课就把自己关在办公室里,课余时间几乎不与学生接触,不主动接近学生、关心学生。

4.**民主缺失**。在传统的教育观念中,老师是真理的化身,是知识的权威,因此给人一种高高在上的感觉。在当今的教育实践中,有的教师依然固守着那份权威,不能与学生平等地交流和相处,平常总习惯于居高临下地跟学生谈话,总习惯于对学生耳提面命。对这样的老师,学生只会敬而远之。

三、和谐师生关系的建构策略

(一)教师提高自身综合素质是关键

教师的综合素质主要包括职业道德素质、业务素质和心理素质等三方面。

1.**加强职业道德修养**。加强职业道德修养是营造和谐师生关系关键的关键。教师要有高尚的道德品质和崇高的精神境界;要有强烈的事业心和责任感;要尊重和关爱每一个学生,尊重家长;要带头遵守社会公德,为人师表。

(1)了解和尊重学生。了解学生是实现教育目标的前提。因为没有对学生的思想、心理和行为的观察与了解,我们的教育就是盲目的。只有了解学生才有可能帮助其制订切合实际的奋斗目标与进步计划。否则,我们的教育工作只能是无本之木、无源之水,也很可能由于缺乏必要的了解,工作出现失误,师生关系受到影响。笔者在与很多教师特别是班主任的交流中发现,大部分老师都认为自己是了解学生的,但他们的了解停留在什么程度呢?仅仅是某个学生在校的表现、在家庭及社会的表现。这种了解是表面的、肤浅的。苏霍姆林斯基认为,在教育中必须了解学生的内心活动。他有一句名言:"不理解孩子的内心世界便没有教育文明。"又说:"要公正处事,就必须细致入微地了解每个孩子的精神世界。这便是我为什么把未来的教育看作是对每个孩子更深刻了解的缘故!"必须首先了解孩子的内心活动。单凭某些专门的手段是学不到这种本领的,教育者只有具备丰富的情感和较高的道德修养才能做到这一点。

要了解学生就要真正关心爱护学生,尊重每一个学生,走进学生的心灵。"没有爱就没有教育",这句被人引用无数次的名言道出了教育的真谛。什么是对学生的爱?关爱学生就是要尊重其人格,满足其需要,引导其发展。这是一种纯粹的爱、科学的爱、理智的爱。要严慈相济,严中有爱,要爱每一个学生。真爱是建立与维持和谐师生关系的桥梁与纽带。一个班级中最让老师头疼的就是问题学生或后进生,教师能否处理好与问题学生、后进生的关系是建立和谐的师生关系的难点。后进生是指学习成绩差或道德品质有瑕疵,甚至两者兼备的学生。随着农村普通高中的不断扩招,这类学生越来越多。后进生容易给班级造成不良影响,甚至败坏班级风气,但在一定条件下他们又是可以转化的。很多教师受传统观念的影响,把后进生等同于"坏学生",往往对他们缺少关心和关注,当他们犯错误时总是简单粗暴地采用语罚或体罚。这使有的后进生产生了对立情绪,不服从老师的管教;有的产生了自卑心理,自甘堕落;有的故意违反学校纪律。对后进生的教育一定要有持久的耐心、真诚的爱心,尊重他们的人格。

案例2:小王从初中开始就不爱学习,调皮捣蛋,不遵守学校的纪律,几乎没有老师喜欢这个学生。进入高中,小王还是老样子,上课迟到,作业不交,还偶尔旷课。作为班主任,对于他的表现我当然大为恼火,每次犯错我都将他叫到办公室进行耐心的批评教育,但是效果不明显。事后,我从其他学生口中听说小王对我极为不满,还说我是假正经。这使我对这个学生的转化失去了一半的信心。然而,一次偶然的事件却使情况有了转机。一天晚自习下课，调皮的小王穿越操场的铁栅栏时不幸在自己的小腿上留下了一道深深的口子，血流不止。接到学生打来的电话已经是晚上9点半了，我毫不迟疑地赶到学校并打车送小王去了医院。从包扎伤口到挂完盐水已经是12点了，而后我又将小王送回学校宿舍。从第二天开始，我发现小王身上的那些毛病都没了，学习也认真了。双休日回家的时候，小王给我写了一封短信，其中有一句说道："您对我是真诚的，而我也必将以同样的真诚来回应您。"就这样，一个老师的眼中钉变成了一个好学生。我想对学生真诚豁达的爱是实现这一转化的必要条件。

（2）理解与宽容学生。古人提倡"以责人之心责己，以恕己之心恕人"。宽容不仅是一种方法或手段，更是一种精神。当今世界是一个多元化的世界，每一个高中生都存在个体差异。作为教者，若凡事都认为自己是正确的，别人是错误的，若不能与有不同见解、不同性格的人相处，不能容忍学生的标新立异和特立独行，那么无疑他（她）还没有学会宽容。在学校教育中对学生的要求往往有很多严格的标准，当学生不符合这些要求时，教师采取的对策是严厉地训斥并依据一定的条例辅之以一定的惩罚，而耐心与宽容却显不足。你的宽容可能会被有些学生视为愚蠢并让他们有机可乘，但更多的学生能从老师的宽容中感受到真、善、美。理解学生能拉近师生间的距离，有利于师生关系的和谐发展。

（3）惩戒和引导学生。很多老师感慨，现在的老师越来越难当了，批评学生可能就变成了"侮辱人格"，批评过程中若不慎碰到了学生可能就变成了"殴打学生"。这样的说法有些夸张但也反映了一些现实的状况。教师在教育的过程中若使用的惩罚手段不当很容易引起学生的反感。因此教师惩戒学生时要把握几个原则。首先，惩戒应具有教育性。教师惩戒学生的出发点不是为了使学生感受痛苦和耻辱，检验惩戒效果应看其越轨行为是否改正，而不应该是是否给教师或其他人带来愉悦。正如夸美纽斯所说："犯了过错的人应当受到惩罚，并非因为他们犯了过错……而是为了要使他们日后不去再犯。"其次，惩戒应合理公正。在惩戒行为发生前，应使学生明白什么样的行为会受到惩处，自己的行为因何会受到惩处；在确定具体惩处方式时，不应过于严厉，应考虑学生身心发展水平、平时表现等因素，并与越轨行为相对应；在行使惩戒时，应遵循一定的标准、制度，合理地进行惩戒，而不是为了报复学生或将惩戒作为教师的情绪宣泄方式，不因个别学生的越轨行为迁怒于学生群体，不能因一人犯错集体受罚，否则只会使师生关系恶化。最后，惩戒要符合相关程序。作为教师特别是班主任不能独断专行，随意惩处学生而要符合学校惩处学生的程序。只有对犯错的学生进行合理的惩处，才能使学生心悦诚服，从而有利于师生关系的健康和谐发展。

2.提高业务水平

（1）提高科学文化素质。师生间最不幸的关系是学生对老师学问的怀疑。在知识爆炸的今天，教师不可能永远凭借大学时学到的一点知识来教书育人。知识丰富的老师容易取得学生的信任，树立自己的威信。因此，教师一方面要不断丰富自己的专业知识，另一方面还要具备宽厚的教育科学理论，懂得广博的相关学科的知识。同时教师还要经常参加社会实践，不断接触新事物，接受新思想。

（2）力争自己多才多艺。教师能否吸引学生不仅在45分钟的课堂时间内，更要在课余时间找到与学生的共同点，成为学生的朋友。学生是个性鲜明的不同个体，他们有的喜欢唱歌、有的喜欢运动、有的喜欢写作等。那么在学生的联欢晚会上，你能否献歌一曲呢？在运动场上你能否与他们一较高下呢？也许你不经意地展现了自己某方面的才能，却拉近了与学生的距离。一般来说，在场上踢球的老师和在场边当观众的老师，永远是前者更受学生欢迎。

（3）选择科学的教育方法。首先，要投其所好。投其所好的前提就是要了解学生的个性特点、兴趣爱好，找到与学生的共同话题。譬如说，在课余时间你可以跟男生谈谈美国男子职业篮球联赛，跟女生谈谈当代最红的明星。其次，在与学生交流的过程中要善于发现学生的闪光点，这使学生在与教师的交流过程中获得愉悦感并增强自信心。再次，教师要学会"硬话软说"。"硬话"是居高临下的斥责、声色俱厉的禁止，这种说话方式只会把学生置于尴尬的境地，使学生觉得失去了尊重，往往会导致师生关系紧张，达不到预期的效果。"软话"则是从尊重学生的角度出发,使学生感受到被尊重,也就容易达到教育的效果。怎么将"硬话"说软呢?在教育教学的过程中,教师经常要向学生提出约束性的要求。教师如果用生硬的警告来表达对学生的这种要求,就会使学生产生对立情绪,有时甚至会产生对抗行为。而教师若用富有感情色彩的劝慰话,学生不仅容易接受,而且会自觉遵守。比如说,学生迟到是班级的常见问题之一。有的班主任通常使用这样的话语,"如果你明天再迟到就别进教室""三次迟到记一次旷课""期末品德考核降等",这些类似威胁的话,不仅学生不能接受,而且还会伤害师生间的感情。不妨试着去了解学生迟到的原因,然后向学生说明迟到的危害。实践证明,这种方式要比向学生生硬地说"不"好得多。在师生的交往过程中常常会发生一方否决另一方的主张或意见的情况。若教师在否决学生的意见时,直接用"不行""不能这样做""我坚决不同意你的做法"等话语时,学生自然会心生不快。有时教师的主张尽管得到了执行,但师生关系就会受到不同程度的破坏。而如果能把否决的话转化为探讨的话说出来,不仅会收到预期的效果,还会进一步融洽师生关系。在学习过程中,学生难免会遇到挫折和暂时的困难,有很多学生在短时间内总是不能调整好自己,这对教师来说又是一个良好的教育契机。但如果在与学生沟通的过程中,不注意说话的艺术,反而会带来负面效应。这时候,老师应该以长者和朋友的双重身份存在,不应端起老师的架子进行简单的说教。面对受挫的学生,要细心地揣摩和体察学生的心理需求,用贴心的语言去激励学生。

3.提高自身心理素质

(1)具备乐观、开朗、自信的心境。教师保持乐观、开朗的心境,一方面可以调节多种内脏功能,有利于身体健康;另一方面,学生也会从与老师的交往中受到积极情绪的感染,逐渐形成这种良好的心境,从而以积极的态度对待学习,与同学交往。同时,教师对教学、对学生充满信心,学生受到鼓舞和激励,从而增强克服困难的勇气,敢于迎接挑战。这不仅对其学习是十分有益的,甚至会对以后的工作乃至一生都有积极的影响。

(2)具备优良的个性品质。教师的人格力量,往往是影响学生接受教育的一个重要因素。优良的个性品质不仅使教师更具人格魅力，而且能让他们在未来的奋斗中拥有源源不断的动力源泉。

（3）具备坚强的意志力。教育是艰巨的、长期的过程，教师要具有坚强的意志力，特别是自制与坚毅的品质。这种意志品质的重要性体现在：教师在教育中能克制自己的烦躁、失望等不良情绪，冷静地分析原因，坚定不移、百折不挠地完成教育工作；教师的自信、坚定的态度本身就具有教育作用，可以使学生增强信心，稳定情绪，坚定克服困难的勇气。只有这样教师才能理智地处理好师生冲突问题。

（4）拥有丰富的情感，保持良好的情绪。教师情绪稳定、积极、乐观，对教育工作起着积极的推动作用。情感丰富，才能更加热爱祖国、热爱生活，也才能更加热爱教育事业、热爱学生，对教育事业充满热情，对学生充满信心和希望。当教师克服了消极的情绪，呈现出愉快的情绪状态时，学生才能更好地与老师相处。

（二）完善学校教育教学管理，努力营造和谐校园

和谐的师生关系的营造离不开和谐校园的营造，两者是互为前提和基础的。所谓和谐的校园，就是民主办学的理念得到充分发扬，依法治校的观念得到切实落实，各方面积极因素得到广泛调动；就是学校各方面的利益关系得到妥善协调，各种矛盾得到正确处理，公平和正义得到切实维护和实现，安全稳定的环境得到长久维护；就是学校领导、管理人员、教师与学生互帮互助、诚实守信、平等友爱、融洽相处、充满活力；就是能够使一切有利于学校发展的创造愿望得到尊重，创造活动得到支持，创造才能得到发挥，创造成果得到肯定；就是学校各项事业实现迅速良性发展，师生员工的物质文化生活得到切实的改善和提高；就是努力实现社会公平，建立良好的竞争机制，实现学校教育各个子系统或要素全面、协调、自由、充分发展，良性互动，整体优化的过程。师生和谐只有在校园和谐的大环境中才能得到更好的巩固和发展。

如何营造和谐的校园？笔者认为应该从以下几个方面入手：其一，切

实树立"以人为本"的理念。在学校坚持"以人为本",就要做到"以师为本""以生为本"。所谓"以人为本",其实质就是要尊重人、依靠人、提高人。其二,实行民主化管理。学校的民主化管理首先是学校领导的民主。学校领导要紧紧依靠广大师生办学,要经常深入教师和学生之间,倾听他们对学校工作的意见和建议,学校的重要决策要广泛听取群众的意见。教师对学生的管理也要民主,教师在教育教学活动中要发扬民主的作风,要真心爱护每一个学生,要相信每个学生都能够得到发展。如果教师工作作风简单粗暴,对学生没有耐心,特别是对于后进生采取歧视、鄙视的态度,就会大大挫伤学生的自尊心,使他们失去进步的希望和信心。其三,注重人性化管理。大力倡导平等民主的新型师生关系,体现人性关怀,实施人性化管理。教师要学会欣赏学生,尊重学生个性特点,坚决杜绝歧视、讽刺、挖苦学生、体罚和变相体罚学生的现象。从尊重开始,承认学生的主观能动作用,坚持因材施教;利用政教课、音乐课、美术课、课外活动时间,积极开展班级联赛、娱乐活动等,充实第二课堂,切实减轻学生过重的课业负担;落实帮扶措施,结好师生、生生对子,重视学困生转化工作,密切关注特困生、问题生的思想、学习和生活状态,突出人性的尊重与关怀,增强教育的针对性。其四,优化校内外人际关系。学校内部的人际关系,包括干部之间、干群之间、师生之间、师师之间、生生之间的关系。学校外部的人际关系主要是学校与上级有关部门的关系、学校与周边社区的关系、学校与学生家庭的关系。这些看起来是单位与单位的关系,实际上还是人与人的关系。这些校内校外的人际关系处理好了,才能达到校园内外的和谐。其五,努力建设数字校园。数字校园是基于网络化、数字化、智能化有机结合的新型教育、学习、交流和研究的学校平台。建设数字校园有利于创建高度信息化的人才培养环境,促进高水平的师生互动,促进科学、高效的管理,更好地培养学生的应用和创新能力,提升传统校园的教学管理效率。其六,美化校园自然环境。学校的和谐不仅表现在人的行为举止上,还表现在校园的布置和管理上。学校是文明的场所,校园的一草一木都是育人的环境,学校的布局、建筑、绿化、雕塑等都要既美观又富有教育意义。校园的卫生要做到干干净净,没有废纸、没有垃圾、没有痰迹等,进入这样的校园就会使人感到心旷神怡,师生在这样的环境中工作和学习,感到幸福和愉快。有人说,这都是些小事,其实,学校无小事。环境的感染和熏陶对教育的作用很巨大,它是一种潜移默化的影响,学生在这样的氛围中接受的教育才是最真实、最切合自己发展的教育。美好的环境需要我们每一个人去创造和维护。

总之,一切成功的教育都是和谐的教育,和谐教育的关键是建构和谐的师生关系。和谐的师生关系能够增进师生间的情感,促进学生的发展,进而促进学校的发展,促进教育的发展。学生全面、健康、快乐的发展,是教育的出发点和最终目的。学生发展需要和谐,和谐能够促进学生发展。在发展中求和谐,在和谐中求发展,应是基础教育必须遵守的重要原则之一。

参考文献:

[1] 郑杰.给教师的一百条新建议 [M].上海:华东师范大学出版社,2004.

[2] 林崇德.人际关系心理学 [M].北京:人民教育出版社,1999.

巧用案例 深入浅出

——谈谈案例教学法在"生活中的法律常识"选修课程中的应用

浙江省建德市新安江中学 连卫国

摘 要: 人教版选修5"生活中的法律常识"是普通高中IB模块的选学内容,是为使高中学生逐步树立社会主义法治理念和增强法律意识而开设的一门课程。对于一门新增科目,随着教学实践的不断深入,如何才能实施有效教学,提高教学质量,成为教学一线教师的普遍呼声。案例教学法不仅符合本课程的教学内容和思维特点,也符合高考要求。该文主要结合教学实践重新审视案例教学法的教学价值,同时探讨了案例教学法的内涵和特征;在此基础上,着重研究案例教学法在本课程教学中的实施策略,从选择和编辑案例、引入和展示案例、讨论和剖析案例、总结和评价案例以及案例演练五个环节着手,探索出一套切实可行的案例教学策略。

关键词: 生活中的法律常识;案例教学法;应用

"生活中的法律常识"是普通高中思想政治课的一门选修课程。教育部制定的《普通高中思想政治课程标准(实验)》规定:"选修课程是基于必修课程教学的延伸和扩展,是体现课程选择性的主要环节。课程模块的设置,把先进性要求与广泛性要求结合起来,既着眼于学生升学的需要,又考虑到学生毕业后的工作需要;既体现本课程作为德育课程的特有性质,又反映本课程在人文与社会学习领域的特有价值。""生活中的法律常识"在模块选择、结构编排、内容选择与材料分析等方面,均力求反映这些要求。但是在实际教学中,由于很多教师缺少该课程的教学经验,对该课程内容的难度、深度难以把握,对如何提高该课程的教学效率、教学质量缺乏有效的策略和手段。笔者结合自己的教学实践,认为案例教学法是组织该课程教学的一种行之有效的方法。

一、运用案例教学法是提高课程教学效能的需要

"生活中的法律常识"课程内容涉及与每个高中学生的学习和生活联系最为密切的一些法律的理论知识,课程设置的目的就是通过深入学生心灵的法律教育,将法律理论内化为自身的素质。要实现这种转化,必须让学生能接触真实的案例,缩短教学情境和实际生活情境的差距。同时法律学习的思维特点也决定了在教学中要运用案例教学法。案例教学法最早于1870年由当时担任美国哈佛大学法学院院长的兰德尔提出,他认为法律要变得科学必须要经历一系列的案例,因此学习这些法律最好的方法就是学习包含了这些法律的案例。

同时,案例教学法的运用也与高考命题走向相契合。如,2015年浙江高考试题:

经讨价还价,村民陈某决定购买王某的耕牛。付款后,陈某临时去外地看望好友,行前与王某约定两天后来牵走耕牛。第二天,张某也找到王某购买耕牛。由于张某出价比陈某的高,王某遂决定将同一耕牛卖给张某,张某当即付款牵走耕牛。第三天,陈某到王某家牵牛,发现耕牛已被王某卖给他人,非常生气,遂与王某发生争执。

结合所学知识,回答下列问题并分析说明理由。

(1)本案中,谁取得耕牛的所有权?(6分)

(2)王某违反了哪项合同履行原则?(4分)

该课程的试题常以案例作为情境设置问题,在平时教学中教师运用案例教学法组织教学,对于培养学生的应试能力具有重要作用。

二、案例教学法的内涵和特征

在新课程改革背景下，我们对案例教学法可以有这样的理解：案例教学是指在教师的精心策划和指导下，基于新课程标准的理念，根据教学目的和教学内容的需要以及学生身心发展的特点，运用典型案例，将学生带入特定事件的"现场"，深入角色，分析案例，引导学生自主探究学习，以提高学生分析和解决实际问题能力的一种教学方法。

案例教学法主要有以下几个特征。

1.**主体性**。素质教育的本质是以人为本的教育。案例教学法，正是以素质教育理论为指导，以真实案例为载体，以民主合作的教学形式为基础，以学生探究学习为主线，通过教学系统诸要素的优化组合，实现学生自主学习、培养学生自主学习能力和使学生整体素质共同提高的一种课堂教学方法。它在凸显教师主导作用的同时，更强调学生学习的主体性，充分调动学生的学习积极性，开发他们的学习潜能，振奋"主体"精神。

2.**实践性**。素质教育以提高学生的创新精神和实践能力为重点，以培养综合素质为宗旨。案例教学法以"培养学生的创造能力和实际解决问题能力"为目标，通过选择案例、设计案例、分析交流、论辩等形式，使教学过程成为在教师引导下，学生自己动脑、动口、动笔的探索过程，重视培养学生的思维能力、理论与实践相结合的能力、解决现实问题的能力。

3.**启发性**。著名教育家叶圣陶先生认为，教是为了"不教"，"得其法者事半功倍"。案例教学法是通过一个或几个独特而又具有代表性的典型事件，让学生在案例的阅读、思考、分析、讨论中，建立起一套适合自己的完整而又严密的逻辑思维方法和思考问题的方式。富有代表性的案例有利于学生在学习中举一反三，实现可持续发展。

因此，在"生活中的法律常识"的教学中运用案例教学法，其目的就是通过有限的精选的法律案例，帮助学生掌握法律的概念和知识，培养收集和处理信息的能力，并能运用所学知识，解决新问题，从而提升自身的法律素养。

三、案例教学法在"生活中的法律常识"中的应用策略

为帮助学生掌握知识，形成技能，发展能力，提高学生的法律素养，案例教学法在教学中可以设置以下几个环节。

1.选择和编辑案例。案例，是对一个复杂情境的记录。一个好的案例可以把部分真实生活引入课堂，教师和学生对之进行分析和学习，可以达到理论学习、情感升华的目的。选好案例，是案例教学法的首要条件。"生活中的法律常识"不同于其他的科目，以法律作为特定的学习对象。法律作为社会生活中的行为规范，规范性是其基本的属性。在"生活中的法律常识"教材中有许多相近的法律概念，如：所有权和他物权，用益物权和担保物权，抵押、质押和留置，要约和要约邀请，调解、仲裁和诉讼，实体法和诉讼法，等，但内涵差异很大，适用情境不同。教师首先要仔细研读教材，理解相关的法律规定，然后有针对性地选择适合学生所学内容的案例，将其引入教学过程。

可供教师选择的案例可以来源于教材，也可以是公开出版刊物上的案例，这些案例一般都已经经过作者的锤炼，学习性较强；教师也可以通过网络查询相关的资料，这是当前获得较新法律案例快捷有效的途径，同时也可以弥补教材最新案例的不足。但是为了达成教学目的，教师在引入案例时必须要经过组织和编排，避免"拿来主义"。

例如：在讲授"积极维护人身权"的内容时，笔者选择了"罗彩霞事件"，因为该事件时效性强，社会影响力大，能引起学生的震撼和共鸣。通过查阅资料，在了解事件的始末之后，将事件进行了编辑。

罗彩霞和王佳俊均为2004年邵东县邵东一中298班应届文科毕业生，参加高考，罗彩霞考了514分，王佳俊则是335分，而2004年湖南省文科本科二批分数线为531分，两人都没有达到分数线，但当地公安局政委却通过各种手段让其女王佳俊成功地冒用罗彩霞的名，顺利通过了贵州师范大学的入学身份审核并注册了学籍，4年后取得毕业证书和学士学位证书，顺利毕业。直到2009年被发现，已经冒名5年之久，其间真正的罗彩霞却因为身份证信息被盗用，

遭遇了许多的烦恼。

教师在选择和编写案例时，要注意案例的针对性、典型性和简明性。教师选择的案例不仅能用来说明本课知识，又能让学生通过本案例学会举一反三，解决一些类似的问题。因此，教师要在研究学科指导意见、考试大纲和教材的基础上去选择案例；同时教师在编写案例时要能写清"案情"，一般包括时间、地点、人物、情节、手段和因果关系等要素，案情介绍既要全面又要繁简适当。

2. 引入和展示案例。引入和展示案例可以在课前，用于统领全课；也可以在课中，用于某一知识的分析。案例的引入和展示方式多种多样，可以直接用多媒体呈现，可以发放纸质材料，可以教师进行描述，甚至可以编成短剧让学生表演，等等。但是无论使用何种方式，教师应尽可能地渲染、烘托出案例所描述的氛围，讲清案例的来龙去脉，以便使学生能充分感知案例，进入情境。

例如：在引入和展示"罗彩霞事件"时，充分利用现代科技带来的便利，首先引用了网络上对该事件的一个简短评论。

罗彩霞，湖南省邵东县灵官殿镇一名普通的农家女，如果不是2009年3月的一次偶然，她也许永远不会知道5年前的真相：2004年高考后，她被冒名顶替失去了大学录取通知书，而顶替了罗彩霞身份的，却是她的同班同学，当地公安局政委的女儿。命运由此发生转折，罗彩霞被迫复读一年后考取天津师范大学，2008年，王佳俊顺利毕业。而本应该同年毕业的罗彩霞却不得不面临因身份证被盗用而被取消教师资格证书等一系列问题。罗彩霞是靠自己的真才实学考上大学的，王佳俊在68名同学中成绩在倒数10名内，根本就不可能考上大学，但是考上了的反而没有被录取，没有考上的反而被录取了，上演了一出现代版"狸猫换太子"。

接着，播放了对该事件进行介绍的视频，让学生对事件中的人物有一个直观的了解；然后图文并茂地展示案例，并补充一些细节材料：其同学是如何冒用她的身份的，经过复读考入天津师范大学的罗彩霞却因此面临一些棘手问题。

经过案例的引入和展示，学生似乎抵达了现场，很快进入情境，唤起了探究的意识。

3. 讨论和剖析案例。学生进入案例情境后，教师应立即设置疑问，要求学生进行剖析。针对具体的案例，教师应设置一个或几个具备适度复杂性和包容性的疑难问题，以引起学生的认知冲突。在疑问的呈现上应由表及里、由浅入深、环环相扣，引导学生进行剖析。

例如，针对"罗彩霞事件"设置了如下几个问题并逐一呈现。

（1）在本案中，王佳俊的行为是否侵犯了罗彩霞权利？为什么？

——这是基于情境材料的设问，目的在于引导学生通过对案例的剖析，初步感知本课内容。

（2）什么是公民的人身权利？

（3）什么是公民的姓名权？

——这是对前一设问的深入，要求学生将表层的了解上升到理论的高度，目的在于使学生规范地理解相关法律条文。

（4）本案的涉案人应该承担哪些法律责任？

（5）如果你遇到类似遭遇，应如何维护自己的合法权益？

——这两个设问是法律案例探究的落脚点，目的在于提高学生的权利和义务意识，并明确维权的一些具体方法。

在讨论和剖析案例的过程中，教师要处理好学生主体地位和教师主导作用的关系，案例教学法真正贯彻了"学生主体"的教学理念，但并不是对教师教学地位和作用的削弱，而是对教师的地位和作用做了新的定位。在课堂教学实践中，教师要在"教与学"这一不能分离的互动过程中更加关注学生，教学的重心要从"教"转移到学生的"学"上来，教师应该成为学习的引导者、合作者和促进者。教师作为主导者不应把大量时间和精力花在组织教案和讲授上，而应放在为学生提供学习资源、提供方法指导、调控学习过程和客观评价激励上，把学习还给学生。教与学、师与生密不可分，不能顾此失彼，一种倾向掩盖另一种倾向，要充分调动和发挥教师和学生的两个主体性（教师是主导性主体，学生是受教性主体），用合力来解决实际问题。

4.总结和反馈案例。这一阶段教师要在学生讨论和剖析案例的基础上,引导学生对所学知识进行总结,并能客观评价自己和同学的表现,发现闪光点,找到不足点,使学生能领悟其中的规律,提高自己遇到类似问题或现象时的分析、解决能力;教师最后进行必要的点评,把一般的观点进一步深化、拓展,并形成完整的知识框架。

例如,在上述案例的探究后,关于"积极维护人身权"可形成如下知识框架,如图1所示。

图1　积极维护人身权知识框架

在讨论和分析案例的基础上,通过总结和反馈,对于学生全面了解知识、厘清脉络、形成和完善知识结构具有重要的作用。

5.案例演练。案例教学的最后一个阶段是学生的案例演练,教师通过让学生进行类似案例的演练,既可以考查学生对新知识的理解和掌握程度,又可以启发学生举一反三,巩固课堂知识,真正达到法律教育的目的,使学生学法、懂法、守法、用法,既保证自己的活动符合法律的规范,又能够运用法律维护自己的权益。所以,教师要根据教学内容为学生提供合理、科学的案例。

在完成"积极维护人身权"的新课教学后,笔者提供了如下一个案例供学生演练。

"中国博客第一案",原告陈堂发是南京大学新闻传播学院的一名副教授,2005年9月他在家中用自己的实名在网上搜索自己的文章时,一个叫"长套袜"的网页一下子闪了出来,网页的内容提示中出现了"陈堂发"3个字,名字后面有"流氓"等字句。点开这个"长套袜",陈堂发发现这原来是中国博客网上的一个网页,在这个网页的一篇博客日志里,博客主人"K007"对他进行了指名道姓的辱骂。陈副教授拨通了总部设在浙江省杭州市的中国博客网的客服热线电话,希望马上把那个帖子删掉。但网站却要他提供书面证明及身份证件,以证实那篇博客日志中侵害的人就是他,否则不能删帖,双方因意见不一,那个帖子没能马上删除。11月,陈堂发将中国博客网站告到法院。

结合材料,运用法律常识回答以下问题:

（1）中国博客网站的行为侵犯了陈堂发的什么权利?应以何种方式承担法律责任?

（2）若双方不能自行和解,陈堂发可以采用哪些方式解决纠纷、保护自己的权利?

教师在提供学生演练的案例时,一方面,要注意案例具有一定的相似性。教师通过一个例子呈现一定的知识,学生了解了这个例子并不等于学生真正掌握了知识和技能,教师需要提供相似的案例供学生练习,才能达到检测学生学习效果的目的,以达成知识、技能的巩固。另一方面,教师要注意案例的变化性。学生做练习只是简单的重复,会形成思维定式,所以教师还需注重案例的变化性:材料的变化、设问的变化等等,让学生在不同的情境中练习,提高学生运用技能的自主性和灵活性,提高知识的迁移能力。

基于上述实践和探索,笔者将案例教学法在"生活中的法律常识"教学中的实施形成知识框架,如图2所示。

案例教学法体现了素质教育的宗旨,是一种行之有效的教学方法。在"生活中的法律常识"的教学中运用案例教学法,既是学生升学的要求,也是育人的要求。但要使案例教学法取得理想的效果,对教师有更高的要求:一方面教师平时要通过多种渠道收集事实材料,善于积累;同时要加强自身对法律知识的学习研究,增加自己的知识储备;还要不断学习调控课堂的经验,提高调控课堂的能力。

总之,"生活中的法律常识"作为一门新的课程,在教学过程中,难免会遇到一些问题和困难,需要我们广大一线教师做个"有心人",发挥主观

教师　　　　　　　　　　　　　　　　　学生

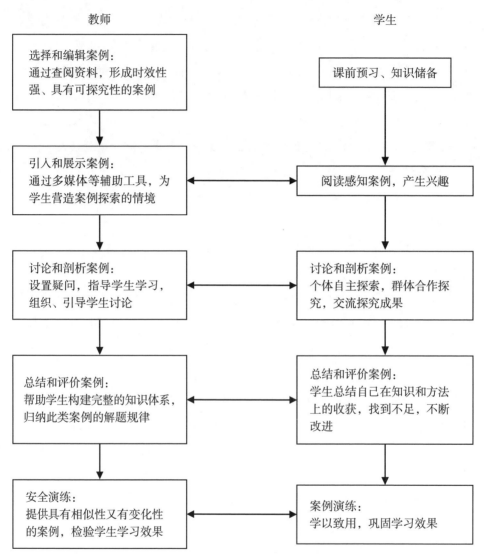

图 2　案例教学法的实施框架

能动性，勇于创新，探索出各具特色而又卓有成效的教学方法。

参考文献：

[1]　教育部.普通高中思想政治课程标准（实验）[M].北京：人民教育出版社，2004.

[2]　盛群力.学与教的新方式[M].杭州：浙江大学出版社，2007.

[3]　林春来.新课标高一政治课堂案例教学的创新与评价[J].福建教育学院学报，2008（11）：17-28.

[4]　周顺钿.模式·放缩·探索——IB模块《不等式选讲》的教学策略[J].教学月刊（中学版），2010（5）：50-52.

提升乡土资源在高中思政课课堂教学中选用效能的策略初探

——以高一《经济生活》中"企业的经营"为例

浙江省严州中学新安江校区　　饶云燕

摘　要：根据新课程理念，乡土资源走进高中政治课堂教学备受教师关注。通过对乡土资源的开发、整合、利用，在政治课堂中提升"乡味"、激发"趣味"、实现"对味"、逐渐"入味"，实现文本教学与乡土生活的对接，并且发挥学生在乡土资源开发中的主体作用，创建乡土资源库，实现资源共享，提高资源利用率。

关键词：乡土资源；政治教学；课程开发

一、问题提出

《全日制普通高中思想政治新课程标准》中对课程资源的定义："课程资源是课程设计、编制、实施和评价等整个课程发展过程中可以利用的一切人力、物力以及自然资源的总和。"包括教材和学校、家庭或者社会中所有有助于提高学生素质的各种资源。乡土资源是课程资源的重要组成部分，它对于培养学生发现、分析、解决问题能力有着重要作用。乡土资源以其贴近学生、贴近生活、贴近实际的特点，在政治教学中的价值尤为显著。陶行知先生说过："我们深信生活是教育的中心。教育要通过生活才能发出力量而成为真正的教育。"将乡土资源整合进入高中思想政治课堂教学中，完全符合他的"生活教育"理念。在新课程改革的背景下,教师作为课程的开发者和实施者,在政治课教学中应充分挖掘和利用乡土资源,不断增强教学内容的真实性和时代感,拉近高中政治课程理论知识与学生生活的距离,提升学生的学习热情,从而改变课堂教学枯燥、空乏的状况,使思想政治课充满生机和活力。同时这也是对教师自身素养的显著提升。为此,笔者以桐庐县的申通快递有限公司为载体,尝试进行了如下设计。

二、课例展示

(一)教学目标

1.**知识目标**。知道企业的含义、作用和所有制类型,了解公司的含义、社会责任、法律特征和组织机构,比较有限责任公司和股份有限公司的异同。把握公司经营成功的主要因素,了解市场竞争中企业的兼并和破产现象及其意义。

2.**能力目标**。通过探究学习法,学生提取有效信息能力、分析并解决问题的能力逐渐增强。通过自主学习法,学生自主学习的能力得到培养。

3.**情感、态度、价值观目标**。初步培养创新精神,增强诚实守信、科学管理的观念,逐渐提升对家乡的归属感和爱乡之情。

(二)教学重难点

有限责任公司与股份有限公司的对比,企业经营成功的要素。

(三)教学过程

1.**初识申通,导入新课**。学生非常关注在体育馆举办的"申通快递二十周年庆典晚会",课堂由此入手,介绍晚会到场的重量级嘉宾,以此吸引学生的注意力。紧接着播放《2012年申通快递宣传片》,使学生了解申通快递有限公司的发展现状。以发源于家乡的知名企业导入,瞬间抓住学生的眼球，激发学习兴趣，顺势导入新课。

2. 申通沿革，突破难点。呈现文本材料——申通快递有限公司的历史沿革：1993年，几个人、几辆自行车在大街小巷里送货，并专营上海和杭州之间的报关急件直送业务。1997年在北京、广州等大城市设点，业务开始增大，标志着申通进军全国的战略吹响号角。2007年完成股份制改革，申通快递有限公司正式成立，注册资本5000万元。2012年荣膺"中国驰名商标"称号，是快递行业内极少获得此项荣誉的民营快递企业。2013年申通快递在董事长陈德军的带领下继续为上市而努力。

学生通过课前自主学习，对公司的类型已有了初步的了解。教师充分利用"申通沿革"这一乡土资料编制四个小组，每个小组中选择题、判断题、简答题各一题。以小组知识竞赛的形式，突破"公司的类型"这一难点，同时帮助学生深入了解家乡企业。

3. 申通挑战，解决重点。播放《快递行业"六宗罪"》视频，设问：针对快递行业存在的"六宗罪"，请你为申通的良性发展建言献策。学生以四人为一小组展开讨论探究，寻找解决方法。以此来解决本节课的重点——企业经营成功的要素：第一，制定正确的经营战略；第二，提高自主创新能力，依靠科技进步和科学管理形成自己的竞争优势；第三，诚信经营，树立良好的信誉和企业形象。否则，企业将面临被兼并或者破产的结局。

4. 申通行动，情感升华。课堂的最后，呈现图文材料：2007年随着电子商务的发展，申通迅速改变了以传统包裹、信函、文件为主的业务结构，使来自电子商务的业务占到总量的60%，及时转型让申通在激烈的竞争中获胜。秉承"用心成就你我"的服务宗旨，规范管理，吸纳人才，提升企业品牌价值，"快速、安全、准确、周到，客户的满意"是申通的追求。申通快递为四川汶川大地震捐款达到600余万元；每年向桐庐县家庭困难的大学生捐助10万元，每个受助学生5000元。通过直观的材料，学生感受到家乡企业传递出的正能量，加深对家乡的认同感，增强爱乡情感，达到情感升华的目的。

三、实施策略

（一）近时近地，提升"乡味"

教材一直是学校教育最基本的课程资源，但并不是唯一的课程资源。高中思想政治课教材的编写着眼于大局，具有较强的基础性、统一性、政策性，无法兼顾地方社会经济、文化发展的实际需求，无法顾及各地区、各学校之间的差异，无法从学生生活的当地现实环境进行教育引导。因此，教师需要进行教学资源开发，以弥补教材的不足之处。

卢梭认为，教育应让学生从生活中学习，通过与生活实际相联系，获得直接经验，进行主动学习。政治课程总是需要丰富多样的材料，源自学生生活中的素材，则更具有真实、亲切、可信的特点，更能为学生所接受。教育必须植根于生活的土壤，才不至于成为"无本之木""无源之水"，乡土资源作为高中政治课堂教学的源泉，蕴含大量有价值的教学资源。

"企业的经营"整堂课以发源于桐庐县的申通快递有限公司贯穿始终，这鲜活的乡土资源完全切合教学内容，能诱发学生的学习热情。学生全身心融入乡土资源的亲切氛围中，积极参与，乐于思考，整个课堂弥漫着浓浓的"乡味"，有效地达成了课堂教学目标。我们也可以动员学生开展研究性学习，走进家乡，亲近乡土，调查本地知名企业（浙富、分水制笔等）或周边的小公司，采访各行各业的经营者。实践出真知，通过调查活动，学生不仅能够获取大量的感性材料，而且能更直接地认识到不同公司类型的区别以及企业经营成功的必备条件。

（二）形式多样，激发"趣味"

赞可夫认为，兴趣是开发智力的催化剂。研究表明，兴趣直接影响学生的学习动机。而引起学生学习兴趣的规律有两条：第一，当所学知识能解决生活中与自己密切相关的疑问；第二，当所学知识揭示了自己习以为常的现象中的新含义。由此可见，引起学生兴趣的前提是所学知识要与自己的生活世界相联系。乡土资源是书本知识与学生生活世界的交会点。选择家乡企业"申通快递"本身已经具有浓厚的"乡味",是学生的兴趣点。

为了进一步提高学生的学习兴趣,增强学生的学习动机和思想政治课的吸引力,借助多媒体的交互性和图、文、声、像等并茂的媒体特点,笔者编辑乡土素材时做到形式多样,有文本、图片、视频,提供多种刺激信号,化抽象为具体,把概念、理论以学生易于接受的形式呈现在学生面前。同时,也努力实现学习方式的多样化。在本课教学中,本人设计了知识竞赛、讨论探究、自主学习等环节,给学生足够多的表达机会和思考空间,使学生在多维互动中生成新知。突出学生在教学中的主体性,改变学生被动接受的地位,促使学生转变为知识的共同建构者,从而提高学生的学习热情和主动性。

(三)材理结合,实现"对味"

只有需要的才是有价值的。要让乡土资源实现价值,就必须是教学中真正有需求的;要对准学生的口味,就要将乡土资源与理论知识有效结合。因此,选材要注重贴切性。所谓贴切性,具体指两个方面:一是内容的选择必须考虑与教材的相关性,切中教学目标;二是所选材料要贴近学生的心理特征和认知水平,如果低于或超越学生的心理"最近发展区",材料虽好,也收不到理想的教学效果。

根据材料贴切性原则,教学设计中的部分材料可以进行修改。首先,对"申通历史沿革"的材料可以进行缩减,"1997年在北京、广州等大城市设点,业务开始增大,标志着申通进军全国的战略吹响号角"这一部分与教学无关,可以删除。其次,播放《快递行业"六宗罪"》视频之后,再将视频主要内容以文本的形式呈现,并且添加申通转型的资料。材料如下:目前,快递行业存在六宗罪:收货晚点频频现;货物丢失难维权;客户信息不安全;服务质量遭诟病;货物暗中被调换;行业管理漏洞多。申通的业务结构以传统包裹、信函、文件为主,随着电子商务的发展,其业务量逐渐减少,申通的发展面临巨大压力。设问:结合视频和上述材料,请你为申通的良性发展建言献策。由于高一学生提取信息能力、分析问题的能力还不足，这样一方面可以给学生的讨论提供文本资料的参考，提高探究的效率；另一方面，也可以补充视频中没有提及但却是教学所需的材料，解决之前设计中的不足——无法提炼出"企业应该制定正确的经营战略"。

（四）德育无痕，逐渐"入味"

教育学家赫尔巴特认为："中学德育是教学最高、最后的目的。""无痕德育"是指在学校德育过程中，教育者把教育意图和目的有意识地隐蔽起来，淡化说教、灌输的痕迹，而主要通过活动体验、自主探究、团队互动、案例感悟等途径和启发、唤醒、激励、赏识、暗示等方式，促使学生在春风化雨、润物无声的愉悦和审美状态中，不由自主、潜移默化地接纳道德规范，自然而然地实现品德的内在生成、自我构建和自我教育的一种德育模式。新课程标准将课程目标分为知识与能力、过程与方法、情感态度及价值观等三个方面，突出地增加了情感态度及价值观维度，这是对以前忽视学生的情感因素发展的超越。政治学科以其固有的特点，成为对学生进行德育渗透的主阵地。在课堂教学中进行无声的德育渗透，学生细细品味，最终豁然开朗。

乡土资源带有浓厚的地方文化色彩和乡土气息，在教学过程中，穿插一些乡土资源，使学生在掌握理论知识的同时，学会热爱家乡、观察生活。把单一知识课堂转变成情感课堂，充分发挥思想政治教育课堂育人的功能。

桐庐作为快递之乡，有着知名的申通快递、圆通速递、中通快递、汇通快运（于2010年被百世集团收购）、韵达速递，合称"四通一达"。本堂课选取了起源最早的申通快递有限公司的发展历程这则乡土素材，了解了它的产生、发展、壮大，知道了作为企业是如何努力扩大企业规模，增加利润的，同时也感受了申通勇于承担社会责任的心胸气魄。除此之外，圆通快递对本校贫困生进行资助，深得学生信赖。如若让学生在课前亲自参与到收集乡土资源的过程中去，他们更能体会到家乡企业的强大之处，深深为家乡的魅力所吸引，从而激发学生对家乡的自豪感。

在中学思想政治课教学实践中，植入乡土资源内容，从本地"县情"出发，打破文本与生活的壁垒。"乡味"拉近了学生与生活的距离，让学生感觉政治与生活并不遥远，同时能激发学生的学习热情；"趣味"能够创设愉悦和谐的课堂气氛，强化参与意识，更好地激发学生的求知欲；"对味"则要求老师选材时注意贴切性，根据学生需求和教学需要将乡土资源进行概括提炼，理论与实际相结合；"入味"重在情感态度价值观的渗透，实现教学的最高境界——育人。通过提升"乡味"、激发"趣味"、实现"对味"、逐步"入味"，最终让学生觉得政治课"够味"。引领学生沐浴着乡土阳光回归到最自然的社会生活中，使教学更加趣味盎然、优化高效，切实促进学生的终身发展。

四、反思提升

（一）以生为本，引导学生关注选用乡土资源

杜威的经验性学习理论认为，学习是人的经验的改造与生成，学生从经验中产生问题，而问题又可以激发他们运用探索的知识产生新的概念，学习结果就在于课内知识与生活经验的统一。

长期以来，人们认为教学资源开发是教师或者专家的"专利"。但是，随着新课程理念不断深入人心，乡土资源的开发主体逐渐向多元化发展，其中包括消费和利用资源的学生。在现代信息技术广泛运用的今天，学生获取知识和信息的途径多样化，他们的生活经验、亲身经历、兴趣爱好等都可能蕴藏着丰富的乡土资源，所以学生是乡土资源开发不可或缺的参与者。听到的容易忘记，看到的印象不深，只有亲身体验到的才会刻骨铭心。如果课堂的教学素材来源于学生自己的调查研究，更能激发学生的学习热情，提高课堂专注度。

（二）资源建库，以新课程理念整合乡土资源

乡土资源在政治教学中是非常宝贵的素材，但是从现状来看，教师利用乡土资源没有计划性，平时不注重资料的收集、整理和更新，只有上公开课时才会挖掘乡土资源中与教学有关的材料，导致乡土资源的利用零散而不成体系。

建立乡土资源库是课程资源开发的必然要求。乡土资源因地而异，具有繁杂性的特征，反映具有地方特色的松散知识，但学校教育的主要内容是具有完整体系和严密逻辑的知识。因此，我们必须对搜集的乡土素材进行整合归类，建立乡土资源库，更好地应用于思想政治课的教学。资源建库不是某一位教师的责任，而是全校每一位政治老师都将自己收集到的乡土资源入库，实现资源共享。在教学中需要什么资源，就进入数据库搜索，节约查找资料的时间，提高教学效率。甚至于不同学校之间也可以相互补充各自积累的乡土资源，加强交流，互惠互利，丰富和完善乡土课程资源。

（三）一材多用，实现乡土资源多次整合深用

乡土资源的收集、建库是资源开发的第一步，如何将资源进行有效利用更是值得教师研究的问题。素材内容是相对固定的，但是整合方式可以是多样的。将有限的素材置于开放的、多元的背景中，从不同的角度进行设问，那么一则素材可以进行多次利用。在同一模块的多个知识点之间一材多用，反复探究，有利于掌握知识的内在联系，准确把握教材结构。或者在多个模块之间反复利用，有助于培养学生思维的广阔性、综合性、创造性，深化学生对知识的理解和运用。能力从解决问题中获得，通过对同一则乡土素材的重组、延伸，可以训练学生全面分析问题的能力、思辨能力、知识迁移能力，对培养学生的创新意识也是大有裨益的。因此，教师需要对乡土资源进行多次整合，提高有效利用率，实现乡土资源在教学中的价值最大化。

参考文献：

[1] 尹晓丹.小课堂　大社会——思想品德课有效课堂初探［J］.法制与社会.2012(2)：234-235.

[2] 佟廷叶.政治课教学中乡土资源的案例式应用［J］.现代教育.2012(1)：181.

教"材"好，教才好

——以"矛盾的同一性和斗争性"二度设计为例

浙江省严州中学新安江校区　饶云燕

摘　要：哲学是一门对思维要求较高的学问，学生对其往往有畏难情绪，因此教师要精磨教材、精选素材、精准编材，为学生步入理性知识殿堂搭建"脚手架"。对话教材，明确教什么；对话生活，知道怎么教；对话学生，掌握教得如何。教师只有准确把握教学"原材料"，教学效果才会更好。

关键词：思政课教学；选材；设问

一、问题提出

"生活与哲学"是一门对高中生进行马克思主义哲学基本观点教育的课程，在四门必修课程中它对思维要求是最高的。高二学生的思维逐渐从形象思维往抽象思维过渡，能对事物做出粗浅的分析、推理、辨别，但往往是片面的，带着浓烈的主观色彩。哲学对于他们而言是玄妙抽象、深奥难懂的，许多专业术语以前从未涉及，理解起来难度较大。

维果斯基的"最近发展区"理论阐述了教学与发展的关系问题。他把儿童的发展水平分为两种：第一种是"现有发展水平"，即独立活动时能达到的解决问题的水平；第二种是"潜在发展水平"，是指有意识地借助他人的指导和帮助所达到的解决问题的水平。这两者之间的差距就是"最近发展区"。若把高中的哲学课上成文辞晦涩、内容抽象、理论深奥的哲学概论课，超出学生的"最近发展区"，那么他们将失去学习信心和兴趣。从课程名称上就能看出该教材的特点，"生活与哲学"即将马克思主义哲理和学生生活紧密结合，这与陶行知先生的"生活即教育"理论相契合。因此，在哲学教学中，教师应当通过精磨教材、精选素材、精准编材来挖掘学生潜能，帮助学生从形象贴切的生活案例中领悟抽象的哲学奥秘，提升思辨能力，促进思想升华。笔者选定美国男子职业篮球联赛中国赛作为素材，将生活主线与矛盾基本属性的理论主线有效对接，设计了"矛盾的同一性和斗争性"这堂课。

二、案例展示

（一）一度设计

1.教学目标

（1）知识目标：学生能够理解矛盾定义；初步理解同一性与斗争性的内涵，并正确把握二者关系；能大致体会矛盾对事物发展的作用。

（2）能力目标：通过情境教学法，学生获取和解读信息的能力逐步提高，通过联系实际分析问题，学生调动和运用知识的能力逐渐得到培养。

（3）情感态度价值观目标：学生感受球赛中的体育精神，增强应对困难的信心。引导学生正确对待亲朋间的矛盾，懂得感恩。

2.教学重难点

（1）教学重点：矛盾的同一性与斗争性的含义。

（2）教学难点：同一性与斗争性的联系。

3.教学过程

（1）美国男子职业篮球联赛中国赛开战，导入新课。课前播放篮球赛集锦渲染气氛，呈现"美国男子职业篮球联赛中国赛深圳站开赛"的文本材料。提问"在篮球赛中只需进攻猛烈就能获胜吗？为什么？"由此引入对矛盾内涵的解读。

（2）林书豪华丽转身，强化重点。图文介绍林书豪个人资料，播放《林书豪"疯狂的一周"》视频，呈现"林书豪成名前后对比"的文本材料。请学生思考：找出材料中蕴含了哪些矛盾。林书豪为什么会变成"林疯狂"？"林疯狂"是否有可能变成"零疯狂"？从中感悟矛盾的基本属性。

（3）球队建设，突破难点。文字材料介绍林书豪与队员的相处情况。思考：球队里，不同位置的队员类型相同会如何？如果你是球队教练，你会如何选择球员？为什么同一支球队的队员之间更容易产生矛盾？以此帮助学生理解矛盾同一性和斗争性的联系。并请学生用矛盾的知识分析亲子关系，学会感恩，促进家庭和谐。

（二）二度设计

1.精磨教材。哲学理论艰深难懂，矛盾观又是马克思主义哲学中最为抽象的内容，学生在自主预习时无法全面把握知识内涵及知识间的逻辑关系。用教材教，首先教师自身要研读教材、精磨教材，做到脉络清晰，心如明镜，追本溯源，了然于胸。

在本节课的教学内容中，预计学生在理解矛盾含义、同一性中矛盾双方相互贯通及表现、同一性和斗争性的联系这三个点上会出现知识缺位、错位，理解不了或理解不准确。多媒体教学中，教师可通过板书呈现知识架构，厘清逻辑关系，如图1所示。

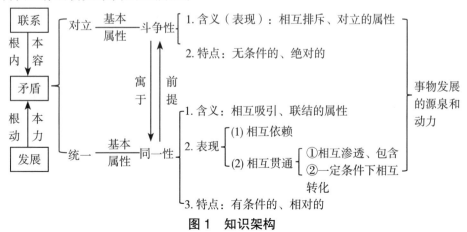

图1　知识架构

2.精选素材。教师在对教学内容进行系统分析之后,要精心选择与教学内容相契合的素材。在选材时须注意以下几方面。

(1)建体系,重实效。教学素材的选择范围广、类型多,但最好能以一例贯穿课堂,避免破坏学生思维的连贯性。"一度设计"时虽由球赛引入,但之后的素材重心偏移到球星林书豪上面,破坏了材料的系统性,与篮球赛主题不贴切。于是在"二度设计"时笔者由中国男篮亚锦赛夺冠切入课堂,再对其中一场极具代表性的球赛——中韩对决进行深入分析,进而介绍在本场球赛中贡献巨大的队员的技术特点。如此一来主题鲜明、脉络清晰、环节流畅、一气呵成,为课堂的有效探究搭建了良好平台。文字材料如下。

【体坛快讯】中国男篮在亚锦赛中表现出色。小组赛中国男篮逆转韩国男篮,提振信心;四强赛中国男篮战胜伊朗男篮,一雪前耻;决赛中国男篮战胜菲律宾男篮,重返亚洲巅峰。同时取得直通里约奥运会的入场券。

【赛场解说】9月24日,男篮亚锦赛中国应战韩国。开场后,中国队频繁失误,进攻困难,防守不严,比分一度被韩国队领先20分。上半场,中国队的内线命中率只有16%,而韩国队命中率高达60%。下半场,中国队及时调整战术、调适心态、顽强拼搏、背水一战。尤其第四节,中国队攻防皆表现出超高水准,开启潮水般的反攻模式,最终以76∶73成功逆袭。

【篮球聊吧】在中韩对决中,周琦、郭艾伦发挥出色,两位球员各具特色。周琦身高217cm,移动速度快,协防、封盖能力突出。郭艾伦身高192cm,擅长运球突破和助攻,中投稳定。

此处提到的"一例到底"并不是只能用一例,而是指"一例为主到底"。在主线不变的前提下,适当补充其他素材对教学内容进行分析说明,更能激发学生思维活力、强化知识理解。因此,在"二度设计"时笔者添加了课本中的老子和孙武的名言,以深化对矛盾同一性内涵的理解;引入一位哲人的名言:"假如没有小偷,锁会达到今天这样的完善吗?假如没有假钞票,钞票的制造会有这样精美吗?"再结合新版人民币发行,帮助学生加深理解"矛盾是事物发展的源泉和动力"。但要注意,其他事例只是起辅助作用,不能喧宾夺主。

素材是为教学内容服务的，素材宜精不宜多，在选材时要注意适度性和实效性。若将学生置于众多素材中，只顾走马观花似的看素材，而没有时间分析思考、解读知识、提升思维，这与教学目标背道而驰。"一度设计"时我用图片、文字、视频介绍林书豪，进而分析矛盾的基本属性，尽管素材形式多样、生动活泼，实则意义不大，反而占用了知识分析的时间。在"二度设计"中笔者就果断舍弃了华而不实的素材，精选精讲，针对性地解决教学重难点，更好地达成教学目标。

（2）接地气，望高远。美国心理学家布鲁纳认为"学习的最好刺激，乃是对学习材料的兴趣"，而源于学生生活的鲜活素材才是学生感兴趣的。两次课堂设计笔者都选择学生熟悉的篮球赛来开展教学，如此接地气的素材更能调动学生参与课堂，促使学生由"苦学"到"乐学"、由"厌学"到"愿学"、由"被动学"到"主动学"转变。通过对球赛、球员的深入分析，归纳总结出抽象的哲学理论。将学生原本陌生在外的"哲学世界"与浸润其中的"生活世界"精准对接，构建生活化的哲学课堂。

选材既要脚踏实地，贴近学生生活，又要仰望星空，立意高远。古人云："才德全尽谓之圣人，才德兼亡谓之愚人，德胜才谓之君子，才胜德谓之小人。"教育的根本目的不在教书而在育人，政治课承载着课程教学和德育的双重任务。中学阶段是学生人生观、世界观和价值观形成的关键阶段，教师在选材时应积极挖掘素材的德育价值，注重启发，以培养学生良好的思想道德品质。无论是首次设计中林书豪凭借自己努力实现华丽转身，还是修改后采用的中国队绝地反击逆袭韩国队材料，都渗透着深刻的教育意义。引导学生正确看待人生道路上的艰辛坎坷，相信只要坚定信念、辛勤付出，总能峰回路转、柳暗花明。

3.精准编材

（1）科学整合。所谓素材的整合，就是根据完整性、系统性与有序协调性的原则进行整理，从而达到最优效果。将大篇幅的文字素材进行提炼概括，展示核心观点；视频类素材观赏性和趣味性较强，在选取时要恰当截取，保留与教学内容相关部分；图片素材要挑选最有代表性的。

　　首次设计使用了一段时长4分钟的视频、14张图片、3段文本材料，视频、图片与教学内容关联度低；文字材料语言冗长，其中"球队建设"那段材料与设问几乎无关。在"二度设计"中，笔者精选了6张与文字材料、理论知识联系密切的图片；主题探究使用了3段文本材料，文字经过整编后更加精练，字数分别是91字、152字、70字，信息与设问、理论对接准确，更适合学生阅读与思考。哲学本身就是一门"慢"学问，素材精心加工后，可以留出更多时间给学生感悟和运用知识，更利于发挥学生的主体作用。

　　（2）有效设问。古人云："善问者如敲钟，叩之小者则小鸣，叩之大者则大鸣。"问题是连接教师和学生的纽带，缺乏有效设问的素材就如一张无箭之弓。有效的设问需遵循以下几个原则。

　　①层次性原则。设问要遵循学生认知规律，问题难度必须在学生的"最近发展区"内，让学生"跳一跳，够得到"。还要安排好问题的梯度，由浅入深，由表及里，循序渐进。针对"赛场解说"这一素材，笔者设计了三个问题：请你找出材料中蕴含着哪些矛盾。潮水般的反攻模式中，是否只有进攻？为什么？中国队为什么能成功逆袭？在"篮球聊吧"的素材后设计了两问：你认为他们在场上适合打哪个位置，假如你是主教练，你会如何选择球员？为什么同场比赛的队员之间或者同一球队的队员之间更容易产生矛盾？设问层层递进，在分析具体的生活事例之后，适当引导，水到渠成地总结出相关哲学原理与观点。

　　②科学性原则。设问要将素材与教材正确对接，设问时机颇有讲究，应该设计在重点知识处和学生的疑惑处。"赛场解说"处的设问就用于解决教学重点——同一性与斗争性的内涵。重点处设问能让学生集中注意力，积极思考，达成教学目标。"篮球聊吧"处的设问用于突破教学难点——同一性与斗争性的联系。正所谓"学起于思，思源于疑"，在思维的困惑点设问正好满足学生需求，借助设问引导他们剖析理论，内化于心。

　　③开放性原则。新课程理念强调教学时应鼓励学生思考、合作探究，为学生提供足够的选择空间和交流机会。因此，设问要有开放度，允许学生调动自身的知识、经验、素养来发表见解。"一度设计"的设问预设痕迹

浓，重知识归纳轻知识演绎，这种封闭式的设问缺乏思维启发。"二度设计"中，笔者在教学重难点处增设了开放性问题：请学生列举出一些体现矛盾双方相互转化的成语、俗语或古语。说一说我们身边还存在着哪些对立着斗争着的矛盾双方。"只有不同的味道，才能烹饪出美味佳肴。"请你以此为例造句。将课堂的话语权还给学生，实现从"教师独白"到"师生对话"的转变，课堂更灵动，哲学味更浓。教师也能在学生回答时及时发现偏差并予以纠正，挖掘学生思维深度，拓展思维广度，打造高效课堂。

三、反思提升

（一）对话教材，明确教什么

教材是主要的教学资源，备课第一步就是备教材，任何一堂成功的课都蕴含着教师对教材的深刻理解和独具匠心的处理。教师在对话教材时，首先，要认真阅读《普通高中思想政治新课程标准》《浙江省普通高中学科教学指导意见》《浙江考试》，做到有的放矢。其次，要从整体上把握教材，知道这节课在整册书、一单元、一课中的地位，明确知识间的联系。再次，要细读、熟读、深读本课中的每段文本，包括教材辅助文本，理解知识内涵和编写意图。最后，教师在理解教材内涵的基础上，根据教学需要进行重组，实现由"教教材"向"用教材教"的转变。

（二）对话生活，知道怎么教

哲学教学就是引导学生在生活中体验，在体验中感悟，在感悟中成长。新课标指出：教学时把理论观点的阐述寓于社会生活的主题中，构建学科知识与生活现象、理论逻辑与生活逻辑有机结合的政治课堂。因此教师要将哲学理论置于学生生活之中，避免将哲学神秘化，实现哲学教学的通俗化和浅显化。教师要善于发现生活、观察生活、思考生活，选择科学的素材和教学方式，组织学生进行讨论、质疑，进而提炼出高于生活的结论，避免将哲学平庸化、低俗化。教师自身要不断提升知识素养,如此才能在生活经验与理性知识之间游刃有余地转换,让哲学课堂迸发出思维光辉。

(三)对话学生,掌握教得如何

学生是学习的主体,是课堂的主动参与者。开放性问题的设计,让学生对知识进行多角度、个性化的演绎,检测学生理解调用知识的能力和阐述探究问题的能力。互问互教环节的渗透,在动态的教学过程中捕捉学生思维困惑点,释疑解难,体验成功。反刍建模环节,学生自主小结、再提疑惑、课堂检测,让学生在学习中反思,从感悟中提升。教育是一片云,其作用是孕育丰沛的雨点。以生为本,平等对话,师生互动,生生互教,增进学习体验,更好地发挥教育的孕育作用,推动学生可持续发展。

参考文献:

[1] 王秀萍,谭英海."一案到底"教学法在思想政治课教学中的应用探析[J].中学政治及其他各科教与学,2015(14):60-61.

[2] 杨慧萍.高中思想政治课学生生活资源加工问题探讨[D].广西师范大学,2014.

"三化"铸就核心素养

——基于思政课学科核心素养的活动设计策略研究

浙江省严州中学新安江校区　饶云燕

摘　要： 高中思想政治课是一门综合性、活动型的学科课程，科学的活动设计直接影响课堂教学的效能。因此，基于思政课学科核心素养的活动设计，应坚持"活动立意素养化，把握'动'的精度；活动结构立体化，拓宽'动'的维度；活动评价多元化；加深'动'的程度"等设计策略，为打造高效课堂服务。

关键词： 思政课教学；学科核心素养；活动型

《普通高中思想政治课程标准（2017年版，2020年修订）》中明确指出，高中思想政治课要力求构建以培育思想政治学科核心素养为主导的活动型学科课程。将学科逻辑与实践逻辑、理论知识与生活紧密结合，通过设计一系列活动及结构化设计，实现"课程内容活动化""活动内容课程化"。自新课改实施以来，传统"一言堂""满堂灌"的教学逐渐被"自主、合作、探究"等教学方式所取代，主题活动似乎成了一节好思政课的标配。然而，低营养的、浅层次的、形式上的活动并不意味着学生学习真正发生了，"繁花似锦"的活动难掩学习价值的空乏。本该面向全体的活动，往往忽视了为谁而动和为何而动等深度思考，课堂成了少数精英学生的独角戏，课堂喧嚣不已的背后难掩多数学生成为看客的无奈。本文结合笔者实际的教学经验，以"博大精深的中华文化"为例，进行基于学科核心素养的高中思政课活动设计策略的深入思考研究，尝试性地探索出一条构建高效的活动型课堂的新途径。

一、活动立意素养化，把握"动"的精度

高中思想政治课是落实立德树人根本任务的关键课程，不仅具有本学科的综合性知识和思维方式，还凸显出鲜明的育人价值，肩负着培养担当民族复兴大任的时代新人的重任。因此，思政课活动的精度，即活动设计的方向，应该指向解决"培养什么人、怎样培养人和为谁培养人"的根本问题，使之有利于服务学科具体知识的学习，促进学科核心素养落地。活动设计应引领学生坚持马克思主义的科学世界观和方法论，形成坚定的政治信念，将育人目标落到实处。

（一）坚持以学科核心素养为导向

学科核心素养是学科育人价值的集中体现，活动设计的魂就在于学科核心素养。政治学科的核心素养主要包括政治认同、科学精神、法治意识和公共参与，这当中凝练着学生今后走向社会必需的品格、能力和正确的价值观。有效的活动设计必须直接指向学科核心素养的落地生根。

在"博大精深的中华文化"一课的教学中，笔者的活动设计着眼于学科核心素养的内化，如表1所示。

表1　学科核心素养的内化

活动设计	指向学科核心素养
分享"我的旅途"——介绍各地风土人情	引导学生从旅行见闻中感受中华文化的无穷魅力，体会熔铸在民族生命力、凝聚力和创造力中的中华文化的巨大力量，增强对中华文化的自信心、归属感和自豪感，培养政治认同，培育有信仰的公民
观点评析——有人认为中国人是文化"啃老族"，你赞成吗？请举例论证	在对争议性观点的讨论中，让学生直面冲突，充分表达自己的真实想法，在观点碰撞中感悟真理的力量；运用举例说明的方式，突出用事实说话，培养科学精神，培育有思想的公民

活动设计	指向学科核心素养
课后调查——家乡"德文化"	在课后实践活动中，提高公共参与能力，用自己的行动为创造家乡文化新辉煌注入力量，培育有担当的公民

（二）坚持以学科具体内容为载体

活动的内容是根据学科内容提出来的，活动设计的根就在于学科内容。因此，在设计活动时要紧扣课标中确定的内容要求，设计出序列化的任务。切忌出现活动设计游离于学科内容的"两张皮"现象。唯有承载学科内容的活动设计，才是活动型学科课程实施时需要的真正教学形态，也只有这样的活动开展才能在打造高效活动型学科课程中起到应有的作用。

笔者将活动设计与学科具体内容之间建立有机联系，有针对性地设计活动，如表2所示。

表2　将活动设计与学科具体内容之间建立有机联系

活动设计	对应教材内容
分享"我的旅途"——介绍各地风土人情	1. 以丰富的旅行素材明确中华文化的博大精深，表现在独特性、区域性和民族性 2. 在合作探究中华文化源远流长、博大精深原因的过程中，理解中华文化特有的包容性，即求同存异、兼收并蓄
观点评析——有人认为中国人是文化"啃老族"，你赞成吗？请举例论证	在观点思辨中，理解中华文化的力量，激励着一代代中华儿女克服艰难险阻、战胜内忧外患、创造幸福生活
课后调查——家乡"德文化"	运用博大精深的表现和原因等知识，深入了解家乡文化的内涵，并分析"德文化"的形成过程和发展现状

（三）坚持以激发学生兴趣为动力

美国心理学家布鲁纳指出："学习最好的刺激，乃是对学习材料的兴趣。"这说明兴趣直接影响学生的学习动机，需借助有吸引力的学习材料来保证课堂有声有色，有真性情、真趣味。因此，教师要秉承以学生为主体的理念，立足学生发展的需求，在活动设计中充分考虑学生的兴趣点，寻找能激发学生兴趣的"兴奋剂",引爆学生探究问题的欲望,这是培养学科核心素养的重要动力,如表3所示。

表3　在活动设计中充分考虑学生的兴趣点

活动设计	对接学生兴趣点
分享"我的旅途"——介绍各地风土人情	内蒙古、陕西、贵州三地是根据学生课前投票的结果确定的,故在学生导游介绍当地风土人情时,大家兴趣浓厚、热情高涨。这三地是其他同学想去但未曾去的地方。因此,去过当地的小组在课前准备时自信满满,现场解说时亦是神采飞扬
观点评析——有人认为中国人是文化"啃老族",你赞成吗?请举例论证	开放性、思辨性的活动设计,为激发学生的兴趣打开一扇窗户,可以充分彰显学生、课堂和教师的个性。对于这个观点,学生有话想说,有话能说。尤其是举例论证,能够激发学生积极思考,在真实事例中对社会现象做出理性判断和分析
课后调查——家乡"德文化"	乡土素材贴近学生生活,富有亲切感,是学生进入角色的催化剂。"德文化"对于学生而言是一个有所耳闻但并不了解的话题,处在"跳一跳,够得着"的发展区内,更具吸引力。课外实践的方式深受学生欢迎,在实践中体验情感,升华思想,促成知行统一,具有较强的趣味性和实效性

　　培育学科素养是活动开展的深远目标,学科知识的积淀是培育学科素养的条件,学习兴趣是打开学科知识和学科素养大门的钥匙。因此,活动设计应以学科核心素养为导向、以学科具体知识为载体、以激发学生兴趣为动力,唯有高远的活动立意才能精准锁定活动方向。

二、活动结构立体化,拓宽"动"的维度

　　一堂优秀的政治课离不开有效的活动设计。有价值、操作性强的活动设计,不仅能发挥学生的主体性,而且能化繁为简,深入浅出,提高课堂教学效果。构建活动内容时应以情境为载体、以任务为指向,设计出形式多样的活动,提升课堂的温度,规范活动的梯度,拓展参与的广度,进而增强教学的效度。通过活动设计启迪学生思维,学生在积极的思维过程中和实践过程中收获知识、形成观点、体验成就感,掌握基本的价值标准,激发学生

学习动力，提高参与社会生活的能力与思想政治觉悟。

（一）活动情境生活化，打造"温度"课堂

情境是活动型教学的有效载体，它的主要功能在于最大限度地激发学生的学习热情，帮助学生在活动场景中运用已有的知识体系与思维能力解决现实问题，学习把握学科理论，有机生成学科核心素养。因此，活动情境的设置不应该想象虚构，而要贴近学生，贴近生活。一方面，充分考虑学生的认知水平，将课堂活动置于学生最近发展区的情境中，增强学生的学习信心；另一方面，要贴近现实生活，将抽象生冷的知识获取置于有温度的生活情境中，激发学生的学习热情，提升活动效能。创设的情境要贴近学生，就需要准确的学情分析。可通过前置作业、问卷调查等方式了解学情，设计具有典型性、适切性、趣味性的活动情境。好的情境能够拉近学生与课堂的距离，它既可以是教师整合与精选的文字、图片、视频，也可以是学生自主选择的作品。

在设计本节课的活动情境前，笔者先在班级里做了课前调查：你曾去过国内哪些地方旅行？汇总大家曾去过的旅行地点，在全班展示，请同学们选出最感兴趣的三个旅游地。统计结果显示，内蒙古、陕西、贵州三地位列前三。随后，笔者将班级里去过内蒙古的三名同学组成"策马草原组"，游过贵州的四名同学组成"黔南掠影组"，到过陕西的三名同学组成"穿越历史组"。并且布置给这三组队员"导游任务"：1. 课前准备，组员之间共同商议选择旅途中最具特色的景观，制作成PPT；2. 课堂展示，每组派出一名学生担当导游，与其他同学分享旅行中印象深刻的见闻。整堂课，我们就是跟随着三组同学曾经寻觅过的诗和远方，一起来品读博大精深的中华文化，从中发现具有中华文化独特性、区域性和民族性的生动片段，体验到中华文化的特有魅力。

营造情境设置的温度，就是要在学生鲜活的生活中挖掘情境素材。本堂课围绕学生感兴趣的旅游地创设情境，从学生导游的介绍中挖掘素材，将学生富有时代性、个性化的表达与概括性、专业性的学科术语相连接，从

学生的生活体验中提炼出抽象的理论观点。真实、有效的情境赋予课堂活动生活气息、时代韵味、人文色彩，达到"以境促动""动中生情""情境交融"的实效，从而打造出极具温度的高效课堂。

（二）活动任务序列化，实施"梯度"驱动

活动情境不是孤立的，而是与活动任务共生的。基于创设的情境，精心设置序列化的活动任务是打造高效活动型课堂的核心环节。活动任务以思维层级由低到高的"问题链"的形式，贯穿课堂全过程。在序列化任务驱动之下，有梯度地开展活动，让学生由浅入深、由表及里地思考，学生的思维层级逐步提升。

执教这一课时，学生的旅途展示环节为活动开展提供了丰富的"食材"，教师应扮演好"厨师"的角色，将食材进行有效加工。为此，笔者在"博大精深的中华文化"的教学中，设计了以下任务链。

1. 从"穿越历史组"的展示中，你感受到了中华文化在哪些方面的卓越成就？

2. 对比三个旅行团的解说，总结出这三地的文化在哪些方面存在不同？

3. 请你举例说明中华文化博大精深的表现。

4. 小组讨论：古代的四大文明，其中三个已经消失，为何唯有中华文明能呈现源远流长、博大精深之态势？请结合实例加以说明。

5. 观点辩论：有人说，中国人是文化"啃老族"，现代中华文化的命运，忧矣。你赞同该观点吗？请说明理由。

在课堂中以活动任务为纽带，上连情境、下接知识，激活了学习过程，打通了"情境—任务—知识—素养"的内在关系。以上活动任务层层递进、要求明确、操作性强，这种进阶式设计要求教师在深刻理解教学内容的基础上，根据教材内在联系和学生实际情况，设计一系列问题。并通过问题设置悬念，悬念引发期待，期待激发兴趣。在解决问题和释放悬念中，学生真正理解基本理论，提高学习能力，收获成功与自信。

比如，学生在探究中华文化博大精深的原因时，兴趣浓厚，列举了许多包容性的事例。古代思想家们各有所尊，但提倡"万物并育而不相害，道并

行而不相悖";唐朝胡汉文化相互融合,"胡音胡骑与胡妆,五十年来竞纷泊";近代,许多知识分子主张"师夷长技以制夷";现代,中国实行"一国两制"。有梯度的任务驱动,不仅能让学生完成知识的识记、理解、应用,还使学生的独立思考能力、合作探究能力、论证分析能力得到锻炼,提升学生的学科核心素养。

(三)活动形式多样化,促发"广度"参与

活动型课堂中,往往采用小组合作的方式,但经常会有少数学生基于学习态度、人际关系、学习能力、个人兴趣等原因而被边缘化,他们"合而不议",沉默寡言,游离在团队之外。这是背离教育和活动型课堂初衷的。为此,需要激发学习主体的主动性和积极性。除了序列化的活动任务驱动之外,还应该有形式多样的活动方式,具有一定的开放性和创造性。课前可以开展问卷调查、文献查阅等活动;课中可以开展讨论、展示、辨析、探究等活动;课后可以开展策划分享、参观访问等活动。在教学中,笔者为了最大限度地调动学生参与活动的积极性,有效激发学生的求知欲,设计了以下三种形式的活动。

一是体验类。说说自己曾去过的旅游地,投票选出自己最想去的地方,分享旅途见闻。从中引导学生领略到中华文化在文学艺术、科学技术等方面独树一帜的风貌,体会一方水土孕育一方文化的地域差别,感受我国五十六个民族文化的个性魅力。活动难度不大且贴近生活,给予学生充分的话语权,学生参与热情高涨。

二是思辨类。评论"中国人是文化'啃老族',现代中华文化的命运,忧矣"这一观点。根据所持观点的不同,学生自主分成两组展开辩论,学生们纷纷为本组的论点提供有力论据。例如,有个学生列举屠呦呦团队研发青蒿素并获得诺贝尔生理学或医学奖,当代作家莫言获得诺贝尔文学奖,以此证明中国不是文化"啃老族"。这一举例可谓是一石激起千层浪,其他学生纷纷参与,中国天眼、探月工程、"奋斗者"号探万米海底、科研精神、军人精神、抗疫精神……高中生的思想具有独立性、多变性和批判性特点,开

放的辨析式活动使学生在价值冲突、问题辨析、比较鉴别的过程中做出正确判断,在理性思辨中逐步形成对中国历史与文化的正确认识。

三是实践类。课后请学生调查家乡的"德文化"建设,撰写调研报告。调研小组成员分工明确,保证人人有事做。新时代的高中生,虽身居校园,但胸怀天下。学生走出课堂、走向社会,在公共参与中收获的不仅是教材知识,更多的是融入社会的能力。

三、活动评价多元化,加深"动"的程度

优化教学评价始终是提升活动价值、培育学科素养的主要抓手和有效推力。活动型课堂教学的开放性、综合性、实践性决定了活动评价的复杂性。传统的基于知识达成的终结性评价(特别是单一的卷面测试)已经难以有效考查评价富有过程性、生成性的课堂活动中的学生思维品质以及思考的广度与深度。我们要坚持过程评价与结果评价相结合、动态评价与静态评价相结合、教师评价与学生自评互评相结合,从以知识性考核为重点,转变为以综合能力评价为重点的全面考核。

笔者在本堂课中采用了以下评价方式。对三大旅游团成果展示的评价,参照以下维度,如表4所示。对小组讨论和观点辨析的评价,如表5所示。

表4 对三大旅游团成果展示的评价

评价维度（从高到低依次为 A，B，C，D）	学生自评	生生互评	教师评价
活动目标明确,成员间主动配合			
搜集信息全面且准确,能科学分析搜集的信息			
展示者自信大方,语言流畅,有感染力			
充分阐述中华文化博大精深的具体表现			

表5 对小组讨论和观点辨析的评价

评价维度（从高到低次为 A，B，C，D）	学生自评	生生互评	教师评价
勇于表达观点,并能提出有力论据			
善于倾听、尊重他人的观点			
及时反思,做出正确的价值判断			

评价维度（从高到低次为 A，B，C，D）	学生自评	生生互评	教师评价
准确理解中华文化的包容性和文化力量			

对课后实践活动的评价，参照以下维度，如表6所示。

表6 对课后实践活动的评价

评价维度（从高到低依次为 A，B，C，D）	学生自评	生生互评	教师评价
小组成员任务明确，分工协作			
调查报告格式规范、语言精练、体系清晰			
充分展示家乡"德文化"的内容			
对家乡的关注度、责任感与使命感			

多维度、多层次、多渠道的评价方式，建立一套规范的活动教学评价体系，对学生在品德修养、团队合作、创新精神等方面做出综合评价，提高活动的实效性，促进学生全面而有个性地发展。

总之，为打造高效的活动型政治课，教师在进行活动设计时，要立足于思政课的核心素养，秉持先进的教学理念，在情境创设、任务驱动、形式多样、评价多元等方面精心选择、精巧设计、精准实施，立足于学生实际，讲好政治故事，发挥育人作用。

参考文献：

[1] 李宏亮.政治课"活动内容课程化"的必要与可能［J］.中学政治教学参考，2020（25）：8-10.

[2] 涂小云，兰青.指向学科核心素养的议题式教学设计［J］.中学政治教学参考，2020（3）：44-45.

[3] 王锦飞.也谈思政课议题式教学的活动设计［J］.中学政治教学参考，2020（10）：56-58.

[4] 张雪婷.构建以培育政治核心素养为主导的活动型课堂——以《市场配置资源》为例［J］.教育实践与研究（B），2018（4）：4-7.

激发学生思政课学习兴趣路径之我见

浙江省严州中学新安江校区　饶云燕

摘　要：思想政治课是对中学生进行系统的思想品德教育和马克思主义常识教育的必修课程，是中学德育工作的主阵地，其在中学教育阶段乃至学生的整个成长过程中都发挥着重要的作用。然而，长期以来，在应试教育背景下，在众多学生中形成的思政课是"副科"的意识根深蒂固，使得政治课教学举步维艰，效能低下。该文就如何通过转变观念、潜心备课、精心上课、科学练习等路径，培育学生学习思政课的兴趣，谈谈自己的看法。

关键字：思政课教学；兴趣；途径

笔者从事中学思想政治课教学已有数个年头，回顾几年来的工作经历，感受颇深。在不断学习和实践中，有自豪成功之处，亦有遗憾失败之笔。幸好酸甜苦辣皆有营养，在总结经验教训的基础上，形成了对如何激发学生学习兴趣路径的几点粗浅认识。

一、精准定位，有所作为

长期以来在应试教育的大环境下，思想政治课被认为是"副科"，没有引起学生、家长甚至是学校领导的应有重视。一些教师也因"自轻"而削减了对政治教学的热情,降低了对学生的严格要求。常言道:人才、人才,先成人后成才。政治课堂是德育工作的一个重要阵地,政治教师要联系学生的思想实际、社会实际、国内外形势等,对学生进行比较系统的思想品德教育,帮助学生树立正确的世界观、价值观和人生观。学习思想政治课,可以给学生提供科学的世界观和方法论,培养学生的辩证思维能力、逻辑思维能力和抽象思维能力,对学生学好各科、力争全面发展有大有裨益。所以,作为一名教师,只有真正意识到本学科的重要性,才能真正做到既教书又育人;否则,只能是一个教书匠,而不是一个教育者。

二、扎实备课,设计韵味

"台上一分钟,台下三年功",细致和充分的备课是上好一堂有趣味课的基础。传统备课,一般按备大纲、备教材、备学生、备方法等主要环节来进行。备大纲(课程标准)能使教师了解教材的知识层次、体系和深广度,掌握好这些教学的层次和要求,并将不同的教学层次要求落实到每一堂课的教学中去。备教材主要是找出教材的编写意图、结构体系、教学内容、重点及各单元之间的联系。通过备大纲与备教材,充分挖掘思政教材的理趣。备学生是备课的关键。学生是课堂的主体,教师的教是为了学生的学。要充分了解怎样的教法才能让学生学到知识、提高能力,要尽可能地了解不同层次学生的知识基础、认知水平、理解能力上的差异,选择适合学生的教学方法,注重激发学生的学习兴趣。

备课时,教师要适度拓展教材。政治课实践性较强、时代性鲜明,但教材中的事例材料往往滞后。因此,教师备课时要选取最新的一些时事政治或学生们关心的热点、爱听的话题、离他们感觉较近的事例,以激发学生的学习兴趣。通过对这些材料的分析,学生观察、联系、分析说明实际问题的能力得以培养,对书本知识的综合、迁移、拓宽和加深的能力获得了提升。当学生发现社会需要与所学知识的直接联系,他们自然会感受到今天在学校的学习就是为未来服务社会做准备时,学生上好思政课的兴趣会被大大增强。

三、精心上课，互动激趣

传统教学中"注入式"和"填鸭式"的教学方法，已经与现代教育理念大相径庭。因为这种以"我讲你听"的"告诉式"为主的教学方法剥夺了学生思考、选择和尝试的权利，只能扼杀学生个性发展和创造力。"带着知识走向学生"不过是"授人以鱼"，"带着学生走向知识"才是"授人以渔"。教师如何在课堂上让学生快乐得"渔"？

每个学生都有要求进步的愿望，每个学生也都有极大的潜能。不是学生做不到，而是我们教师没有给学生提供表现、思考、研究、创造的机会。过去"填鸭式""注入式"的教学方式培养了学生的依赖心理，导致现在当新课程改革扑面而来时，课堂上我们的学生往往是"讨而无论""启而不发"，为了完成课堂教学的内容，我们又回到了"我讲你听"的"填鸭式"教学。听过一位优秀教师上的两节课。第一节是高一时，课堂采用的是讨论式和启发式教学，有一部分学生也表现出了"讨而无论""启而不发"的现象。

为此，笔者通过创设开放的教学情境，充分激发学生的思维活性，营造宽松的教学氛围，让学生如临其境地去感受感悟，使学生乐学。如，笔者在讲授《货币的职能》这一课时要求全体学生提前预习课文，并对全部内容设计问题，然后选出五名学生嘉宾分别扮演货币的五种职能。上课后，先由"第一嘉宾""价值尺度"做自我介绍，然后学生以"小记者"的身份提问。在双方互动的过程中，掌握这一部分的知识，后四种职能依次类推。这个过程基本上由学生来完成，教师只是进行补充、指导后总结，一堂课下来学生学习兴趣高涨，学习效率更为显著。

四、精编精评，练中生趣

学以致用永远是教育的终极目的。俗话说"听来的忘得快，看到的记得住，动手做更能学得好"。因此，在思政课教学中，笔者尝试采用新的作业形式，比如，通过对本地企业进行调查，撰写报告，根据教材的内容排练情景剧，用数码相机拍摄现实生活中的经济场景，对某一专题做展板、做一次用品制作等等，这些活动锻炼了学生设计、分析、思考、活动等多方面的能力。笔者努力发现学生练习的优点。如，工整漂亮的书写，提出有创意的问题，进行有独到见解的回答，拓展课外知识，等等，都会给予及时而诚恳的表扬。由此增强学生的学习自信心，激发和巩固了学生的学习兴趣。

兴趣是最好的老师。培育学生对学习思政课的兴趣是提高思政课质量的关键点，也是一个复杂的系统工程，需要转变教学方式，丰富教学智慧，不断拓展途径，并把各条路径的兴趣点有机串联起来，为打造高效课堂提供更大的动力。

参考文献：

[1] 杨仕保.高效课堂的"加减乘除"[J].思想政治课教学，2020(3)：45-48.

[2] 余海毕.素养培育下道德与法治课作业优化设计的尝试[J].教学月刊（中学版），2019(2)：97-99.

"小时事"透出"大政治"

——双重时材让学科核心素养落地生根

浙江省建德市寿昌中学　童建红

摘　要：时事材料进政治课堂，在提高学生学习兴趣、弥补教材不足、整合知识等方面发挥了重要作用。而单一的大时事运用在落实学生学科核心素养方面还存在一些问题，如学生认可大政方针，却不理解身边政府的具体行为，政治认同不接地气；法治观念初步形成，可以笑谈时事风云，但涉及身边具体事件，法治意识并没有成为自己价值判断的支撑；萌生了公民意识，但无处着手，公共参与难以实践；答题中彰显了理性思维，但科学精神没有转化为自己的"三观"，用于指导自己的生活。

关键词：大时事；大政治；核心素养

一、当下课堂中时事材料运用的困惑

时事热点材料走进课堂已经成为高中政治课的常见方式，充分体现了思政学科特色。课堂中增加时事材料在提高学生的学习兴趣、锻炼学生的分析能力、促进知识的理解、弥补教材的相对滞后、重新整合模块知识等方面发挥了重要作用。然而，"大时事"材料的运用，在落实学生学科核心素养方面也存在一些需要继续解决的问题，表现在以下几方面。

1.认可大政方针，不解政府行为，政治认同不接地气。政治课堂中选择的材料往往代表性比较强，影响面比较广。这样的材料很好地契合了书本的知识点，能在国家层面培养学生的政治认同感，增强学生的道路自信、理论自信、制度自信和文化自信。然而，身边政府一些行为如棚户区改造、拆迁等，学生不容易把这些材料和所学知识联系起来。因此，对身边政府的具体行为的认同度远没有大时政那么高。可能一个学生能很好地理解"一带一路"，却对自己房子拆迁问题义愤填膺。如何让材料的运用增加学生对身边政府行为的认同度，值得我们去思考与探讨。

2.**法治观念初成，笑谈时事风云，法治意识不进己身。**国内外大事，特别是国家的政策引进课堂，让学生充分解读，能够增强学生运用学科知识、观点和方法分析社会现象的能力。部分学生甚至能现炒现卖，立马用课堂知识解读报纸中的许多事件。然而，这里的社会现象似乎都是大的现象，一旦涉及自己身边特别是和自己密切相关的事时，情与理又容易站到法的对立面。怎样让学生的法治意识落地仍然任重而道远。

3.**萌生公民意识，无处着手作为，公共参与难以实践。**高层面的时事材料经过教师的精心打磨，无疑会让教材变得有血有肉，让学生理解起来也更加到位。特别在材料的评价中所体现出的公民意识和权利义务观念更清晰明了。这有助于给中学生以后的政治参与做有意义的铺垫，至于当下，学生又觉得自己能做的似乎少之又少。毕竟很难让每个地方、每所学校的每个学生都能为"一带一路"、G20峰会、党的十九大这样的大政治付诸实践。这容易让学生感觉这都是上课的事和以后的事。由此可见，如何及时给学生搭建一个具体的实践平台十分有必要。

4.**理性思维彰显，运筹笔杆纸间，科学精神未化"三观"。**大政治材料与课堂，特别是试题练习的结合在锻炼学生理性分析、评价方面有不可替代的作用。认真看许多学生的试题答案，字里行间彰显着他的科学思维，甚至给人一种"这个孩子可以从政"的感觉。然而，这些孩子在生活中又会出现各种行为过激、行为偏差，甚至出现违规违法的行为。如何让学生答题中的科学思维影响他的世界观、人生观、价值观，进而指导自己的行为，这显得尤为重要。

二、课堂中时事材料运用的策略

如果把国家的时事新闻称为大时政，那么公民身边的和当地政府行为相关的事件可以称为小时事。当前的大时政，如党的十九大的一系列成果，是公民必须关注，也是中学生参与政治课堂的有效载体。同时，学生更是活在"当下"的，更应该关注和了解周围的政府行为，特别是与自身家庭利益密切相关的事件。如在执教"国家财政"这一课时，就有党的十九大关于我国社会主要矛盾转变的新论述，就可以联系学生身边的小时事，比如建德市的航空小镇建设等。帮助学生理解大时政背景下的小时事，引导学生更好地认识、认同党和国家的大政方针，理解和支持身边政府的民生行为。从思想上为城镇建设、棚户区改造等民生工程助力，在学生心田播下政治认同的种子，其意义现实而深远。

针对大时事材料运用中的上述四个困惑，笔者经过长时间的思考和反复实践，尝试运用更为灵活的材料来突破四个难点。课堂中改变引入单一的大新闻的做法，加入当时、当地的小时事。通过把两种材料结合起来，在学案导学、知识点落实、重难点突破、例题攻克等四个环节并用的方式，培育学生政治认同、科学精神、法治意识、公共参与等核心素养。

1.**大政治为导，小时事引学，双材学案，让课堂接地气**。学案导学是课堂教学中的常用方法。导学案的设计既是基于学情的分析，又是对新学情的鉴定。大时政是政治课堂的高效载体，对课堂教学的意义就像水一样，通常可以作为线索从高站位去串联和引领课堂。小时事则是学生更容易直接接触到的事实。把小时事经过加工使之成为学生自主学习的材料，既可以把大政治的高度融入生活，又在"大政治"和"小时事"两者间寻找到一个桥梁，让课本知识回归生活。

教学案例：国家财政

在课程开始便设下整体的基调，让学生在大时事的背景下去解读身边的小时事。通过主要矛盾在新时代的新提法，引入政府具体行为的落脚点和必要性。政府行为的重要工具就是本课的主题内容"国家财政"，国家财政的根本目的是满足人民对美好生活的向往。同时让学生在此基础上进行自学,用书本知识根据学案去解读本镇政府的具体行为。让学生在认可国家方针政策的基础上,更好地认同当时、当地政府的具体行为。

学案设计:在"国家财政"学案的开始部分直接设计了两个材料思考题。

材料一:2017年10月18日,习近平同志在党的十九大报告中强调,中国特色社会主义进入新时代,我国社会主要矛盾已经转化为人民日益增长的美好生活需要和不平衡不充分的发展之间的矛盾。围绕破解新矛盾,报告已经提出,要在继续推动发展的基础上,大力提升发展质量和效益,更好地满足人民日益增长的需要,更好地推动人的全面发展、社会全面进步。在具体部署上,专家认为党的十九大不少提法值得重点关注。

设问1:人民对美好生活的需求包括哪些方面?

设问2:在更好地满足人民的需求方面,政府可以有什么具体作为?

设计依据:国家的大时政,既和人民的生活息息相关,又和本课的学习内容联系密切。据此设置了两问。第一问"对美好生活的需求有哪些",一方面为后面"财政的主要用途"这一知识点做铺垫,引出知识;另一方面又为"财政和我们的生活密切相关"做引导,培养学生对国家、党的大政方针的政治认同。第二问"在更好地满足人民的需求方面,政府可以有什么具体作为",可以直接引发学生对材料二身边相关政府行为的思考。

材料二:近日,建德经济开发区与浙江虹湾通用航空工程技术有限公司正式签订战略合作协议,双方将依托建德千岛湖通用机场和航空产业园,跨界整合资源,构筑集通航飞机托管、改装中心产业化、通用航空器前沿技术支撑于一体的通用航空示范基地建设。当地政府以打造航空小镇为契机,全面推进民生工程。使棚户区改造结合新城建设,突出航空特色结合"五水共治"。同时推进新三院、新文化广场、新便民桥、新沿江公园、新农贸市场、新幼儿园等多个项目建设。并规划和规范了寿昌二月十、天罡拳等一批民间文化事业。这天上飞机、地上压路机、河里挖机的喧闹背后也引来百姓的热议。

设问1:材料中政府的行为涉及了哪些方面的内容?

设问2:政府的资金从哪里来?应该怎样使用好财政资金?

设计依据: 材料二的两个设问逻辑顺序刚好和材料一相反。先问政府行为涉及哪些方面,表层目的是和材料一"人民对美好生活的需求包括哪些方面"形成呼应。更深层次的目的是把学生对大时政的认同,转化为对身边政府行为的认同。身边政府的行为往往涉及人民的直接利益,影响价值判断和选择的干扰更多,引导的必要性更强。设问2的两小问表面看是引导学生学习书本上财政的基础知识,实质上是说明当地政府财政资金的使用是有法律和政策依据的,政府不能随心所欲地使用财政资金。

总之,在导学案的设计开篇用"大政治"和"小时事"的双重材料配合使用、层层递进的设问,最重要的目的就是让学生在对大时政认同的基础上进而对身边政府行为产生具体的认同,为政府改善民生行为给予理解与支持,让课堂教学更接地气。

2.大政治明知,小时事设疑,以知解疑,法治意识落地。大时政材料的合理设计和追问,有助于学生更好理解和落实书本的知识点,这些知识点中有些就涵盖了法治意识这一核心素养。然而,学生的法治意识总体还是比较淡薄的。一旦离开大时政或书本,回归到身边的小时事,特别是和自身或周边熟人有切身关系的小时事,那人情很容易站到法律对立面。双材的配合使用,可以在学生初步形成法治意识的基础上,通过小时事的场景,让法治意识更好地落实到学生的生活之中。

"国家财政"这一课在设计中有通过财政预算、决算、财政支出等知识的教学,明确财政预算、决算必须经过法定程序才有法律效力,提高学生的法治意识这样的学科素养要求。让这样的意识能够与自己身边的情况结合起来,有利于学生把法治意识真正落到实处。

教学案例: 国家财政

环节设计:

材料一: 2017年3月5日在第十二届全国人民代表大会第五次会议上,财政部做了关于2016年中央和地方预算执行情况与2017年中央和地方预算草案的报告,其中全国一般公共预算收入159 552.08亿元,为预算的101.5%,比2015年同口径(考虑5项政府性基金转列一般公共预算等影响)增长4.5%。加上使用结转结余及调入资金7271.08亿元，收入总量为166 823.16亿元。全国一般公共预算支出187 841.14亿元，完成预算的103.9%，扣除地方使用结转结余及调入资金后增长7.4%。加上补充中央预算稳定调节基金782.02亿元，支出总量为188 623.16亿元。收支总量相抵，赤字21 800亿元，与预算持平。

设问：国家预算和决算有什么程序？为什么政府要向人大做财政报告？

设计依据：财政的预算和决算离学生的生活较远。通过材料的问题式分析，学生在了解预算决算的实行过程中明白预算和决算的含义，通过对"政府为什么要向人大做报告"的问答，进一步帮助学生强化我国的政体特征和人大的法律地位。用一材两问的方式既帮助学生理解国家预算和决算，又让学生认识到这一法定程序的必要性，增强学生的法治意识。

材料二：寿昌镇借打造航空小镇的契机积极推动旧城改造。其中，步行街改造为其中一项重要工程，步行街双向都需要进行道路拓宽和旧房拆建。拆迁的过程中政府坚持货币安置与住房安置相结合，尊重百姓的具体要求。黄女士一家住在步行街道路拓宽范围内，其住所是原政府退出的廉价房改房，依规定无法获得赔偿。黄女士一家联系周围居民要求政府增加专项资金对他们进行专项安置。

设问1：政府可以按照黄女士的要求给予资金安置吗？

设问2：如果你是黄女士家亲戚，你如何向她解释政府为什么不能出安置资金？

设计依据：通过材料一的设计，学生初步形成了法治意识。尝试用材料一的知识来解决现实中的问题有特别的用意。设问1要求学生在法治意识的框架内做出价值判断和价值选择，是一次学以致用的飞跃。设问2反向的推导为什么政府不能随意增加资金，引导学生再次联系到国家的预算决算都必须依法办事，而不是随意决定。整个拆迁工作是在依法行政的框架下进行的。两个问题的反复推敲，既要求学生理解政府行为的法律依据，更要求学生认识到处理身边问题不背离法治精神，让法治意识在学生的生活中落地。

3.大政治破难，小时事搭台，回归公民，积极践行。大政治热点经过设计，在突破重难点方面有独特的建树。在此基础上给学生搭建平台，让学生以公民的身份及时参与公共实践，运用小时事具有事半功倍、水到渠成的效果。

教学案例：国家财政

环节设计：

材料一：在新四大发明产生的背景下，许多学生提出了杭州市政府牵头的新四大发明，即共享单车、移动支付、高铁与地铁、网购。这四项发明给杭州人民带来了生活上的无数方便，特别是对缓解交通拥挤功不可没。高铁与地铁的建设在难以引入民间资本的现状下，财政一马当先。同时对于建德、淳安等地形比较复杂目前无法辐射，且人民出行存在困难的两地，财政也给予了一定的倾斜。杭州市政府还设立了大学生创业专项基金。杭州正在向全国全世界展示幸福都市的魅力。

设问：杭州市政府在解决社会主要矛盾中是如何发挥财政的作用的？

设计依据：财政的作用是本节课的一个重点内容，财政的三大作用的区分更是一个难点。让学生理解财政在具体生活中的作用，是破解重难点的有效方法。对具体材料的设问，引导学生阅读书本，了解财政的三大作用；同时，把身边的新四大发明的材料与财政三大作用的表现对接起来，在对当下热点问题的关注中辨析财政的三大作用，达到破解难题的效果，并在更高的立意上体会发挥财政作用是为人民创造美好生活服务。

材料二：古镇寿昌的名字有其历史渊源。"昌"是商贾云集之地的意思，代表经济的繁荣，"寿"是百姓安居乐业之所的意思，代表宜居和幸福。然而随着城镇化的推进，寿昌出现了一个尴尬的现象。私家车进主道导致高峰期十分拥堵，如果用三轮车代替，安全问题会频发；引进公交车会出现投资大、路线短、企业运营难的问题。共享单车同样有企业成本过高、维修困难的问题。

设问：请结合国家财政知识，设计一个破解寿昌上述尴尬问题的方案。

实践作业：把经过反复论证的方案，投入寿昌镇人民政府的信箱。

设计依据：通过材料一的设置，从公民的角度，选用寿昌镇面临的真实问题来设问，引导学生抓住主要矛盾解决具体问题，理解财政是如何为民造福的，努力提升学生公共参与的核心素养。

4.大政治拔题，小时事克难，大小衔接，科学精神生根。

教学案例：国家财政

国家财政中的题目考查的重点之一是影响财政收入的因素，财政的作用。考查的难点之一是如何处理好财政收入与支出的关系。这两块知识理论性比较强，牵涉的知识点比较多，学生总体比较陌生，又缺乏生活经验，理解起来比较困难。在答题中如何理性看待财政在财富分配中的比重、财政赤字的影响，显得尤为重要。

教学环节：

材料一：2017年全国财政收入预计为16.9万亿元，增长5%。数据显示，2013—2016年，我国全国财政赤字规模分别为1.2万亿元、1.35万亿元、1.62万亿元、2.18万亿元，赤字率也从2.1%逐步提高到约3%。

经济保持中高速增长。2013—2016年，国内生产总值年均增长7.2%，高于同期世界2.6%和发展中经济体4%的平均增长水平，平均每年增量44413亿元（按2015年不变价计算）。2017年上半年，国民经济运行稳中有进、稳中向好，国内生产总值同比增长6.9%，增速连续8个季度稳定在6.7%—6.9%。

辨析1：国家财政收入越多越有利于主要矛盾的解决。

辨析2：辨析财政赤字是一种超前消费。

设计依据：财政收入的多少、财政赤字的作用都是需要学生辩证看待的问题，需要在特定的历史过程中坚持具体问题具体分析。通过辨析1，学生理解"在社会财富总量一定的前提下，国家财政集中的财富既不能过多，也不能过少。国家应当制定合理的分配政策，既保证国家财政收入的稳步增长，又促进企业持续发展和人民生活水平不断提高"。由此培养学生在解题中的辩证思想和理性思维能力。在辨析1的基础上，马上同类训练辨析2如何看待财政赤字问题，多数学生在书写第二问的答案时，字里行间已渗透着理性与思辨的思维。

材料二：2016年，市政府及财税部门认真落实市十五届人大五次会议决议，积极执行预算法，实施积极的财政政策，在推动经济转型升级、保障和改善民生、支持重点项目建设、促进各项社会事业健康发展等方面提供了有力保障。

2017年第一学期某校通过大数据网络（该校实行消费一卡通）统计本校学生开学第一周学校超市高一新生消费情况。该周食堂平均消费55元，超市消费平均80元，其中面包、泡面类40元，其他零食类35元。根据书面调查，高一学生除去路费和其他开支，一周生活费平均为125元，个人收支出现了赤字。

活动1：课后收集建德市2016年、2017年的财政收支数据。

活动2：政府、家庭、公民个人都存在收入与支出的问题。收支关系需要结合具体实际进行分析。请以小组为单位，结合实际情况，为我校高一学生设立一份周生活费收支计划，并用所学知识向同学介绍各环节设立的依据。

设计依据：通过活动1引导学生去关心家乡建设，关注家乡变化发展，让学生把对材料一的思辨与理解融入看待本地政府的行政作为中。在此基础上完成活动2，把财政收支和个人收支联系在一起，让学生用答题中的理性思维来批判自己生活中的一些不合理的做法，通过层层推进培养学生科学看待生活、理性指导生活行为的习惯，让科学思维在做题与生活中完成对接，使科学精神在学生心里生根，在行为中发芽。

三、教学实践运用中的思考

一方面，双重时事材料的运用在经济、政治、文化知识模块中收效显著。在《生活与哲学》的教学操作中，大时事的引入比较困难，小时事又更为生活化，双重材料的用法需要灵活的调整；在《国家与国际组织常识》中，大时事容易落实，小时事设问比较困难，需要寻找大量的素材给予支撑，备课要求更高。

另一方面，政治学科的四个核心素养是一个整体的要求。很难在同一课中都让学生逐一落实，这是一个系统的工程。所以在双重材料运用中要结合具体内容并且有所侧重。

总之，双重时材的运用是在教学实践中总结出来的，教学实践又会不断提出新问题新要求，这一方法需要在实践中不断地探索和完善。

参考文献：

[1] 陈瑞丰.苏格拉底自然的教育与德育——从知识产生的过程到价值观[J].上海教育科研,2011(7):18-20.

[2] 石敬珠.基于教师提问策略探讨视角下的课堂观察[J].上海教育科研,2011(9):67-69.

于细"微"处见风情

——微生本化主题设计的德育策略研究

浙江省建德市寿昌中学　童建红

摘　要：现阶段，高中阶段校本化德育主题被广泛运用，也取得了一定的成效，但缺少个性化微生本主题，往往存在以下困境：共性化的校本主题难以引起学生的兴趣；程式化的德育模式难以引发学生的情感共鸣；无衔接的德育评价难以衡量德育的实效，难以推动学校德育持续发展。该文通过针对学生个体的微生本化主题设计，用微文介入规范行为、微图介入约束成习、微仪式介入培养自觉自信三大策略来激发学生的趣、引发学生的情、评价提升德育的效。

关键词：普通高中；微生本化主题 ；德育策略

一、研究的缘起

立德树人是教育的根本任务，"青少年阶段是人生的拔节孕穗期"，在高中阶段德育的作用不言而喻。笔者所在学校每天会安排班主任宣讲课，这一时间段是德育的一个重要环节，对班级管理和学生成长起了很大的作用，但仍美中不足。我们的班级德育更多指向某一阶段的学生和班级的某一方面、某一情境，大多是共性问题，通过关注个体学生的个性而扩散到共性的私人订制模式较少。这样的校本德育主题实行起来还有如下困难：

1. **共性化的校本主题，易失趣**。现行的德育已从校本、生本角度出发，设计了一些德育主题，逻辑严密、内容丰富、阶段性强。如，从高一到高三推进爱班、爱校、爱国；根据月份推进生命教育、迎考教育、友情教育；根据校情安排手机管理、男女生交往、情绪调节等主题。这样的主题预设无疑是从生本、校本角度出发的。但这里的生本还是一个共性角度，比如，在某学期先后进行了手机管理、男女生交往、情绪调节三项主题，这对大部分学生来说是非常有益的。但一个具体德育主题对不同学生或同一学生不同时期的引力不尽相同，或者没有上升到必须进行主题教育的程度，有些学生又存在着其他方面且比较迫切的道德困境。在这样的德育过程中，部分学生容易成为有问题但没机会解决的看客。如何把这部分学生的空白填上值得我们深思。

2. **陈旧化的德育模式，易失情**。德育的模式十分丰富，班会、征文、黑板报各种主题活动都是常见的德育形式。这些程式化德育模式的推进在学生共情方面有所欠缺，许多主题不一定是个别学生所迫切需要的。情感是德育的润滑剂，如何让学生心甘情愿地内化于心、外化于行是重难点。这个转化必须以情感为抓手，心悦才能诚服，诚服才会践行。陈旧化的德育模式容易让学生失情，研究如何让学生的情融入德育之中，意义重大。

3. **无衔接的德育评价，易失效**。教学需要评价反馈，德育同样需要评价反馈。现行德育有诸多的评价反馈方式，如班级考核、学校规章制度、学生素质测评等。这些评价是德育成效的标杆。但这些评价很难针对某一种、某一次、某一班、某一人。这样的评价是整体的、大致的，并不能和具体的多元德育相衔接。如何切实提高每一次德育的实效，建立衔接紧密、反馈及时的评价方式十分迫切。只有及时精准的评价，才能为后续的德育提供有效的依据，让德育成为动态良性的循环。

二、概念界定

微生本主题，指的是关注具体学生的生活细节、学习环境和个性特征，并以此为基础结合校本德育主题形成新的德育主题。其具有生活化、个性化、符合学生迫切需求的特点，如表1所示。

表 1 微生本化主题设计例表

校本德育主题	校本德育主题实施途径建议	微生本化主题	微学情分析	微观察
生命教育	班会征文比赛科普	健康教育	学生王某体质较弱，有胃病，根据统计一学期请假超过 10 次	1. 王某喜欢喝冰水，夏天的早晨都会带两瓶农夫山泉到教室，几乎整个学期不喝热水 2. 家中饮料代替饮水
养成教育	黑板报文明标兵评比	自习课自我约束	学生赵某比较好动、自习课不能约束自己。本人认识到自己的问题，尝试去克服但效果不好	1. 赵某每天会和妈妈通一次电话，单亲家庭，亲子关系密切 2. 赵某在课桌多处留下自己的大学目标（目标都比较高） 3. 10 月 15 日是赵某生日
挫折教育	讲座网络视频	学会坚持	学生李某思维敏捷但比较懒散，做事缺少拼劲和坚持，容易放弃。学习成绩一直在下滑	1. 跑操经常请假 2. 体育课喜欢在树底下闲聊 3. 周二脚磨破了，难得坚持跑了四圈
责任义务	班会、周会、漫画展	小组长责任与义务	小组长小方经常忘记清点作业、点名等一些常规工作。做事比较被动、往往不能自主地参与到班级管理中，经常游离于班级活动之外	1. 小方常说自己只是个小组长 2. 某次班级大扫除，小方一直在整理自己的书桌 3. 小方常与同学提到她是因为原来的组长换位子了才去做组长的

德育不是简单和抽象的，应该是共性和个性的结合。微生本化主题的选择，一方面要考虑到共性，即学校和学生的普遍性；另一方面要回归具体学生的具体生活。德育是为具体学生服务的，关注学生的迫切需求。因此，在选择德育主题时需要从具体学生的生活境遇出发，结合学生的个体特点

进行选择。这样的选择可以最大限度地激发学生的兴趣，寻觅到情感切入点，同时根据学生的个性设计的主题能更好地指导学生解决问题，并能及时反馈问题的解决程度，实现有效的评价。

三、微生本化主题设计下的德育策略

结合微生本主题设计，笔者进行了以微文、微图、微仪式为主要策略的德育实践，并在实践中进行了反复修正。

（一）微文介入，框范行为

微文指的是迎合当下学生微信生活中养成的碎片化阅读的习惯，在特定的情境中根据学生的现实需求书写的具有特殊内涵的简短的文字语句。

1. 微文"反"引导。具体如表2所示。

表2　微文"反"引导

校本德育主题	微生本化主题	微学情分析	微观察
生命教育	健康教育	学生王某体质较弱，有胃病，根据统计一学期请假超过 10 次	1. 王某喜欢喝冰水，夏天的早晨都会带两瓶农夫山泉到教室，几乎整个学期不喝热水 2. 家中饮料代替饮水

微文介入：笔者悄悄地准备了一个水杯，在晚自习下课的时候又悄悄地放进小王的课桌，并在水杯上留下这样一段微文："为师关心家乡的经济，希望农夫山泉大卖，你比为师做得更好，每天都在行动；悄悄告诉你一个秘密，其实学校的开水也是源自农夫山泉，为师希望接下来能够看到你的博爱哦！"

设计思考：本次德育的目的是希望学生能改变以往固有的行为，如直接要求学生不买矿泉水不合理，也不合情，直接送学生杯子又显得突兀。微文介入用引导的方式让学生改变原有的行为，走向相反的方向。微文中调侃式的语言显得更加自然,相信学生能够感受到关怀,并更容易接受,易于被引导。微生本化的主题能激发学生的趣,恰到好处的微文能引发学生的情,层次性的语言能引导学生的行。这样一来,操作后期的衔接性评价也容易跟上。一段时间后,老师观察到王某使用杯子灌水的次数较多,说明第一阶段的德育目标已完成,学生的行为得到初步的改变,德育可以朝着第二阶段发展。

2. 微文"正"强化。具体如表3所示。

表3 微文"正"强化

校本德育主题	微生本化主题	微学情分析	微观察
挫折教育	学会坚持	学生李某思维敏捷但比较懒散,做事缺少拼劲和坚持,容易放弃。学习成绩一直在下滑	1. 跑操经常请假 2. 体育课喜欢在树底下闲聊 3. 周二脚磨破了,难得坚持着跑了四圈

微文介入:笔者批改作业的时候,悄悄地在小李的作业本中夹带一双袜子,并贴上小便签留下微文:"今早老师发现了一个坚强的女同学,忍着剧痛奔跑了1200米,让人敬佩。原来你是如此坚强,为师精心挑选了勇士袜一双,望爱徒把这份坚强带到学习中,看到你的袜子就会想起你的坚强,每天关注你哦!"

设计思考:本次德育的目标是希望强化小李坚持的品格,把跑步坚持的这一面迁移到平时学习生活中。如果在小李散漫的情境下去刺激和批评教育,容易引起她的反感和挫败感,让被教育者始终处于一种犯错的阴影中。而正面的渲染与期望会给学生以积极的情绪体验,用情感去支撑行为、塑造品格。衔接性的评价也能及时跟上,后面可以通过持续观察,去巩固和调节本次的德育成果。

(二)微图介入,约束成习

微图指的是特定情境下拍摄或制作的具有特殊内涵且易于呈现保存的照片和图片。学生看到微图就能引起某些情感记忆,或产生情感共鸣,进而来约束自己的行为。

1.微图"内"共情。具体如表4所示。

表4　微图"内"共情

校本德育主题	微生本化主题	微学情分析	微观察
养成教育	自习课自我约束	学生赵某比较好动、自习课不能约束自己。本人认识到自己的问题，尝试去克服但效果不好	1.赵某每天会和妈妈通一次电话，单亲家庭，亲子关系密切 2.赵某在课桌多处留下自己的大学目标（目标都比较高） 3.10月15日是赵某生日

微图介入：在军训的最后一天，学校邀请了家长前来观礼，恰好学校举办了高考奖学金颁发仪式。笔者要求学生和家长在主席台奖学金广告牌前合影，为军装照留念。在10月15日这一天安排了以下班会。

师：同学们，今天我给大家讲一个历史上发生的生死攸关的故事。

生：（表情激动，充满期待。）

师：故事发生在十七年前的一个夜晚。（播放动画——婴儿诞生的过程）

生：（捂嘴憋笑，不明所以。）

师：动画中诞生的这个娃，就是我们小赵。（播放自制视频——小赵从小到大的照片。）

师：（配乐朗诵—《约束自己、成就自己》。请小赵上台。）

师：（送出礼物——小赵与母亲在奖学金广告牌前的留影相片，并把它放在小赵的桌子上。）

师：（提出希望，让小赵妈妈一起见证小赵努力的每一天，三年后能再次站上那个位置。）

设计思考：小赵好动，虽然自己已经认识到了，但难以约束，因而要设法让小赵内心产生自律驱动。而在小赵的生活中可以发现存在两股动力，一股来自母亲，另一股来自对大学的期待。而两股力量又可以形成合力：妈妈期待小赵上理想的大学。于是以微图即小赵与妈妈合影的照片为载体，借助小赵与妈妈的情感来帮助小赵自习课更好地约束自己。一看到奖学金广告牌前的照片,就能引发内心对母亲和理想的情感,通过内心共情用殷切的期盼代替无力的说教。无形中把教师所希望表达的意思传递给小赵。感情的点燃是第一步,后续的反复提醒更重要,这样的一张照片随时可以欣赏,比教师说教与惩罚来得更有情更有效。衔接性的评价同样能体现在小赵后续的行为中,可以根据小赵行为的变化不断改进德育的细微环节。

2.微图"外"化行。具体如表5所示。

表5 微图"外"化行

校本德育主题	微生本化主题	微学情分析	微观察
养成教育	自习课自我约束	学生赵某比较好动、自习课不能约束自己。本人认识到自己的问题,尝试去克服但效果不好	经过第一次微主题教育,小赵在前三天的表现很好,坐姿特别正,特别是第一天早上坐得像个标兵

微图介入:在第一次德育的基础上通过一周的观察与收集,找到小赵上课坐姿最端正的几张照片,让全班同学进行了挑选和评价,并经过处理,把它做成班级电脑屏幕的"本期桌面背景",把小赵的最美坐姿当作班级的规范坐姿。

设计思考:通过第一次的微主题教育,小赵已经开始约束自己,但这种约束是有时效的,并且容易出现反复。如果把这种约束外化成标准的行为让自己认同并强化、坚守,则更有利于养成好习惯。利用微图即班级桌面这个载体进行正向熏陶,就是一种尝试。用他人眼中的美好来框范约束自己并逐步养成习惯,最终成就优秀的自己。这样的微德育同样应该有衔接性评价,要持续观察、记录后期的表现,并有下一阶段的跟进。令人惊喜的是,小赵的表现还给班级带来积极正面的影响。

(三)微仪式介入,培养自觉自信

微仪式是指在特定的情境下,班级中进行的正式而简约的仪式,具有正式性、简约性的特点。德育不一定有声,并不是所有的德育都需要说出来,有时可以是一个简单的动作。一个简约的仪式可以达到意想不到的效果。

1.微仪式，勤示范。具体如表6所示。

表6　微仪式，勤示范

校本德育主题	微生本化主题	微学情分析	微观察
责任义务	小组长的责任与义务	小组长小方经常忘记清点作业、点名等一些常规工作。做事比较被动、往往不能自主地参与到班级管理中，经常游离于班级活动之外	1. 小方常说自己只是个小组长 2. 某次班级大扫除，小方一直在整理自己的书桌 3. 小方常与同学提到她是因为原来的组长换位子了才去做组长的

本次德育的目标是通过微仪式来增强小方的责任感和班级主人翁意识。

微仪式介入：每周一的清晨举办微仪式"我是组长"。

第一阶段：班长起立宣布组长名单，组长站军姿，全体同学鼓掌两分钟。

第二阶段：组长带全体同学朗读组员须知。

第三阶段：组长宣读组长守则。

第四阶段：组长在小组成员的考核表上签字。

设计思考：小方的问题在于不能正确认识组长的重要性，不能全面掌握组长的工作和职责，并且感觉自己组长职位名不正言不顺。这样的微仪式简单省时，但给小方带来的冲击是多重的。通过同学的肯定为组长正名，用军姿、宣誓、签字的方式让小方明确自己的责任和义务，知道做什么、怎么做、做到什么程度，认识到自己工作的重要性和意义。如果用说教、与其他优秀组长对比这样的方式来教育小方很可能会让她更加消极。而这样的正面引导更能带给她正能量，让组长的责任和义务成为一种自觉。后期小方的行为可以很好地成为衔接性评价的依据，便于德育实施者跟踪记录。

2.微"仪式"重褒扬。具体如表7所示。

表7　微仪式，重褒扬

校本德育主题	微生本化主题	微学情分析	微观察
自强自信	悦纳自己 崇尚学习	小吴成绩优异，但学习的动机不强，对自己的外形比较自卑，自我保护意识强	经常会流露出一些"学习好有什么用，长得好人家才喜欢，以后生活才幸福"这样的言论

本次德育的目标是通过微仪式来增强小吴的自我悦纳感，认识到学习优秀的重要性，从学习的角度去体会幸福。

微仪式介入：教师和学生利用网上定制的塔模型进行加工，加入班级元素、精心设计，并赋予新的内涵，命名为"荣誉之塔"。在每次的学习检测中对表现优异者进行授塔仪式。

第一，班长托塔解读塔的班级元素与内涵；第二，团支书朗读为同学们量身打造的颁奖词；第三，班级形象代言人对优胜者进行授塔仪式，小吴立正接塔、全班鼓掌；第四，小吴在班长护送下把"荣誉之塔"放置在自己的书桌上，并书写守护荣誉宣言。

设计意图：小吴的语言流露出的自卑与自我保护心理有很大的关系。小吴自身的优势是学习成绩好，而她本身并没有认识到自己的优秀和学习的重大意义。所以如何让小吴更好地接纳自己，认识到自己学习的优秀是一种重要的品质，可以作为突破口。微仪式的正式感和仪式感可以让小吴在同伴的肯定中更好地肯定自己，利用寓意特殊的"荣誉之塔"这个标志物在小吴心理上产生反射链，让她把自己的行为和优秀联系在一起，不断去肯定自己。在这样的微仪式中培养自信，完善性格，更加自强。

四、微生本化主题设计下的德育策略的成效

学生是一个可塑体，内心是波动变化的，因而德育是长期的动态过程。

因为笔者的持之以恒,微生本化主题设计下的德育策略实践获得了阶段性的效果。

1.**破解德育困境**。通过微文、微图、微仪式的介入,学生在行为、言语、心理等方面都获得了巨大的成长。这种成长从个别学生开始逐渐影响了集体,更好的集体又影响了学生个体,形成了良性的循环。对学生和班级的后续统计观察,能给前期的德育策略效果以更及时、更精准的评价,为后一阶段的德育修正道路、指明方向。

2.**增强德育情趣**。针对学生个体的主题设计无疑能让学生欣然接受,学生作为主体自然而然地投入德育的情境中,整个过程又以情感为线,尽显人文关怀、温情十足。

3.**形成和谐关系**。通过微文、微图、微仪式打破教师和学生的交流壁垒,破除课堂德育的中间障碍,让所有的学生个体都有机会直接与老师交流。同时这种既管理又不失关爱的德育策略改进了师生关系,让师生相处更和谐,更好地发挥老师的作用,更有益于学生的发展。

参考文献:

[1] 吴小霞.班主任微创意:59招让班级管理脑洞大开[M].上海:华东师范大学出版社,2018.

[2] 袁孟斌.新课程背景下教研策略与实施的转变[J].上海教育科研,2011(7):40-41.

[3] 张星.和美教育[M].北京:人民出版社,2018.

从林自有幽径在

——初中生非连续性文本阅读能力提升策略初探

浙江省建德市乾潭初级中学　吴晓君

摘　要：该文以人教版七年级"历史与社会"教科书为例，基于非连续性文本资源使用的丰富性、运用的适切性和教学的组合性探讨教学中的运用策略，引导学生掌握读图方法，培养学生的地理探究意识和实践能力，提高学生提取有效信息的能力和空间想象能力，激发学生学习地理的兴趣和爱国主义情感。

关键词：非连续性文本；地理教学；运用策略

一、研究缘起

（一）现状分析

1.**研究背景分析**。从2014年起，笔者开始对八、九年级的历史主题图片教学开展研究，从教材插图以及教材外的漫画图片角度分别申报了课题并形成了结题成果。经过几年的实践发现，学生的学科思维能力和解决问题的能力得到一定的提高。通过对学习历史的兴趣态度、学习行为与学习能力等方面做问卷调查，结果显示，大部分学生的读图意识都有了明显的增强，并且注重理性思考，学习历史的兴趣和解决问题的综合能力有了一定的提升,如图1—图4所示。因此在原有基础上对七年级的地理类图表教学也开展了研究,希望通过本课题的研究,形成系列有效的非连续性文本的教学策略,能在一定程度上提高教师运用各类图表教学的能力,也为课程资源建设积累素材。

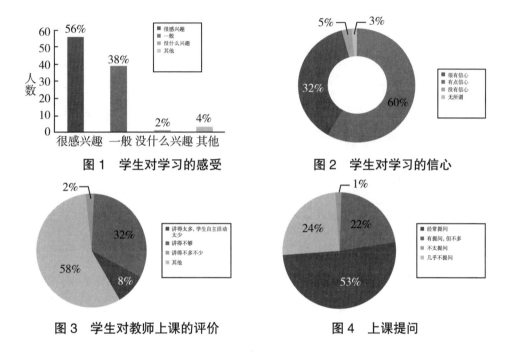

图1　学生对学习的感受

图2　学生对学习的信心

图3　学生对教师上课的评价

图4　上课提问

2.**教学背景分析**。目前初中地理课堂非连续性文本阅读教学存在的问题有:

(1)学生非连续性文本的阅读能力较弱。学生对地图及非连续性文本是很感兴趣的,但是由于阅读能力和解读层次较低,对此类文本缺乏相应的读图方式指导和训练,学生地理思维能力的培养在一定程度上被限制了,这就需要教师加以指导并落实。

(2)教师对非连续性文本资源的利用效率低。教学中,有相当一部分教师对地理教科书和配套光盘中形式多样的非连续性文本资源的作用认识不到位,甚至有个别教师在教学环节的设计上并未充分关注地理性和空间性,忽略了指导学生看图这个步骤,导致这类资源很多时候没有发挥其应有的功能。有些教师在操作过程中出现了一些不合理的做法，设计的问题缺乏深度，重要的学习内容在学生的眼前雁过无痕。

（二）课题提出

七年级"历史与社会"侧重研究地理方面的内容，"无图不地理、无图不成题"，对地图等各类非连续性文本的阅读指导是本学科的重要特点，同时也是地理教学内容的重要组成部分。地理是研究地理事物的空间分布及其规律的一门学科。其研究对象在空间上分布广泛，需要用各类非连续性文本来表示地理事物和现象的分布特点。在地理教学中，培养学生对非连续性文本的阅读能力、地图与这些非连续性文本组合阅读的综合分析能力、地理读图能力、地理认知能力和地理实践能力，提高综合学习能力，这是地理教学的重要使命。同时这也是对传统的地理教学的提升，有助于培养学生的学科核心素养。

二、研究设计

（一）研究目的

地图是地理教学的工具和初中地理学习的重要内容，被称为"地理学的第二语言"，它与其他非连续性文本一起构成学习地理的重要载体。本课题意在通过对人教版"历史与社会"地理部分教学中常用的非连续性文本进行分类，结合课例分析，探讨教学中的运用策略，引导学生掌握读图方法，培养学生的地理实践能力和探究意识，提高学生提取有效信息的能力和空间想象能力，激发学生学习地理的兴趣和爱国主义情感。

（二）概念界定

非连续性文本：又称"间断性文本"，它不是由逻辑或语感严密的段落结构层次构成，而是基本由数据表格、图表和曲线图、图解文字组成，如凭证单、说明书、广告、地图、清单、时刻表、目录、索引等[①]。

地理教学中的非连续性文本,按呈现形式,地理教学中常用的非连续性文本可分为地图、景观图、示意图、统计图、数据表格、阅读卡等,它们构成了地理教材的重要组成部分,也是地理教学的重要工具。

(三)研究内容

根据非连续性文本资源使用的丰富性、运用的适切性和教学的组合性,通过对非连续性文本内容的深度分析,提出相应的教学策略并总结研究成果。

(四)研究路线

研究路线可以用下面的思维导图来表示,如图5所示。

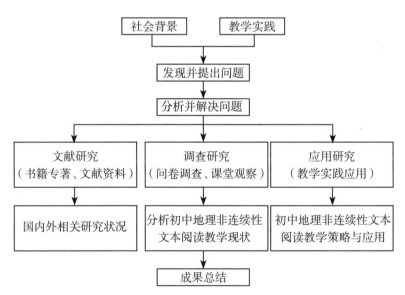

图 5　研究路线思维导图

---

① 国际学生评估项目中国上海项目组:《质量与公平上海2009年国际学生评估项目(PISA)结果概要》,
上海教育出版社2013年版,第8页。

三、非连续性文本阅读在地理教学中的操作

人教版七年级"历史与社会（上册）"图表类非连续性文本第一单元有40幅，第二单元60幅，第三单元86幅，第四单元42幅，另有15张阅读卡，共计243幅，占教材的总篇幅60%以上。这些非连续性文本蕴含了丰富的地理学科知识及人文素养知识，它们形象直观，易引起学生学习兴趣，尤其有助于在思维方式上以形象思维为主的初中生的地理学习；它们内容丰富，又极富学科特色，也十分有助于教师结合学生认知规律，将其运用于初中地理课堂教学。教材中的非连续性文本是为说明教学内容而服务的，几乎每课都有十几幅甚至更多的图表类信息，如何利用这些非连续性文本教学，什么时候运用这类资源教学，必须事先对它们的内涵和作用有很好的解读。

（一）深挖非连续性文本资源，即教材资料中非连续性文本的深度使用

1.**充分明确教材非连续性文本与地理知识体系的关联。**教材中呈现的地理非连续性文本是以景观图、地图、地理示意图、数据表格、阅读卡等具体形式表达的，从编排上看，它们看似单独存在，事实上，它们不是孤立的一幅图或一张表，而是具有地理特点，并与教材有机结合的。在教学中，应尽可能地针对自然、人文、区域等不同的地理知识体系，好好利用教材中的非连续性文本，还有我们手头上的地理图册，根据每个国家地形图上所显示的地理事物，找到它所对应的该国重要的自然地理环境特征，以及教材上每幅景观图所蕴含的区域人文特点。网上搜索的一些动态分布图，可以将这些补充材料与教材中的地理示意图做好信息的互补，如图6所示。

2.**透彻分析教材非连续性文本与教学三维目标的联系。**教材中呈现的非连续性文本是基于三维目标中的哪个角度使用的？是在知识与技能目标中运用，在过程与方法的教学目标中达成，还是在情感态度与价值观中渗透，教师都必须做到心中有数，认真分析本课的非连续性文本更适合达成哪一层级的教学目标，或者三维目标中全部涉及。不同的图片该用什么方

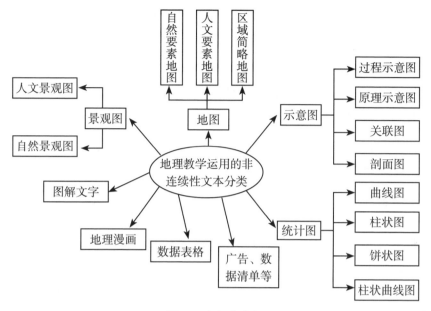

图 6 动态分布图

式呈现,是课堂教学还是试题命制,是情境创设还是材料的选择,等等,需
要教师去引导,还要考虑到课堂上学生的反应,所以教师自己首先要读懂材
料,要力求对材料中的每一个细节进行琢磨研究,从学生的角度寻求教学
的切入点,如图7所示。

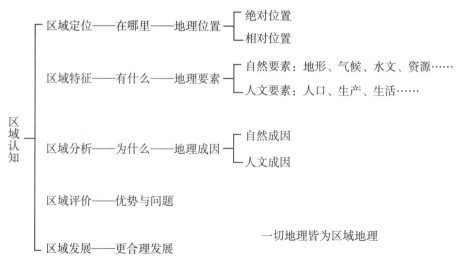

图 7 区域认知图

3.深度挖掘教材非连续性文本与学生思维习惯的关系。"历史与社会"中地理部分的教材内容是遵循学生的认知特点进行编排的,即由具体事物到抽象事物再到具体事物。教材中呈现的非连续性文本形式也符合初中学生的思维习惯。在明确教材非连续性文本与地理知识体系的关联后,教师要针对各类地理非连续性文本的特点,从它们的具体形式分析蕴藏的地理信息和所要表达的意思,而对它们的运用同样需要符合学生的思维习惯。

七年级教材的地理类插图,大多表现地理事物现象的空间分布规律,在教学过程中教师可以巧妙地利用好这些素材,培养学生的空间想象能力。初中学生普遍存在空间想象能力弱,女生比男生更弱,这就给教师的教学提出了难题。在教学中,教师需要借助这些非连续性文本引导学生认识空间事物的位置,通过对地理事物位置的认识从而掌握地理现象的空间分布情况,学生在头脑中形成相应的空间概念。实践证明,反复的训练是增强学生空间概念的可行办法,除了视觉记忆,还可以动手操作,记忆能更加深刻。学习七大洲和四大洋时,学生通过阅读教材上的大洲分布图,从图中能直观地看到七大洲和四大洋的地理位置,通过描述它们的相对位置即每个大洲和大洋的东西南北分别都是哪个大洲和大洋,以及分析它们的形状特征,可以增强记忆。这时候再增加一个环节,让学生不看书本画出七大洲和四大洋的简图,学生如果真正掌握了七大洲和四大洋的位置,应该能够很快通过回忆再现情景。通过这样的学习,学生对本节课的内容就会掌握得比较扎实,培养了学生对地理事物空间分布的认识方法。

(二)读透非连续性文本信息,即研究每一类非连续性文本的判读方法

掌握每一类别的非连续性文本的阅读判读方法与技能,是之后阅读非连续性文本组合图的前提和基础。可以先进行图文转换:第一步,以文释图解读信息;第二步,以图解文提取信息;第三步,图文并茂整合信息。一般情况下,课堂教学中图文转化提出的问题主要有以下几个:(1)观察图上是什么景观?(2)该景观所处的地理位置在哪里?(3)这个景观所表达的地

理现象是什么？（4）景观图中地理现象产生的原因是什么？（5）这些地理现象对人们的生产生活会有什么影响？学生读景观图时解答这一系列的问题，由表及里，认识到景观图所表达的地理原理和地理现象，更深层次地挖掘这些地理原理和地理现象产生的原因及其影响。接下来重点结合最常用的四类非连续性文本——地图、景观图、地理示意图和地理统计图的判读方法做研究。

1.景观图教学。景观图是对地理事物和现象真实形象的储存和再现，按内容可分为自然景观图和人文景观图。其表现形式和手法多样，常见形式有景观照片、素描、卫星照片、航片等。景观图的真实感、丰富性与生活化，使运用景观图开展地理教学，在引发学生的学习兴趣、唤起学生生活经验、启迪思维、改变地理学习方式等方面具有独特的作用与优势[2]。

景观图对学生的吸引力比较大，尤其是七年级的学生，初次接触历史与社会学科，教材中景观图比较典型、直观、形象，对他们来说吸引力是比较大的，能激发学生学习地理的兴趣。在教学的过程中，教师若能充分合理地利用好丰富的景观图，不但能激发学生学习地理的兴趣，还能提高学生的审美能力。

教学《文化艺术之都：巴黎》的一个片段：（1）观察地图，说说巴黎最著名的建筑有哪些。（2）它们主要集中在什么地方？（3）推测一下，为什么这些建筑要沿河分布？请你选择其中的一个建筑，根据它的特点来对其进行介绍。通过一系列问题的设置，培养学生从地图中获取信息的能力。通过对建筑的介绍，学生对巴黎的著名建筑有一个历史的认识，从而感受巴黎建筑艺术之美，也为下一活动做好准备。

---

② 江晔：《让"地理景观"开启地理学习之门》，《地理教学》2005年第1期，第15页。

2.地图教学。地图是按一定数学法则，运用符合系统和地图概括原则，缩小表示地球上各种自然和人文现象的空间图像表现形式，一般分为普通地图和专题地图③。

地图具有形象、直观的作用，可以培养观察力、想象力、发展思维能力和记忆能力，可以进一步明确地理事物的空间分布、空间联系、空间组合。地图的研读贯穿于学生的学习，在日常生活中也是实用的本领。在我们生活中往往要用地图，行政区划图、旅游图、导游图、交通图等都会用到，它就是生活中的一种工具。学生在初中的时候掌握了阅读地图的技巧，学会分析地图中的问题，相当于掌握了学习地理的工具，以后在高中阶段的地理学习就会相对比较轻松。从中考和高考的考题中我们也可以看出地图是必考内容，所以从功利的角度去看，地图也是我们必须完成的学习内容。

导入或新课讲授的过程中，教师可以以图设疑，将插图与问题结合起来，引导学生积极思考，激发他们的好学心理，培养学生学习兴趣。在教学时教材中的每一幅地图教师都可以提出"是什么""在哪里""有什么"，教师在此基础上进一步可以提出"为什么""怎么办"，教师的引导，由表及里、由浅入深，提高和深化学生的思维程度和认识水平，学生能逐步体会和掌握读图的方法，提高阅读地图的能力。

教学《世界气候类型的分布》时，教学目标要求能在地图上说出热带、亚热带气候的分布规律和主要分布地区，分析各种热带、亚热带气候的气候特征。教师出示教材中的"世界气候类型分布图"后引导学生读地图标题，明确地图的主题是什么，然后指导学生阅读地图图例，通过设置疑问的方式，引导学生阅读，让学生找出世界上一共有多少种气候类型，进一步提问热带、温带和寒带各有哪些气候类型，学生如果在图中能区分出热带、温带和寒带各地区的气候类型，那么也就对前面所学习的五带的划分掌握了，其中热带季风与热带草原的气候类型较难区分，需要通过气温降水图的区分比较才能掌握。对于"亚热带"一词应该首先让学生理解。这样一来，区分热带季风气候

---

③ 李家清主编：《新理念地理教学论》，北京大学出版社2011年版，第146页。

和亚热带季风气候又有了难度，需要反复对比才能熟练掌握。在此基础上出示温带大陆东岸、大陆内部和大陆西岸气候类型的分布图，让学生从海陆位置来学习温带气候在大陆东岸、大陆内部和大陆西岸是怎么分布的，此后教师还应提出各种气候的特点和这些气候类型为什么这样分布，引导学生继续思考学习。这样的教学不但使学生学会了怎样阅读地图，也突破了本课的重难点。

3.地理示意图教学。地理示意图，是一种简明形象的图形，它是对地理事物的特征（如轮廓、形态、结构、联系、过程等方面特征）示意性描述的图。一般用来说明地理原理以及地理现象的成因、演变等。其通常可将一个复杂的空间结构和运动规律用简单明了的符号和构图表示得清楚而深刻。示意图表现形式简练、内容突出中心，具有很强的概括性，是将形象化与抽象化的表现手法融为一体的教学用具[④]。

初中阶段对地理示意图的学习为高中阶段的学习积累了经验，使高中阶段地理示意图的学习相对简单和轻松。其实，任何一门学科都不是独立的，地理也是一样的，不光"历史与社会"教材中有示意图，其他很多学科中同样也有示意图。通过对地理示意图的学习和分析，在其他学科上也能用同样的方法去分析和使用，学生学习的效率进而得以提高。

地理示意图一般用在试题的命制中，从近几年中考的考题来看，这类型的题目出现的概率还是相当高的。它用来描述和演示地理事物特征，用来解释地理原理和地理规律，或者用来演绎地理事物发生的原因、过程、特征和影响该事物变化的各种因素之间的关系等，具有表现形式简练、概括性高的特点。在教学过程中，我们一般采取几个步骤，首先读图分析内容和功能，从图中获取解题所需要的信息，在读图基础上结合题意，回顾与之相关的知识，最后紧扣题意准确答题。

如图8：我国地域辽阔，不同地区自然环境差异大，依据各地的地理位

[④] 北京师大高等师范专科地理专业教材编委：《中学地理教学法》，高等教育出版社1987年版，第133页。

置、自然环境和人文特点，可以将我国划分为四大地理区域，读图选出下列说法中正确的一组。题目给出的几个备选答案：A线大致与我国季风区与非季风区分界线一致，B线大致与南方地区与北方地区的分界线一致，坡度根据分析，我们可以得出结论：乙位于南方地区，民居墙体高，屋顶坡度大，有利于排水；丙位于西北的内蒙古，而牦牛、藏山羊位于青藏地区。

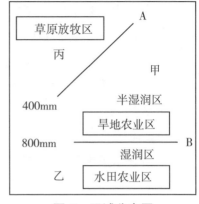

图 8　区域分布图

　　我们发现地理示意图表达的内容较复杂，需要学生有一定的理解能力和知识积累，教师要有一定的教学能力。笔者通过对地理示意图的教学实践发现，在地理课堂教学活动中，教师不仅要对示意图附加文字说明，必要的时候还要把示意图和地图、图表等结合起来帮助学生学习。有的地理示意图是立体图，初中学生空间想象能力差了点，尽管教师对示意图附加了文字说明，但学生还是无法理解，这时候教师就要把立体图转化为学生容易认识的平面图，通过平面图的过渡教学，帮助学生加强对立体图的理解和学习。教材中有些地理事物的形成过程和地理原理是用示意图表示的，但是学生不能通过示意图直接理解，教师在教学中要灵活处理。

　　4.地理统计图教学。地理统计图，是揭示地理事物数量规律的形象化、直观化工具。其最大特点是信息简明扼要、发展性强，往往可以把抽象的内容具象化，这将有利于培养学生的综合思维能力和定量分析能力。

　　人教版初中"历史与社会"教材中出现的统计图比较多，有饼状图、扇状图、线状图、柱状图，七年级教材中出现的统计图主要以线状图和柱状图为主。教学目标中要求学生能够快速、全面、准确地获取图形语言形式的地理信息，包括判读和分析各种地理图表所承载的信息；能够运用地理基本技能，如地理坐标的判读和识别，不同类型地理数据之间的转换，不同类型地理图表的填绘，地理数据和地理图表之间的转换，解决生活中的实际问题。

地理统计图的特点就是直观化和数字化，缺少文字描述，所以针对地理统计图学习的重点就是将插图进行文字转换，学生在进行图文转换的学习过程中能真正理解地理统计图所表达的地理信息，并从中提取出重要的地理信息。在初中地理教学中，统计图的教学常常采用的方法也是图文转换，也就是指地理统计图与数据表格之间的变换。教师引导学生把地理统计图转换为表格和数据，通过对表格和数据的分析理解地理统计图所要表达的含义。

以"气温和降水"一课为例，气温和降水是气候的两个基本要素，所以对一个地区气候的分析就从该地的气温和降水量入手。如图9所示。从学情看，在之前我们学习了世界气候，知道气温和降水是反映气候特征的两个主要因素，学生也具备了解气候的初步基础知识，拥有一定的气候图判读能力以及从地图中提取、分析、归纳地理信息的能力。但是，学生在初一学习的是大尺度空间的气候分布，对于区域气候还不是很熟悉，从生活周围体验到的感性认识还不够深刻。本节课根据课标要求和教材内容的特点，结合学生实际，充分利用地理课件，将文字、图形、动画等媒介综合在一起，创设直观性与探索性相结合的教学情境，以强化教学的直观性。通过设置问题、启发诱导、读图分析、观察对比、分组讨论等方法进行教学，以提高课堂教学效果。以下节选了一部分课堂实录。

师：请同学们读图，我们一起来了解分析气候特征的方法。同学们先读出图9中的横、纵坐标各表示什么地理量。

生：从图9中可以看出，横坐标表示的是月份，左边的纵坐标表示气温，右边的纵坐标表示降水量。

师：非常好。我们继续来看，从图9中黑色的气温

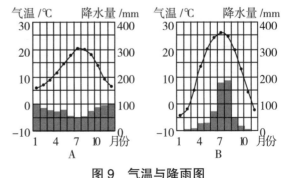

图9　气温与降雨图

曲线图中，我们能得出什么结论？请大家把答案填写在学案上的表格里。

生：（读图完成表格的内容）。

师：接下来请大家根据表格中的数据来回答我的问题。这张图主要反映了哪些信息？

生：这张图主要反映的信息有：该地的冷热状况，该地各月的气温和最冷月份最热月份的气温。

师：根据大家说的我们可以总结出该地的气温特征。那么从图9中灰色的降水柱状图，我们又能分析出什么信息？

生：从灰色的降水柱状图中，我们可以读出该地的干湿状况，哪几个月份降水多，哪几个月份降水少。

师：非常好，根据同学们所说的气温和降水情况，我们是不是就能总结出该地的气候特征呢？

生：是的。

师：接下来看两地多年来的平均各月气温和降水量，结合刚才我们所用的方法，大家一起通过A地多年平均各月气温和降水量图来分析它的气温和降水情况。

生：从气温上看，A地最冷月的气温高于0℃，最热月的气温为20℃，由此我们可以得出结论：该地冬季温和，夏季不热。从降水量上看，A地全年各月的降水量都比较充裕，而且每个月分配得也比较均匀，所以可以总结为全年湿润。

师：大家回顾一下我们学过的气候类型中，符合冬季温和、夏季不热、全年湿润这个特点的气候类型是什么呢？

生：温带海洋性气候。

师：很好。接下来用同样的方法，我们来分析B地的气候特征和类型，哪个同学可以来试试？

生：从气温看，B地最冷月气温低于0℃，最热月气温高于25℃。因此，B地夏季炎热，冬季寒冷。从降水量看，B地夏季降水量多，冬季降水量少。所以说夏季多雨，冬季少雨。

师：综合以上所说的，符合这一特征的气候类型是什么？

生：温带季风气候。

这个地理统计图的教学案例，在教学过程中采用了图文转换的教学方式。初中生面对这类型的题目，很有必要进行图文转换，这样才比较符合初中生的认知规律和特点，因为七年级的学生对统计图的认识不够，很难从图9中直接读出气温和降水的变化情况。案例中教师通过引导学生读图，分别把气温曲线图和降水柱状图中的数据转换成学生常见的表格形式，学生根据表格中的数据来总结气候特点，让学生通过分析图A推导出学习的方法，进而趁热打铁，分析B地的气温和降水情况，进而总结气候特征。学生掌握了图文转换的方法并能应用，为以后学习地理统计图奠定了基础。

（三）关联非连续性文本要素，即不同类别的非连续性文本的组合运用

1.景观图与地图组合，抓"综合"重"联系"。景观图与地图的组合是很常见的，在七年级上册的整个第三单元"各具特色的区域生活"和七下第六单元"一方水土养一方人"中每一课都有这样的组合，这两个章节通过对具体区域的分析，学生掌握了案例分析法，明白地理事物受多种因素影响，学会综合分析问题。

在学习了湄公河平原之后，教材选取了美国中部大平原进行对比。本区域商品性农业特色和经营上的重要特色是高度机械化，要熟悉在这种环境下人们的生活图景，明确科学技术对农业生产的重要影响。教学中，首先根据地图描述美国中部平原地区与山脉、河流的相对位置。而后呈现后两幅图，从地形、气候两个方面分析美国中部平原地区的自然环境。引导学生思考美国中部平原地区的自然条件与湄公河平原有哪些相同和不同之处。相同之处：都是平原，地势低平，土壤肥沃；都有河网分布，有利于灌溉。不同之处：美国中部平原地处中纬度地区，热量和降水都不如湄公河平原，因而是小麦、玉米和大豆的主要产地。最后指导学生从生产工具、生产效率、人均产量等方面概括美国农业生产的特点。美国拥有世界上最发达的农业，通过这几张图片的组合观察，可以感受美国中部平原地区的景观，同样是平原地带，展现出了与

湄公河平原完全不一样的景观特色。

通过对先进农业生产科技的学习，学生认识到人类具有认识自然、改造自然的能力，同时又明确人类活动必须遵循自然规律才可使农业得到可持续发展的观点。所以用好这些丰富的景观信息，与对应地图的组合阅读，对启迪学生思维、改变地理学习方式十分有效，在无形中突破了本课的重点，达成了情感目标。

2.地图与地图组合，抓"对比"找"异同"。地图与地图组合，即通过两幅及以上地图合并使用来获取地理信息。这可以是同类别地图的合并使用，如世界政区图与亚洲政区图的同步呈现；也可以是不同类别的，如亚洲地形图与亚洲气候类型图合并使用，为解释该洲气候的成因。

比如，学习亚洲气候特征时，同时呈现"世界气候类型图"与"亚洲气候类型图"，引导学生识读出世界12种气候类型中亚洲气候类型所占的数量和比重，突出亚洲气候类型复杂多样的特点，进一步提示：世界独有的三类季风气候在亚洲东部的沿海地区都有，"季风气候显著"是亚洲气候的又一显著特点。关于季风与非季风区分界线的教学，还是可以通过地图与地图的组合来设计的。

课件出示中国地形图和季风区、非季风区及季风的活动图，指导学生进行思考：①我国的夏季风和冬季风的风向有什么不同？从什么地方来？②我国的夏季风和冬季风各有什么特点？③季风主要影响到我国的什么地区？④我国季风区与非季风区以什么为界？界线是什么？⑤请同学们在中国地形图上描出我国季风区与非季风区的分界线。根据学生的回答归纳：①夏季风主要是从太平洋和印度洋吹来的偏南风（东南风和西南风），冬季风主要是从西伯利亚和蒙古吹来的偏北风（西北风和东北风）；②夏季风湿润、温暖；冬季风寒冷、干燥；③季风主要影响我国东部广大地区；④以山脉为界，界线是大兴安岭—阴山山脉—贺兰山—巴颜喀拉山脉—冈底斯山脉（大鹰喝八缸）。

本堂课的教学中，教师不仅关注了地图这类重要的非连续性文本的运用，还对教材提供的非连续性文本分析到位，并且运用了两图叠加使学生的学习由温故旧知达到收获新知的效果。

3.**示意图与地图组合，抓"原理"重"理解"**。对地理规律或原理等难点问题的学习，运用地图与示意图的组合阅读较适宜。有一年的中考题将三幅图综合如下：示意图学习是初中生的一个认知难点，所以在进行地图与示意图组合阅读教学时应谨慎设计，需根据教学实际与"学情"而定，而运用的关键在于教师对地理问题的分析应透彻到位，且讲解演示的过程应与学生的反馈同步。

4.**统计图与地图组合，抓"新知"拓"视野"**。分析自然地理难点问题时，较适合运用地图与统计图的组合阅读。在分析班加罗尔IT产业为什么能迅速发展，有哪些方面值得我们借鉴？

教师提供教材中的三张图片：班加罗尔、孟买的气温降水图以及印度半岛的地形图，设置情境：我省准备筹建一处IT高科技园区，在筹备过程中，邀请各位专家组先去世界IT名城——班加罗尔去考察。

本环节利用地图和图表获取有用信息，提高学生描述某区域自然环境和人文环境的能力，结合图文资料，通过分析班加罗尔的自然环境特征，归纳班加罗尔IT产业发达的条件及对当地人们生产和生活的影响，用从柱状图上获取的新知，去重温地图反映的旧知，真正达到将知识点理解深入、分析透彻的目的，并且帮助学生树立起科技是第一生产力、科技兴城的价值观。

四、研究成效

课题实施一年多来，无论是教师还是学生，都在问题的不断摸索和碰撞中得到成长。从学生层面来看，学习历史的兴趣和解决问题的综合能力有了一定的提升，具体表现为：一是优化知识结构，提升学习能力；二是掌握学习策略，改变学习方式；三是发挥学习潜能，提高课堂效率；四是注重理性思考，激发学习兴趣。从教师层面来看，在课题的研究过程中，学科组加强教师的理论学习，以相关教学理论为依据，有目的地创设一定的教学情境，对非连续性文本的类型、功能、存在问题等方面进行系统的研究，开展了课件制作比赛、评优课比赛和试题编制竞赛等活动，在一定程度上转变了教师的教育理念，在优化教学过程的同时也提升了课堂的实效。

五、结论与展望

地图与非连续性文本组合阅读教学对地理教学有一定的效果和益处，包括培养学生读图、析图能力，提高学生对地理问题的分析、解决能力，锻炼学生的地理思维能力，关注初中生的认知水平，以及加强课堂师生互动，等。但如何结合分层教学，在分层提问的基础上，促进因材施教策略在非连续性文本阅读教学中的运用，以及如何结合学生自主学习，开展非连续性文本阅读教学，加强探究性学习，培养学生想象思维、推理判断能力，进一步促进智力发展等问题仍值得初中社会学科教师进一步研究。以此扎实开展非连续性文本在地理教学中的运用，使其真正成为素质教育的突破口与新生长点。

参考文献：

[1] 陈澄.新编地理教学论 [M].上海：华东师范大学出版社，2007.

[2] 王少梅.浅谈地图在地理教学中的巧妙运用 [J].教育学，2019（9）：7－9.

[3] 高霞.地理的"命脉"——地图 [J].地理教育，2007（3）：67.

[4] 夏雪梅.论PISA阅读素养开放题编制的技术 [J].上海教育科研，2009（12）：14-18.

观影攻略：历史与社会教学的路径创新

浙江省建德市乾潭初级中学　吴晓君

摘　要：该文从自身教学实践出发，利用历史题材影视资源，通过设计观影策略，创新学史路径，基于"生动性"探究"渲染情绪、创设意境、增强感染"等策略，激发学生的历史兴趣；基于"知识性"探究"整体感知、逐层分析、差异解读"等策略，培养学生的思维能力；基于"广泛性"探究"找错纠偏、对比分析、主动求证"等策略，树立学生的唯物史观；基于"时代性"探究"以影激情、以影释理、以影导行"等策略，涵养学生的爱国情怀。

关键词：影视资源；历史教学；路径创新

一、问题提出

优秀的影视资源具有很强的育人功能，青少年对电影也表现出超乎寻常的兴趣，这些影片对青少年在世界观、人生观和价值观形成阶段的影响是很大的。因此，各国政府往往会选择用影视资源来促进和传播现代思想文化。在学校教育的各个学段，政府和教育部门也会提倡在教学中适当使用影视资源，以提高学校教育和教学质量。历史与社会课程具有综合性、人文性和实践性的特点，决定了课程资源应符合多样化的要求。2011年版课程标准明确指出，教学中要充分挖掘课程资源的功能，利用校内外的文本资源和音像资料,优化教学效果,提高教学质量,更好地实现课程目标。对历史与社会教师来说,怎样在教学中有效利用影视资源作为补充性的课程资源也是我们重要的研究课题。

(一)现状分析

笔者曾对所任教学校三个学段的240名学生以及学科教研组老师发放调查问卷(问卷见附录)。结果显示,在教学实践中,由于种种原因,影视资源并没有得到很好的利用,具体表现在以下几个方面。

1. **教师使用影视资源的意识淡薄**。历史老师基本上没有利用影视资源教学的意识。许多老师在教学中播放相关的历史影视片段,只是为了活跃氛围或介绍历史事件和历史人物,仅仅是处在一般观看的水平,没有进行更深层次的研究讨论;有部分教师因为收集和剪辑历史影视片的工作太过繁杂直接弃而不用,选择其他的替代资源;还有部分教师对于历史影视资源还是停留在直接下载使用的阶段,没有积极选择合适的资源或关注当前的影视更新。

2. **学生学习影视资源的能力较弱**。调查显示,学生对历史类的影视作品是很感兴趣的,但是许多学生无论是课上还是课后,都只是为了娱乐和生活而观看,看后不会有太多的思考和探索。在观看历史电影和电视前、后,许多学生没有带着问题去观看的习惯,也难得查阅相关资料来验证影片中的疑问,有学生即使在看的过程中发现问题,也很少会跟老师探讨。

3. **学科地位的弱化现象比较突出**。中考分值的比重直接决定了学科的地位,初中历史与社会学科作为所谓的"副科",其受重视程度不容乐观,很多农村初中专业教师配备不足,七、八年级由其他学科教师兼课的现象依然存在。很多教师自身不具备培养学生鉴赏历史影视资源的能力。许多教师在放完影片后的课堂提问零敲碎打、多而杂乱、浅而无趣,很多学生反映课堂上的老师讲的很多问题其实自己都懂。这些没有挑战的问题让学生失去了探究欲望,最终导致课堂效率低下、学生历史素养难以提升的后果。

（二）实践探索

笔者在教授"三国鼎立"一课时，为了激发学生的兴趣，在导入的时候播放了一则《三国演义》中刘备率领大军出征时的片段，让学生观察这段影片有无不妥的地方。学生没看出来漏洞。老师接着说："如果没找到，就请在今天的学习中找寻答案。"根据课本内容以及教师的补充解说，学生明白了问题出在军旗上的"蜀"字，刘备是重建汉朝，所以军旗上应该是"汉"，这是违背历史常识的，后人称刘备建立的汉朝为"蜀汉"，也是为了和之前的汉朝区别开来。

这节课由于一开始就设置了悬念，学生被吊起了胃口，整堂课学得很认真，取得了很好的效果，同时也认识到学习历史可以帮助我们提高对影视资源的鉴赏能力。

通过这样一个偶然的插曲，笔者试着梳理教学内容，围绕教学目标进行准确定位，确定有价值的结合点来选择历史题材影视资源（以八年级"历史与社会"教材为例），通过设计观影策略，来提升学生的历史学科核心素养，如表1所示。

表 1　八年级选择的历史题材影视资源

内　容	历史题材影视资源的选择
张骞出使西域	《丝绸之路》《丝路，重现开始的旅程》
唐朝的民族交往	《唐蕃和亲》
造纸术的发明	《探索发现之纸的故事》
鸦片战争	《凤眼睇中华——虎门销烟》《鸦片战争》
第二次鸦片战争	《火烧圆明园》《太平天国》
八国联军侵华战争	《百年风云》
洋务运动、戊戌变法	《中国通史》
辛亥革命	纪录片《辛亥风云》《伟大的孙中山》
抗日战争	《南京大屠杀》
……	……

二、研究设计

（一）核心概念的操作定义

历史题材影视资源：是借助一定的历史背景，以真实的历史事件或历史人物为题材，用电影或电视作为载体，通过适当的想象和艺术的手段，让历史画面直观再现。历史题材影视资源包括纪录片、电视专栏节目、历史剧情片等。

观影攻略：是利用历史题材影视资源、通过设计一定的观影策略以提高初中历史与社会课堂教学效果的教学路径。本课题研究以初中历史与社会学科素养为指导，基于影视资源的生动性、知识性、广泛性和时代性等特点切分观影攻略的操作定义。基于"生动性"探究"渲染情绪、创设意境、增强感染"等策略，激发学生学习历史的兴趣；基于"知识性"探究"整体感知、逐层分析、差异解读"等策略，培养学生的思维能力；基于"广泛性"探究"找错纠偏、对比分析、主动求证"等策略，树立学生的唯物史观；基于"时代性"探究"以影激情、以影释理、以影导行"等策略，涵养学生的爱国情怀。

（二）研究目标

通过本课题的研究，"历史与社会"教师主动开发和利用影视资源，提升教学技能，基于历史题材影视资源的生动性、知识性、广泛性、时代性，寻找影视资源与历史教学的结合点，利用电影资源拓宽学生的知识面，由当下回归历史，探索历史教学新路径，激发学生主动学习历史的兴趣，培养学生的唯物史观、时空观念和家国情怀，提高学生的历史思维能力。

（三）操作框架

操作框架示意图，如图1所示。

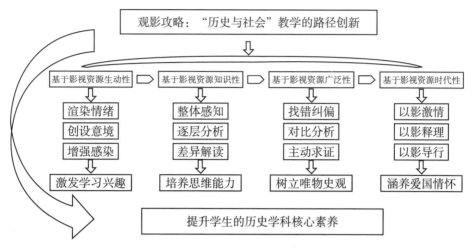

图1　操作框架示意图

三、实施操作

（一）基于影视资源生动性，激发历史兴趣策略：渲染情绪·创设意境·增强感染

初中生具有较强的形象思维能力，生动的影视资源正是学生最喜欢的授课形式，与学生的心理特征吻合。老师在教学中选择适宜的历史题材影视资源，让学生在浓厚的氛围中深入历史，沉浸于影视资源创设的真实情境之中，处于更好的学习状态。

1. 渲染情绪，激发学习内驱力。巧妙地导入可以迅速吸引学生的注意力，以确保整节课的课堂效果。选择吸引眼球的影视资源，将学生带入真实的历史情境中，能激发学生的求知欲。

教学"汉武帝时代的大一统格局"时，笔者课前先选择播放了一段电视剧《汉武大帝》的主题曲，因为对剧情熟悉，学生很快就融入情境，老师顺势指出：他在位五十四年，建立了西汉王朝最辉煌的功业之一。他的雄才大略、文治武功使汉朝成为当时世界上最强大的国家，他也因此成了中国历史上伟大的皇帝。他的国号成了一个民族永远的名字。播放之后，老师接着追问："这

185

个伟大的'他'指的是谁,国号是什么?"导入本课的主题,"我们今天学的就是汉武大帝加强中央集权,推进汉朝大一统的历史。"

2.**创设意境,启迪学生思考**。在课堂中巧妙连接影视资源,通过设置情境,用一个视频作为线索贯穿全课的始终,让学生在历史情境中发现问题,思考和分析,学生在这样的情境中学习,会有愉悦的美感,也会始终保持高度集中的注意力。

在八年级上册综合探究课"从《清明上河图》看北宋都市生活"中,创设了这样一个情境:如果有一次机会,可以让你穿越去古代,你最想去哪一个朝代?为什么?我们来看看专家学者是怎么选的。为什么他们想去北宋呢?让我们跟随一段影片去寻求答案。学生在观影的过程中感受到北宋当时已经出现了比较完善的城市经济、市民阶层和市民文化,并且通过影片中的几个场景和画面——汴河、饭店、瓦子和夜市,切切实实地感受到了北宋经济的繁荣,市民文化生活的丰富多彩。布置探究任务:北宋为什么会出现这么高度繁荣的世俗生活?

3.**增强感染,探究真实历史**。历史题材影视资源可以较真实地直观再现历史事件,让学生了解电影的重点人物和线索,缩小学生与历史之间的距离,使学生可以更好地感知真实的历史。

"英国资产阶级革命"一课,涉及的历史事件和历史人物很多,也有一些比较难懂的名词,纪录片《大国崛起》第三集讲述的正是16—17世纪的英国从早期的辉煌,到国王查理一世时的内战,再到之后的光荣革命、工业革命,一步步走向世界舞台中央。将视频剪辑后,留下与课文内容匹配的部分,效果比用课件更好。学生对英国的这场资产阶级革命就有了比较完整的感知和理解。

(二)基于影视资源知识性,培养思维能力策略:整体感知·逐层分析·差异解读

教师应该树立"大教材"观,多方位开发课程资源。影视资源是课程资源的重要组成部分,可以补充教材内容,增加历史课堂教学的信息量,让学

生走进更加丰富多彩的世界，既能扩大学生的视野，优化知识结构，也可以提高学生的思维能力。

1. **整体感知，提高推理能力**。电影中的有些镜头画面放大，突出事物的局部特征，将电影中静态化的"特写"镜头放大，借助影视资源推断想象当时可能发生的情节，既是对教材内容的补充，也能为学生更全面辩证地分析历史事件做铺垫。

"维新变法运动"一课，选择《中国通史》片段，通过视频介绍，结合课本内容来分析维新变法失败的原因，学生对前因后果有了更好的认知和了解，也能更深刻认识到变法失败是因为触犯了以慈禧为首的顽固派的既得利益，且顽固派的势力过于强大，而维新派将希望寄托在无实权的皇帝身上，采取的是自上而下的改良手段。视频里还出现了袁世凯的部分内容，这也是对教材内容的有效补充，让学生意识到没有广泛发动人民群众，得不到群众支持的变法注定要失败。

2. **逐层分析，培养抽象思维**。学习历史事件，首先就要联系该事件的历史背景。有的视频一目了然，有的则需要根据影片中的相关信息做出判断。与品读文章和诗词一样，只有准确全面了解历史背景，才能正确分析历史现象。在教学中，要把影视资源和它所处的历史背景联系在一起，才能深层挖掘影片中的信息，进而透过历史现象分析历史的本质。

学习"西安事变"这一历史事件时，截取了视频《西安事变》中的几个镜头：蒋介石不抵抗政策；共产党从全民族利益出发，主张和平解决。一开始学生很难理解。张学良、杨虎城作为蒋介石的部下，为什么敢以下犯上扣押他？国共对峙了十年之久，共产党又为什么不借此机会除掉蒋介石，而要选择和平解决西安事变？为此，学生通过思考，联系当时的时代背景，当时社会的主要矛盾是中日之间的民族矛盾，由此认识到国民党内爱国将领的崇高精神和共产党出于全局考虑所做出的决定，从而对西安事变和平解决的意义有了更深刻的理解和把握。

3. **差异解读，深化高阶素养**。对于同一个主题不同的导演会有不同的解读，一部优秀的电影让观众能有不同的体会，老师要训练学生多角度、多层次地看待问题,提高思维的深度和广度,突破教学重点和难点。

"探讨乾隆盛世的危机"一课,播放《乾隆王朝》片段:乾隆大赏英国马戛尔尼使团后,正式宣布闭关锁国。第一步:"确立主题,构建主线"——通过展示清末的一组镜头,学生感悟危机,从而确定本课进行比较探究的方向和内涵。第二步:"围绕主题,设置问题"——整合教学的突破口在于有效的问题设置,通过基于材料进行中西方比较的政治、经济、思想、科技等方面的问题设置,有效开展思维活动。第三步:"突破问题,解决问题"——在完成一系列小问题的基础上,回到最初设置的问题,通过中西方对比图,解决问题探究原因。

通过一段影片中剪辑的几个画面,学生对盛世背后的危机有了深刻的认识,最后一个环节设置让学生写使华报告更是促进了对学生小组合作能力以及高阶思维能力的培养,同时为八年级下册第四单元"中国近代史"的学习做了很好的铺垫。

(三)基于影视资源广泛性,树立唯物史观策略:找错纠偏·对比分析·主动求证

影视资源具有丰富性,几乎涉及了人类社会发展的各个历史时期,为历史教学提供了非常丰富的课程资源。但是,怎样在这些信息量巨大的影视资源中选择适合我们教学的资源呢?青少年学生如何区分这些复杂的信息?特别是在商业化的背景下,编剧演员为了迎合观众的娱乐化趣味,任意歪曲历史真相,不尊重历史,混淆历史本质。青少年本就处在世界观、人生观和价值观的形成期,缺乏批判的态度和价值的判断,很容易受到电影电视的影响,在教学中要有意识地培养学生的唯物史观。

1. **找错纠偏,训练审辨意识**。历史题材影视作品质量参差不齐,通常都会进行艺术处理和加工,甚至为了追求收视率,出现夸大虚构的成分。学生对寻找影视资源中出现的错误很感兴趣。让学生带着思考去看剧,逐渐形成批判的态度和价值判断。

讲述中国古代的科学技术成就时,笔者截取了《芈月传》中的一段视频。

莒姬为了保全芈月姐弟上吊自杀，并托葵姑给芈月写了封信……因是热播剧，学生的观影热情高涨。看完后，笔者让学生分析剧情中有没有不符合史实的部分，结合课本内容，学生很快发现造纸术是西汉时期发明的，而《芈月传》的背景是战国时期，当时主要的书写材料是竹木简和丝织品，是不可能出现纸的，所以这个情节不符合历史背景。最后总结，我们在观影的时候可以带着批判的态度去审视影片的真实性。

2．**对比分析，提升观影深度**。比较法是学习历史的重要方法。通过多角度、多层次、多方位地对比历史现象，探求历史本质，历史发展规律得以被更好地认识，学生对知识点的掌握能更到位，分析比较和归纳的能力得以提升。

在讲述"新航路开辟"一课时，笔者选择了纪录片《走向海洋——潮起潮落》。该片描述了中国数千年海洋发展史，以及西方大国在海洋探索中的崛起，展现建立海陆统筹的现代中国海洋战略。首先，让学生比较视频中的郑和下西洋与达伽马航海，通过视频来感知两次航海在规模、目的、性质和影响方面的异同点，并找寻答案完成表格内容。其次，通过比较两者之间航程的性质和影响力的差异，教师设置问题：为什么西班牙、葡萄牙和英国等西方国家通过开辟新航路走上了对外殖民扩张的道路，而中国明朝当时这么大手笔的操作，最终目的只是促进了东西方文化的交流？在疫情横行的2020年之初，欧美国家看到了中国的崛起，甚至传播了中国的威胁论，美国公然"甩锅"中国，想要转嫁疫情带来的经济危机。你对此有何看法？由一段影片让学生对这个话题产生强烈兴趣，最终让学生明白中国走的是和平崛起之路。

3．**主动求证，树立正确史观**。学习三国这段历史时，学生曾提出这样一个疑问，"历史上对曹操的评价比较复杂，有人说他是当世英雄，是中国历史上伟大的政治家、军事家、文学家；也有人称其为逆贼奸臣。为什么不同的作品中对曹操的描写有这么大的区别？"笔者觉得这是一个让学生开展研究性学习的契机，于是让学生通过影视作品、文学作品中的曹操形象，结合史料查阅，做出自己的判断，说说曹操是一个怎样的人物。学生通过小组合作，给出了很多版本的见解。比如，《三国演义》中的曹操是一个奸诈多疑的小人形象;电影《赤壁》中的曹操是一代枭雄;还有部分学生观看了《大军师司马懿之军师联盟》,演员把曹操那种多疑且果决,既有胆识又有心机演绎得淋漓尽致;还有曹操的《观沧海》,让人感受到了一个有着宏伟政治抱负,对前途充满乐观自信的诗人形象;而《龟虽寿》中的曹操,"烈士暮年,壮心不已",英雄形象跃然纸上。最后教师归纳评价历史人物的方法,要结合史料,将人物置于特定的历史背景下进行客观公正的评价。

教师在肯定与总结学生的活动和观点之后,要对学生的讨论结果引导提升,让学生用全面的辩证的观点去评价历史人物,学生的思维在辩论的过程中得到发展,也会更客观理性地去看待影视剧作品。通过研究历史影视资源透过现象发掘历史发展的客观规律,培养学生的唯物史观。

(四)基于影视资源时代性,涵养爱国情怀策略:以影激情·以影释理·以影导行

历史与社会学科作为人文学科,教育学生如何做人,塑造学生的历史情怀是我们学科教师的使命。好的历史影视素材,带给学生感官和心灵的冲击与震撼,是语言和文字所不能比拟的。教师要引导学生将历史教学与全球化问题以及面临的困境密切地联系在一起,教会学生思考解决这些问题的方法和手段,真正让学生识势,关注全球变化,培养出符合时代要求的高素质人才。

1. **以影释理,培养道德情感。**历史教学中不仅要拓展学生学习和探究历史问题的空间,培养学生正确的历史观,而且要使学生养成现代公民应具备的人文素养,不断提高学生道德水平。丰富的历史课程资源是永恒的建设性的道德遗产,充分挖掘历史资料,将德育与历史教学相结合,培养具有更深厚文化修养的现代中国人,这是历史教学的使命所在。如何给学生心灵"埋下真善美的种子",又如何引导学生"扣好人生的第一粒扣子"?在教学中引入历史题材影视资源,能够加深学生对教学内容的理解和认同,增强其情感体验。

讲述五四运动与中国共产党的诞生时,选择中国共产党党史纪录片中的几个镜头：北京学生涌上街头，"外争主权，内除国贼""誓死力争，还我青岛"的口号喊得响亮，还有上海的三罢运动，中国代表顾维钧在巴黎和会上拒绝签字。短短几个镜头，不仅再现了那段风起云涌的历史，更让学生深切感受热血青年的爱国热情。当年的五四先驱为挽救中国奋起抗争，奏响了浩气长存的爱国主义壮歌。一百年来，一代又一代中国青年满怀对祖国和人民的赤子之心，为人民奋斗、为祖国献身，谱写了一曲又一曲壮丽的青春之歌。青春之火，为民族而燃烧；青年之心，为祖国而跳动。

2. 以影激情，引发情感共鸣。课堂上有针对性地播放一些真实反映历史的电视剧、电影、纪录片，给学生营造出真实的历史氛围，得以比较真实地再现历史场景，增强历史事件的真实感，引起情感上的剧烈共鸣，让学生在不知不觉中接受了历史熏陶。

教学"鸦片战争"一课时，通过播放视频介绍战争的背景，林则徐虎门销烟，英国以此为借口发动了一场非正义的侵略战争，学生在观看的同时就可以很清楚地了解战争的原因和经过。战争失败后，中国被迫签订《南京条约》，此时播放签订条约的过程，让学生更深刻地理解中国的领土主权从此不再完整，中国开始从封建社会一步步沦为半殖民地半封建社会。

3. 以影导行，渗透家国情怀。历史教师不仅要激发学生学习历史的兴趣，转变学生被动接受、死记硬背的学习方式，拓展学生学习和探究历史问题的空间，培养学生正确的历史观，而且要使学生养成现代公民应具备的人文素养，不断提高学生道德水平。作为人文学科之一的历史学科，其在德育方面有着得天独厚的优势，丰富的历史课程资源是永恒的建设性的道德遗产。怎样充分挖掘历史素材培养学生的家国情怀？只有让学生好好学习我们的民族历史，感受我们民族的自强不息，才能培养他们的国家和民族认同感，教师要在长达一个半到两小时的电影中截取最能让学生产生共鸣的情节，学生的听觉、视觉、思维和情感集中投入，看到了不同的画面，听到了不同的声音，情感喷发如期而至。

讲授中国近代史时，中国自鸦片战争后，在一次次侵略战争中战败，被迫签订一系列不平等条约，学生的反应十分漠然。笔者播放了纪录片《历史的见证》，八国联军犯下各种滔天罪行，对中国人民进行疯狂的血腥屠杀。学生们看到八国联军烧杀掳掠的画面，配合着低沉而悲伤的音乐和文字解说，激起了对帝国主义卑劣行径的愤怒。随后，笔者又播放了中华人民共和国成立70周年国庆大阅兵的视频片段做对比，更是激发了学生的爱国之情。最后教师小结：八国联军的侵略是因为当时的清政府腐败无能。我们要明白，落后必将挨打，只有我们的国家富强了，才能真正抵御外国的侵略和欺辱。我们不是生在一个和平的年代，而是生在了一个和平的国家，今天我们的国家强盛起来了，但是我们不能忘却历史，我们依然要担负起自己肩上的使命。学生的爱国主义情感被充分点燃，此时无声胜有声。

四、成效分析

自从课题研究一年多来，无论是教师还是学生，都在不断摸索和碰撞中得以成长。从学生角度看，激发了学生的学习动力，推动了学生学习方式的转变；从教师角度看，学科组加强教师的理论学习，以相关教学理论为依据，有目的地创设一定的教学情境，对历史题材影视资源的类型、功能、存在问题等方面进行系统的研究，开展了课件制作比赛、评优课比赛和试题编制竞赛等活动，在一定程度上转变了教师的教育理念，在优化教学过程的同时也提升了课堂的实效；从课程角度看，丰富了课程资源，推动了历史素养目标的实现；从教学角度看，优化了教学资源，推动了教学模式的发展与创新。

五、反思展望

影视资源有很多优势，但是我们也要认识到，在课堂教学中影视资源只是用来辅助教学的，不能本末倒置，也不能代替传统的教学方法。选择时必须根据教学目标、教材内容和教学要求，考虑到教师的个人能力和教学时间的要求，来确定影视资源的具体使用方法。同时要建立多元化的课程资源，不要过多地依赖影视，课题研究过程中也发现视频材料的选择质量参差不齐，需要进一步优化。历史老师自身也要提高收集和处理影视资源的能力，尽量采用短片或进行剪辑合并，以更低的时间成本、更切近教学目标要求的操作，让学生在历史的天空中像鹏鸟一样寻觅低徊，茁壮翱翔。

参考文献：

[1] 王恩妹，许序雅.浅谈影视资源在高中历史课堂教学中的运用 [J].学科教学,2006(7)：20-21.

[2] 莫金明.浅谈影视作品在历史教学中的效用 [J].科学咨询(教育科研)，2010(6)：87.

[3] 李莉.历史影视资料在初中历史教学中的应用 [J].才智,2014(26)：98.

[4] 赵恒烈.历史思维能力研究 [M].北京：人民教育出版社,1998.

[5] 姚风华.谈中学历史教学中历史影视资源的开发与利用——以北师大版《祖国统一的历史大潮》一课为例 [J].科教文汇(上旬刊),2008(12)：168-189.

附1：初中"历史与社会"教学中影视资源运用研究问卷调查(教师问卷)

1.您认为影视资源的运用对教学有帮助吗? 表现在哪些方面?

2.您在教学中,影视资源的选择来源于哪里?

3.您对影视资源的运用,主要是哪种类型的?

4.您对影视资源的运用所要达到的目的是什么?

5.在教学中,您觉得哪种影视资源最能激发学生的兴趣? 为什么?

6.您觉得在教学中,影视资源的效果如何? 表现在哪里?

附2：初中"历史与社会"教学中影视资源运用课题研究问卷调查(学生问卷)

1.你对影视作品有兴趣吗? (　　　)

A. 有　　　　　　　B. 没有　　　　　　　C. 讲不清

2.你喜欢历史与社会课上播放影视作品吗?(　　)

A.喜欢　　　　　　B.不喜欢　　　　　C.一般

3.平时在观看影片前,你是否会查阅相关资料?(　　)

A.会　　　　　　　B.偶尔　　　　　　C.不会

4.老师在课堂上播放历史影视片时,你会否带着问题边思考边观看?
(　　)

A.会　　　　　　　B.偶尔　　　　　　　C.不会

5.如果在观看过程中有存在疑问的地方,课后你是否会提出来讨论或
通过查阅相关史料来求证?(　　)

A.会　　　　　　　　B.偶尔　　　　　　　C.不会

基于项目式学习的历史与社会综合探究课的行动研究

浙江省建德市乾潭初级中学　吴晓君

摘　要：该文从教学建模、情境创设、框架搭建、评价制定四方面入手，对项目式学习在历史与社会综合探究课中的运用进行研究，形成具有一定指导意义的教学策略，提升教师对综合探究课的教学设计能力，促使学生成为探索知识的主体，更主动地去构建属于自己的知识体系，在处理问题的过程中学会与他人合作，更好地培养学生的历史高阶思维，提升学生的综合能力。

关键词：项目式学习；综合探究课；运用策略

"历史与社会"是一门实践性课程，课程标准中明确指出："注重学生的主动学习，提倡体验、探究、合作的参与过程，采取多种学习方式，提高学生的创新能力和社会实践能力。"而其中每个单元的综合探究课更是其综合和探究精神的集中体现，是对前面几课教学内容的延伸，非常有探究的价值和必要。笔者在一次优质课评比中，选择了八年级上册综合探究四"从《清明上河图》看北宋都市生活"，一次送教下乡课中选择了八年级下册综合探究课"探讨乾隆盛世的危机"进行尝试，虽然从表面看都取得了不错的效果，但是在观摩和课后研讨中感悟最深的就是要上好综合探究课确实很难，同时在教学中也存在相当多的困惑。自此，笔者深入学校班级和师生，结合自己的教学实践，对八年级其中四个班168名学生进行问卷调查，希望能帮助教师更好地明确综合探究教学的目标和要求。统计结果如图1所示。

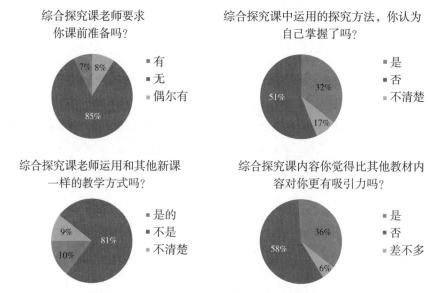

图1　综合探究课教学现状统计图

一、目前历史与社会综合探究课教学的问题简析

在综合探究课教学过程中,学生应该自主综合,进行相关知识整合,并进行有效的复习;在自主综合的基础上,创设有效的载体,优化活动平台;学生课堂的活动应体现探究的特点,要深度探究。但我们的实际教学中,由于各种原因留下了许多缺憾,主要表现为以下几个突出的问题。

1. **对综合性的研究不够深入,致使探究内容形式化**。有的老师进行探究活动时重复大部分课堂内容,其中一些内容与课堂内容相矛盾,一些不具有探究特征的教学内容也被列入探究活动,这使人们感到探究活动的内容也就如此,没有多大意义。如何开展跨学科的融合探究,如何与社会生活中的实践活动结合开展综合探究,都缺乏深入研究。

2. **对自主性的探索不够深入,致使探究活动答题化**。当前,师生在综合探究课程中的角色定位不够科学,导致学生未能获得真正的自主权,更不用说创造性地开展综合实践活动,难以有效提高学生独立学习能力。许多教师已将探究活动转变为简单的回答问题活动,"师问生答"成为探究活动开展的主要模式,提出的知识训练型的问题比较多,启发思维类的问题太少,不是真正意义上的探究式教学。

3.对研究性的思考不够深入,致使探究结果浅层化。很多教师对综合探究课程的教学目标和教学重难点缺乏足够的了解,对研究点的定位缺乏广度和深度的思考,更无法引导学生进行有价值的研究性学习,对学生课外探究的内容和方法没有做必要的有效指导。这样的探究只能算是一场秀,缺乏实质性的探究意义。

笔者结合自己长期的教学实践,尝试依托项目式教学提出相应的策略,提升综合探究课堂教学的实效性,为优化历史综合探究课教学提供借鉴。

二、项目式学习在综合探究课中运用的主要策略

项目式学习,即基于问题的学习,以真实问题情境为核心,引导学生进行探究与合作,在主动学习的过程中保持对学习的热情,习得研究与协作的方法,加深对跨学科的理解,从而获得综合素养的提升。本文的实践探究主要包括:整合学习主题、创设问题情境、搭建实施框架、确定评价机制等方面。具体操作流程如图2所示。

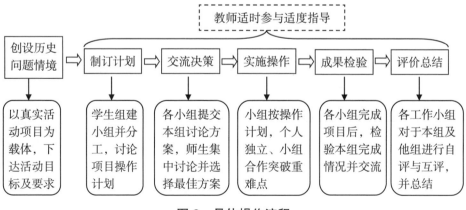

图2 具体操作流程

（一）重整：目标聚焦，在梳理资源中整体感知

通过梳理综合探究课教学内容，围绕教学目标进行准确定位，确定有价值的结合点，根据课程标准，建立学习框架体系，确定项目范围（以八年级"历史与社会"教材为例），如表1所示。

表1　学习框架体系

类型	特点	学情	举例
综合比较型	将所学单元知识进行综合比较，寻找知识异同	学生能较好地掌握知识，并能尝试探究	《对比早期区域文明之间的异同》《郑和下西洋与哥伦布航海的比较》等
知识拓展型	在本单元知识学习的基础上，结合课外知识的拓展	学生要学习一定的新知识，并进行课外材料的收集	《从宗教景观看文化的多样性》《从〈清明上河图〉看北宋的都市生活》等
能力提升型	在本单元内容学习的基础上，注重能力的提升	教师补充材料以及设置相应的活动来进行有效的教学	《探讨乾隆盛世的危机》《结识近代中国最早"开眼看世界"的人》等

（二）重构：任务分解，在问题情境中情感认同

项目的核心问题，对问题的描述应该概括所有的项目内容、教学成果，驱动问题应能帮助学生更好地聚焦他们的探究活动。这个问题能吸引学生参与，并且需要学生掌握关键的教学知识和技能才能更好地解决这个问题。

1. 利用设计本身的趣味性，激发学生探究问题的积极性

（1）精心设计问题。项目的学习应是围绕问题展开的，因此设计的问题要能激发学生的学习兴趣，并且难度要与学生的能力相匹配，这样可以培养学生的自主学习能力，而不会让学生觉得太难以致无法开展。

比如，"过年：感悟我们身边的传统"一课，教师在课前要与学生分析我们要探究什么。这是综合探究课程的重要组成部分和前奏。光有探究内容是不够的，还要厘清调查的重点，考虑要探讨哪几个层面的内容。这些探究方式和方法都是在培养学生今后在实际生活中的应用能力。再如，在"探究我们身边的传统"中，让学生了解：身边有哪些传统？如何对这些传统进行分类探究？如何分类进行有效的研究？学生们得出的结论是，他们可以根据传说、风土人情以及对人们生活的影响等方面进行探究。通过这种方式，教师可以整理成表供学生探究。

（2）提供教学支持。考虑到学生的知识范围和收集相关信息的能力的局限性，教师应提供一定的参考资料，这样既节省了课堂教学的时间，又便于在一定范围内进行讨论。

例如，在"过年：感悟我们身边的传统"一课中，探究结束，各组汇报成果，有文字形式、图片形式、视频形式，还有的直接编写了剧本表演。在这样的探究课中不仅仅是完成了课堂任务，更是感觉跟班上的同学一起过了一个大年。

2. 紧扣课程目标适度拓展，发挥学生解决问题的创造力。一个现实的"问题情境"可以调动学生的好奇心、激发创造力来解决实际问题，引导学生走向社会、走向自然、走向现实世界。教师可以充分发挥他们的主动性，为学习主题创造"问题情境"。在这一部分，采用提问观察模式向学生呈现真实或虚拟的情境，促进学生发现问题，创设"问题情境"的条件要尽可能丰富清晰，这样会更有利于学生从情境角色的角度发现问题，分析条件开展活动。教师应根据学习主题的要求，自然地将实践活动纳入"问题情境"。

在八年级上册综合探究四"从《清明上河图》看北宋都市生活"中，创设情境：如果有一次机会，可以让你穿越去古代，你最想去哪一个朝代？为什么？我们来看看专家学者是怎么选的。为什么他们想去北宋呢？让我们跟随一段影片去寻求答案。[入画]

第一站：做准备。出示《清明上河图》简介，解说：这是2010年上海世博会中国馆的镇馆之宝，选用《清明上河图》来表现中国古代城市的发展。宋代是中国城市发展的一个高峰，当时已经有了发达的城市经济、市民阶层和市民文化。今天就让我来充当导游，带大家穿越时光隧道，去北宋东京城，亲自领略一番他们的生活。

出发之前，我们有必要先来了解一下东京人的生活情况，以便明确我们要怎样改变自己的衣食住行，才能适应当时的生活。（结合资料，自学完成第二页的表格）[品画]做好了准备，我们的北宋体验之旅就要开始了，时光倒回到九百多年前，我们来到了今天的第一站：东京大街第一眼的感觉如何？（繁华、人多）东京是一个人口超过百万的大都市，能不能根据穿着判断是些什么人？（士农工商）；这些人共同构成了东京的生活群体。好，那我们也赶快替自己选上一套合适的衣服吧，为了便于参观，我们再选择个合适的交通工具。看看北宋都有哪些交通工具？骆驼不是本土的动物，哪里来的？（西域），这支队伍是来干什么的？（经商，表现民族融合）；除了陆地上的，我们还可以选择游船。

第二站：接下来是自由活动时间。我们将分组进行游览，请找出能够印证北宋城市经济繁荣和市民文化发达的景物，发挥想象，描述当时各种情景，小组合作，交流分享。请看图，分组：第一组，汴河；第二组，饭店；第三组，瓦子；第四组，夜市。结合书本（P117—119）内容（板书：城市经济、市民文化）。

（1）汴河：热闹，摊贩，船只……（卖些什么？）

（2）饭店：正店、脚店、香料店，（点菜）东坡肉、宋嫂鱼羹，有没有点饮料啊！

（3）瓦子：史书、小说、音乐演奏、舞蹈、杂技、戏剧、相扑、傀儡戏、说唱、说浑话和学乡谈（类似相声、滑稽）、皮影戏。

（4）夜市：比较唐宋城市区别。唐朝在规定的时间、规定的地点卖规定的东西，居民区和交易区严格分开；北宋打破坊市制，我们现在居住的城市在布局上更类似于哪个城市？（北宋）没有时间和地点的限制，便于人们购物，有利于促进商业的发展和经济的交流。从资料中，我们可以看出除了夜市，还有早市。

第三站：旅店。逛了一天，转眼天黑了，干脆住一晚再回吧，还可以逛逛夜市，吃点特色夜宵。首先找个落脚的地方，看看东京的人都住什么样的房子，我们今晚就住在百年老店王员外家，顺便把我们一天的收获总结一下吧！（表格内容）

刚才我们切切实实感受到了北宋经济的繁荣，市民文化生活的丰富多彩。[议画]探究一：北宋为什么会出现这么高度繁荣的世俗生活？（提示：从政治、经济、文化、民族关系、统治者政策方面考虑。)

[出画]随着游程的结束,转眼间,我们又回到现实生活。经过一天的游览,相信大家对名人们为什么向往北宋的生活一定有所体会了。那么你梦想中的社会是什么样的?北宋之行让我们感受到了习近平总书记所说的中国梦,我们要实现国家富强、民族振兴、人民幸福,从同学们的言语中,我感受到了大家对追求和谐生活的认同。但愿我们能够早日实现梦想,让我们生活的城市更文明,百姓的生活更美好!

(三)重建:材料研习,在历史理解中价值判断

"探究问题"环节,是进一步引导学生将学科内的知识联系起来,连接跨学科知识,并通过有效的任务安排将创设的问题情境与现实生活联系起来。学生根据情境角色搜集信息、共享信息、处理信息。这一过程主要是训练学生的自主学习能力与合作交流能力。

1. 提供学习支架,提升探究质量。

在项目式学习中,学生需要独立面对复杂的真实情境进行有意义的尝试探究。这项任务的难度往往会略高于学生的实际水平。因此,教师要根据对学生发展水平的分析,设计有效的"学习支架",为学生的探究提供支持,以避免出现低水平的、浅层次的探究活动。

设计"探讨乾隆盛世的危机"一课时,第一步:"确立主题,构建主线"——通过展示清末民族危机和社会危机的一组图片,让学生感悟中华民族面临的空前民族危机和社会危机,从而确定本课进行比较探究的方向和内涵。第二步:"围绕主题,设置问题"——整合教学的突破口在于有效的问题设置,通过基于材料进行中西方比较的政治、经济、思想、科技等方面的问题设置,有效开展思维活动。第三步:"突破问题,解决问题"——在完成一系列小问题的基础上,回到最初设置的问题,通过中西方对比图,解决问题探究原因。

按照步骤依次设置了六个环节。

环节一:感知屈辱

展示清末民族危机和社会危机的一组图片，让学生感悟中华民族面临的空前民族危机和社会危机。追问产生危机的原因，从而过渡到马戛尔尼的访华。

环节二：礼品备置

呈现两国礼品的图片，要求学生区分中、英两国的这些礼物有哪些不同点，并从两国礼品中分析：（1）两国科技水平发展状况；（2）两国的生产和生活方式。

环节三：沿途所见

展现马戛尔尼沿途见到的四幅完全不同的场景，比较并印证两国的经济生产方式的差异。

环节四：礼仪冲突

马戛尔尼要正式觐见乾隆皇帝，但在马戛尔尼如何觐见乾隆皇帝的礼仪规矩上，双方发生了剧烈的冲突。借助图片，引导学生猜测、观察、分析：发生了怎样的冲突？为什么会起这个冲突？这个冲突的发生说明了什么？以此引导学生了解英国的资本主义民主制度和中国封建专制制度。

环节五：对话要求

（1）展示马戛尔尼访华背景视频。探究马戛尔尼访华的目的。（2）展示马戛尔尼的具体要求。四人小组合作探究：站在现代人的角度，对于马戛尔尼的要求，你会是怎样的态度？为什么？讨论马戛尔尼要求的可行性。（3）展示乾隆皇帝的回复。从英国的要求和乾隆的答复中，分析出中、英两国在对外关系政策上的不同。

中国，曾走在世界前列的东方文明古国。为什么转眼就被大炮轰开了大门？鸦片战争后，清政府为什么总是挨打和失败？如果你作为当时的一个中国人，怎样来改变这种社会现状？因为进入了这样的情境，学生就很容易引起共情，有说要向西方学习的，有说要大家团结一致反抗侵略者的，也有的说根源就在于要推翻清政府的统治。

环节六：回国汇报（总结）

马戛尔尼访华以失败告终。1794年9月，马戛尔尼回到英国，向国王和议会呈送了一份访华报告。小组合作完成报告撰写：假如你是马戛尔尼，请你从政治、经济、外交、科技等方面概述当时中国的发展状况。

2. 选用适当方法，分析相关资料。

（1）提出问题。教师提供给学生事先设计的问题，并提供探究要用到的参考资料，引导学生进行探究。

（2）分组学习。为了更好地进行探究，取得小组探究的效益，教师事先要对各小组的探究项目做必要的分工协调，完善合作机制。如，明确每个组长的职责、小组内部如何进行分工、成果要进行及时的记录以便最后的汇报，还要设置必要的评价机制等。

"探讨乾隆盛世的危机"一课，课标要求为列举实例，综合多种因素，认识清末中国面临空前的民族危机和社会危机。这里指向的时间是清末，内容为清末发生的一系列关系民族与社会危机的事件，具体可以以马戛尔尼访华、闭关政策、鸦片战争与《南京条约》、火烧圆明园、甲午战争与《马关条约》、八国联军侵华战争与《辛丑条约》、清末社会弊病和日趋尖锐的阶级矛盾等典型事例为事件点。根据课标的逻辑顺序，是先后事例的发生，到事件原因分析，再到归因，历史规律的揭示。从认识事物的角度来看，是从历史现象到历史原因、本质的探索。认识事物运用的方法，课标中提示直接运用的方法是列举法、分析法，间接运用的方法是比较、分类、归纳等方法。根据上述内容，课标的教学目标从内容和能力要求来看可以分为三个方面：一是比较清末中国和西方主要资本主义国家在政治、经济、科技、外交等方面的差异，探究中西方发展差距。二是通过阅读有关资料，了解列强发动的战争，以及战后签订的一系列不平等条约，认识殖民主义的侵略本质和清政府的腐败无能。三是分析条约内容，比较《南京条约》《马关条约》和《辛丑条约》对中国社会的影响。情感态度价值观目标则是"民族情感和爱国主义精神"的感受与升华。

本课的最后设计：今天的我们该如何面对这段历史？请为实现中华民族的伟大复兴献计献策。（落后就要挨打；只有经济发展、国力强大，才能屹立于世界民族之林；要发展科技、重视教育，促进经济发展；要坚持改革开放；等等）。

21世纪的我们要勿忘国耻,奋发图强,为把国家建设得更加强大而不断努力! 通过由浅入深的层层剖析,逐渐带领学生进入那段屈辱的历史。在声情并茂的讲述中,不断渗透家国情怀,从而达成本课的情感目标。以经典励志篇《少年中国说》的语言再次激励学生勿忘国耻、奋发图强,达到师生共情。

3. 链接相应史实,寻找多重证据。学生对搜集到的证据,包括事实数据等进行分析总结,从史料中提取有效信息,运用可信的史料努力重现历史真实,最终形成结论,生成作品。

教学内容是根据拟定的教学目标而展开的。本课标的要点提示为:马戛尔尼使华与闭关政策、鸦片战争与《南京条约》、火烧圆明园、甲午战争与《马关条约》、八国联军侵华战争与《辛丑条约》。鸦片战争是中国历史上的重要转折点,从此中国面临的民族危机和社会危机步步加深。"比较清末中国和西方主要资本主义国家在政治、经济、科技、外交等方面的差异,探究中西方发展差距。"其重心在于清末,但是考虑到现有教学进度和学生基础,笔者选取鸦片战争以前中英之间在政治、经济、科技、外交等方面的差距对比为教学内容,在学生简单感知清末空前危机的基础上,通过马戛尔尼使华这一视角和相关素材,探究清末危机产生的原因。这样可以直接与课标中"认识民族与社会危机"进行对接,既体现教学要求的完整,又可以为《南京条约》《马关条约》等不平等条约的签订对中国社会性质的步步深化,铺垫知识与情感的基调,衔接后一讲教学内容。通过马戛尔尼使华与闭关政策,鸦片战争前因、经过、结果与影响的前后内容编排,重心前移,使学生有更多的空间去进行事例的因素分析,契合课标,完整地达成要求。

(四)重塑: 问题思辨,在认知冲突中拓展迁移

"解决问题"环节,是确定解决问题的方案,并在多元评价中互相学习,基于之前的实践活动,这是一项更加困难的实践活动,学生需要更多的学习活动。教师应突出评价的推动作用,将历史素养作为评价细则,明确综合探究学习的终极目标是提升学生的历史综合素养。

1. 以自主探究为基础,鼓励学生参与设计与创造。综合探究以探究式

教学为基础,探究是基于已经获得的知识,特别是本单元的知识,要求学生有效地综合单元知识,然后在此基础上进行探究。在掌握基础知识和技能的同时,体验、理解和应用探究问题的方法,培养学生的创新精神与实践能力。

2.**以生活实践作抓手,启发学生积极思考与体验。**活动开发与实施的空间可以从课堂扩展到家庭、大自然、大社会,所涉及的教育比学科课程丰富而充实,通过组织学生开展实践操作,手脑并用,培养学生的技能技巧,促进思维发展。

七年级下册"如何开展社会调查——以调查家乡为例"教学中,综合历史、地理和其他人文社会学科领域的知识,逐步引导学生去认识社会、理解社会、参与社会。笔者结合学校核心课题进行"寻访美丽胥江"活动,结合本单元的知识,确定了"寻访美丽胥江——发现生态美"主题,鼓励学生参与社会实践,提高解决实际问题的能力。教育引导学生提高生态文明意识,营造人人为美丽家乡建设尽一份力的良好氛围,如表2所示。

表2 调查家乡的具体内容

调查要求	具体内容
寻访内容	以发现和展示胥江优美的生态环境为出发点,寻找、调查本镇地域范围内生态优美的水环境、大气环境、土壤环境等,以"寻""思""行"等方式,了解回顾本镇生态环境的历史,了解现今的基本情况,思考人与生态的关系,折射生态环境保护的现状
人员分工	略
教师指导要点	(1)在整个过程中,注意对环境的观察,多想办法与有关的部门协调、与相关人物联系(采访、交流等),做好各种信息记录,每个小组写好体验 (2)做好各小组的研究情况报告。设立项目组长(学生担任)及跟进教师(学科相关老师并负责学生安全)
活动成果形式及上交材料	以文字、照片等形式展示寻访活动中的所闻、所见、所思,并将寻访成果制作成小队手册(提倡队员自己动手制作手册,拒绝高成本装饰)

3.**以报告评价促成长,提升学生学科思维与品质。**项目式学习注重评价的驱动作用,把活动中的历史要素以评分规则的形式呈现给学生,引导

学生在活动的过程中围绕提升学科思维与品质开展实践活动。项目式学习的评价内容包括项目计划书是否符合"以课标为核心"的原则、项目主题（意图）、课程标准链接、学生学习到的技能以及思维方法的培养等，如表3和表4所示。

表3　项目式学习学生评价表

评价细则	自评			组评			师评		
	优	良	及格	优	良	及格	优	良	及格
我写下一份选择同伴的理由									
我为小组至少提供了两条建议									
我利用多种途径搜索需要的资料									
我负责材料中某一部分的整理									
我将整理好的材料融入展示方案									
我能够配合小组活动并保持思维活力									

表4　项目式学习成果评价表2

评价细则	自评			组评			师评		
	优	良	及格	优	良	及格	优	良	及格
调查报告有封面、目录、正文、结语									
报告正文能从不同的角度呈现主题									
报告内容由组员共同合作完成									
报告至少有一个清晰的结论									
内容语句通顺，有说服力									
报告标明资料来源和出处									

三、研究的基本成效

项目式学习的历史综合探究课教学为学生提供了真实或虚拟的问题情境，重视历史与社会课程与其他课程的沟通，实现课内学习与生活实践的紧密结合。在本课题的探索过程中，学生享受学习乐趣，获得成功体验；教师提升专业能力，积极参与课程设计。

（一）学生在快乐学习中提升历史素养

优化综合探究课程的实施，不仅大大提升了教学质量，提高了优秀学生的学习效率，同时也激发了后进生的学习兴趣，使之在知识的掌握和难题的突破方面获得了更多的经验，整体学习效率得到提高。

（二）教师在教学创新中实现专业发展

教师在课题的开展中转变了教学观念，原来的课堂教学更多的是简单地将知识传授给学生，现在更多的是激发学生的学习积极性，真正学习怎么去做到以学定教，鼓励学生主动思考，引导学生进行合作学习，促进学生的自我发展。探索创新的过程是曲折艰辛的，同时也是一场思维体操，精神之旅，其间充满惊喜与快乐。

（三）团队在亲密合作中增强研究实力

在项目的准备和实施过程中，教研组也增强了团队意识和凝聚力，一定程度上提高了教科研的能力。

参考文献：

[1] 叶禹卿.新课程听课评课与优秀案例评析［M］.北京：中央民族大学出版社，2005.

[2] 陈新民.中学历史与社会课程与教学论［M］.北京：现代教育出版社，2007.

[3] 教育部.全日制义务教育历史与社会课程标准［M］.北京：北京师范大学出版社，2011.

[4] 宋秋前.有效教学的理念与实施策略［M］.杭州：浙江大学出版社，2007.

优化高中政治学科作业批改的策略探究

浙江省严州中学新安江校区　谢　芸

摘　要：由于受传统观念以及考试等多种因素的影响，当前高中政治作业批改还存在一些问题。该文结合高中政治的学科特点和自身教学实践，对高中政治作业批改中存在的问题进行了分析，在此基础上提出高中政治作业批改的优化策略，以期能够优化作业批改操作规程，充分发挥作业批改在学生学习中的积极作用，促进学生学业的不断发展。

关键词：高中政治；作业批改；优化策略

新课程改革明确提出要改变学生被动接受知识、死记硬背、机械学习的现状，倡导学生积极主动地参与、乐于探究，培养学生的探究能力和分析解决问题的能力。随着新课改的不断深入，这一理念已经渗透到高中政治课堂教学中，不论是在教学的目标、教学的内容以及教学的实施等方面都有了不同程度的改善。作业批改作为教学过程中一个不可缺少的环节，它是教师课堂教学的延续，在教育教学中具有非常重要的意义，它是评价学生学习情况的有效手段之一。一方面，教师通过作业批改可以清楚地了解学生掌握知识的情况，并且及时调整自己的教学行为；另一方面，学生根据教师的批改反馈，可以查漏补缺，进一步巩固所学知识；同时，作业批改还是教师和学生之间进行情感沟通交流的重要载体。但是，在实际的教学过程中，由于教师一直以来形成作业批改的观念和方式，在作业批改方面还面临着一些难题，不仅给教师增加了较大的工作压力，同时对学生的全面发展也造成了一定的负面影响，没有真正发挥作业批改应有的价值。因此，在新课改不断深入的过程中，加强高中政治作业批改的相关研究显得非常必要和重要。

一、探究缘由，直面高中政治作业批改的问题

关于作业批改的概念，很多学者进行了专门的探讨。比较有代表性的是刘莹在其硕士论文《中学教师"零作业批改"实践研究——基于"零作业批改"实验学校的调查》中，把作业批改归纳为：是对学生已经完成的作业进行评定。它包括三个方面：一是指出或改正错误；二是对作业状况写出评语或批示；三是评分，也就是根据一定的标准，对学生的作业给出一个比较明确的分数或者是等级。

本文将政治作业批改界定为：教师为了判断学生的知识掌握情况而对学生完成的政治书面练习所进行评定的一种评价行为。它包括三个方面：一是指出或改正错误；二是对作业状况写出评语或批示；三是评分，也就是根据一定的标准，对学生的作业给出一个比较明确的分数或者是等级。

（一）主要问题

尽管新课程改革进行了很多年，但是新课程改革的理念还没有渗透到作业批改这一环节。很多高中教师在进行作业批改的时候依然没有摆脱或是依然沿用传统的作业批改的方法。当前的高中政治教师作业批改中还存在一些问题。

1.**认识不到位。**虽然我们越来越重视作业对课堂教学效果的反馈，但是却忽视了通过作业来与学生进行沟通的意识，没有体现作业批改过程中教师和学生的沟通。对于学生的作业批改仅仅局限于对和错的判断，却忽视了对学生思维过程以及学生学习态度的评价。

2.**批改不及时。**我们都明白学生的作业最好当天批改反馈给学生，要对学生的作业及时进行批改，而且心理学的遗忘曲线也表明当天的反馈对

学生强化学习的效果最好。但是在实际工作中，往往都很难做到对学生的作业批改结果当天或是即时进行反馈。

3.方式较单一。学生作业批改的形式有很多种，有全批全改、面批面改，还有学生之间的互改和学习小组之间互改等多种批改方式。当前高中政治教师用得最多的批改方式就是全批全改，这种方式虽然能够有助于教师对学生阶段性学习内容的掌握情况有所了解，但是对学生来说，难以全面了解自己到底哪些地方有缺漏，难以对学生做作业的思维过程进行有效评价。同时，教师在对学生的作业评价中不善于运用评语，只是做出一个简单的对错或者等级的评价，忽视了对学生在做作业过程中学习态度、个人努力等方面的评价。

4.质量较低下。当前高中政治课在作业布置中仍然出现大量的重复练习，既增加学生负担，也不利于教师全面掌握学生学习情况；有些作业布置不注重层次，不能起到检测不同层次的学生的目的；有些题目不够灵活开放，不利于调动学生的学习兴趣、培养学生的思维能力。

（二）归因分析

1.传统观念的影响。受苏联赫尔巴特以教师为中心的教学理念的影响，教师一直处于教学的主体地位。尽管新课改已经实施多年，并且以学生为主体的理念已经逐渐渗透到教学的各个环节，但是在作业批改这一环节，很多教师依然持有传统的作业批改的观念，认为教师是作业批改的主体，批改作业是教师的责任和义务，从而忽视了学生在作业批改过程中的主体地位，也让学生觉得批改作业是教师的事。在这种传统观念影响下，教师忽视了作业批改的真正意义，以及没有充分发挥作业批改中师生进行沟通交流的功能。

2.应试教育的影响。高考是一根无形的指挥棒，尽管素质教育实施多年，但是其影响非常大，直接体现在重视结果的评价，用分数说话，忽视了对学生过程的关注和评价。

3.教学负担的影响。当前在很多普高，由于一名政治教师带的班级比较多，每周的课时量也比较大，政治教师的工作压力很大，因此对作业批改环节会造成一定的影响。

二、优化批改，提高高中政治作业批改效能

以前的政治作业主要是以死记硬背为主，多是一些知识型的作业题目，但是新课改以后，政治作业的类型也发生了较大的变化，从单一的知识型走向开放型、灵活型、应用型。因此对于高中教师来说，也要不断顺应新课程改革的要求，改变传统的政治作业批改的方式，对政治作业批改进行创新和优化，以充分发挥作业批改对教师教学行为的调整，以及促进学生政治学习的热情和提高政治学习效果的价值和作用。

（一）更新观念，彰显课改理念

教师要对高中政治课程改革有深刻的把握和认识，要把新课改的理念融入教学活动中，同时还要融入对学生的作业批改中。传统的作业批改的目的就是让教师了解学生对知识的掌握情况，形式机械单一。在新课改的背景下，对于高中政治教师来说，应该树立新的作业批改的观念。高中阶段是学生思维能力快速发展和情感价值观进一步形成的非常重要的阶段。因此，政治教师要把握这一阶段学生的发展特点，结合政治学科的特点，来培养高中生全面的素质能力。教师要树立以学生为本的理念，把关注学生个体的发展作为政治作业批改的目标。在政治作业批改中要关注学生的情感、态度、价值观的形成，让学生敢于表达不同的观点和想法。

（二）精心设计，提高作业质量

作业是对学生所学的知识进行巩固的重要方式，是检验学生学习效果的重要手段，也是新旧知识之间联系的纽带。教学不仅包括教师课堂上的教学，还包括学生课下的练习巩固。因此，政治教师需要优化作业的布置，在质和量上进行提升。由于政治学科有它自己独特的学科特点，因此，在政

治作业的布置上教师更应该注重把握科学性和艺术性的原则，根据教学的目标和要求以及知识的特点布置作业。通常来说，政治教师可以把作业分为以下几类。

一是以预习为主的作业。这是为了让学生提前对将要学习的重点知识进行预习，带着问题预习，带着问题思考，可以提高政治课堂教学的效果。二是以提升为主的作业。这一类型的作业不仅要帮助学生巩固所学到的知识，还要让学生在巩固知识的过程中提升情感、态度、价值观。三是以探究为主的作业。新课标中对学生探究能力的培养提出了明确的要求。因此，教师要多布置一些探究性的作业，避免学生死读书、读死书的情况，培养学生综合探究能力。

（三）方式灵活，优化批改过程

政治作业批改的内容上的多样化：教师在对学生的作业进行评价时不仅要重视知识、技能方面的评价，还要对学生的思维过程、答题的方法、情感态度和价值观进行评价。

政治作业批改方式上的多样化：一是采取面批面改的方式。为了克服教师全批全改的弊端，教师可以采取面批面改的方式。面批面改，是指教师对学生的作业进行面对面的批改。这种批改方式最大的优点是教师能够及时对学生的学习情况进行有针对性的指导，让学生进行有效的积极主动的纠正错误之处，并且分析原因，对学生的思考过程进行有效的指导，教师指导学生纠错的过程就是学生对所学知识进行反思与再提高的过程。二是发挥学生在作业批改中的主体作用，尝试采用学生自己批改、小组之间互改的方式。对于政治学科中的一些基础性的作业，可以采取学生自己批改或是学生之间相互批改的方式。对于一些提升性的作业，学生通过互批或者小组合作批改，在批改过程中找到他人的闪光点，发现自己的不足，可以对一些没有考虑进去的内容做进一步的补充。学生在批改的过程中一方面增强了自己的主体意识，另一方面对所学的知识进行了强化巩固。

（四）锤炼评语，激励学生向善

写评语是非常重要的作业批改环节，它可以在一定程度上对作业批改方式的不足进行弥补。评语是作业批改中教师和学生能够进行情感沟通交流的重要方式。教师可以通过评语来对学生进行具体的评价，包括情感态度、思维过程等方面的点评。教师在评语中要以鼓励和赏识为主，心理学的研究表明，赏识教育能够更好地激发个体的主动性。因此，教师要多用鼓励和赏识型的评语，如"做得好""很完美""一次比一次有进步""思考问题很全面""可以思考得更深入一些""试着做做看，你能行的"等。此外，评语还有画龙点睛的作用，教师要根据高中学生的心理特点，有技巧、有针对性地进行点评，有时候也可以用一些幽默的语言，让学生愿意与教师进行沟通交流，愿意改正错误，从而养成良好的学习态度。同时，评语要有针对性，针对不同的学生，教师可以使用不同的评语进行点评，真正体现因材施教的教学原则。

参考文献：

[1] 刘莹.中学教师"零作业批改"实践研究——基于"零作业批改"实验学校的调查[D].上海：华东师范大学，2008.

[2] 周宏斌，王成启.对高中思想政治学科作业布置与批改的思考[J].思想政治课教学，2009（12）：9-10.

[3] 韩伟英.浅谈学业水平考试背景下高中思想政治学科作业的有效批改[J].读写算（教育教学研究），2014（1）：7.

高中思政课议题式教学的价值和应用探究

浙江省严州中学新安江校区　谢　芸

摘　要：直面思政课新教材改革的挑战，科学运用议题式教学法，通过综合运用明确教学目标、合理筛选议题、创设有效情境、设计组织活动等手段，发挥其在培育学生自主合作探究的精神、营造民主和谐互动的教学氛围、提升教师高效教学的综合素养等方面的价值，有利于打造思政课高效课堂，提升学生思政学科的核心素养。

关键词：高中思政课；议题式教学；策略

随着课程改革进程的不断推进，高中思想政治教学面临更多的挑战。灵活运用议题式教学策略，科学把握好议题式教学的应用原则和流程，发挥议题式教学策略在高中思想政治教学的重要价值，能够为新课程教学改革攻坚克难、提升学生的学科核心素养服务。

所谓"议题式教学法"，其本质是立足于真实情境、真实议论主题保障、真实效果达成的高效教学方法。议题式教学立足于实践，将思想政治学科的知识点作为理论载体，注重学生主观能动性的调动，强调教师引导功能的凸显，使得学生在参与实践活动的过程中更深层次地掌握学科知识，在潜移默化中提升学科素养。议题式教学注重学生核心素养的培养，强调教学内容与社会热点的密切联系，打造生本课堂，贯彻落实因材施教的基本理念，使得学生核心素养在潜移默化中得以提升。

一、议题式教学在高中思政课堂教学中的主要价值

1.培育学生自主合作的探究精神。议题式教学格外突出学生的学习主体地位。议题式教学在思想政治课堂教学中的高效应用,强调学习共同体的优质打造,调动学生自主参与课堂的热情,引导学生掌握认知技巧,学会自主、合作、探究学习。议题确定后,学生自主展开资料的搜集整理,围绕具体议题展开深层次的探讨,最终得出问题答案,然后完成学习成果的高效展示。这一系列学习任务的实现,大部分是立足于小组合作学习模式基础上的,这对学生交际水平的提升,探究意识、合作精神的养成都有明显的促进价值,大大提升了学习效率。

2.营造民主和谐互动的教学氛围。议题式教学策略在思政课堂教学中的应用,为学生打造一个更加开放、民主、自由的政治课堂,保障民主教学目标的高效实现。在议题式课堂教学中,师生之间的壁垒得以打破,教师走下讲台,与学生融为一体,在自由、融洽、平等的氛围中,学生勇于表达自己的想法,大胆提出自己的问题,师生一起探讨,一起分析,不知不觉拉近了师生之间的距离,点燃了学生参与互动的热情,为打造高效的思政课堂奠定了强有力的基础。

3.提升教师高效教学的综合素养。议题式教学对教师综合业务水平、理论基础的扎实程度、课堂的把控能力都有了更严苛的要求。筛选议题的时候,需要综合考虑多方因素,结合教学内容、学生需求、社会生活等方面的因素,把知识逻辑、生活逻辑和教学逻辑有机结合起来,让所选的议题点燃学生的学习热情,引领学生积极主动高效地参与课堂学习。因此,议题式教学策略在高中思想政治课堂教学中的应用,可以提升教师的综合素养。

二、议题式教学法在高中思想政治课堂中的应用

1.明确教学目标。发挥议题式教学法对高中思想政治课堂教学的应有价值,必须立足于学生核心素养的培养。在新课程标准理念下,实现由传统

的三维目标朝着"四位一体"的学科核心素养目标转变。关注学生在活动体验中学习目标的完成情况。帮助学生树立正确的政治方向,保障价值指向得以高效引领。例如,在学习"市场配置资源"这节课时,明确教学目标:首先,要引导学生感悟中国特色社会主义市场经济取得的实践成就;其次,让学生学会借助市场经济理论就实际经济问题展开深层次的分析,强化学生参与市场经济的思维水准、预见能力;最后,正确认识自觉维护市场秩序的重要性,帮助学生牢牢树立自觉遵守规则、培养法治意识的观念。教师组织学生展开市场模拟、决策等活动,深层次理解市场规则,提升学生的科学精神、法治意识、公共参与等核心素养。

2.合理筛选议题。议题是思考、探讨、解决具体问题的载体,发挥议题式教学的应有功能,需要精心筛选议题,保障选择的议题更具典型性、挑战性与实效性。因此,无论是创设的教学情境,还是设计的实践活动都应该紧扣议题。根据新课程标准实施建议,议题需要将学科内容包含其中,同时将富有价值的论点生动形象地展示出来,同时还要兼具引导性、开放性等特征,强调教学重难点的体现。发挥议题引导优势,让学生立足于实际生活中的问题展开深层次的思考,积极主动地表达自己的论点,在思考中体悟理论真谛。选择的议题紧扣时事政治,围绕当前的热点话题展开分析,充分调动学生学习的积极性,启迪思维,高效解决现实问题。例如,以"新型冠状肺炎疫情"为研究议题,结合政治知识,让学生分析中国"战疫"行动为何如此迅速高效,由此彰显了中国特色社会主义制度的优越性,等等。又如,以"猪肉价格上涨""中美贸易摩擦"等话题作为议题,结合教材知识与现实案例,引导学生全面分析,实现思政课教学和现实生活的深度融合。

3.创设有效情境。有效的情境创设是高中思政课议题式教学展开的基础和载体,也是议题式教学法高效实施的重要手段。为此,议题式教学应关注学生情感体验,教师要紧密结合高中生的学习实际与具体的学科知识,为学生创设恰当的教学情境,切实保障创设的情境真正为议题教学活动服务,同时启迪学生积极思维,激发学生学习潜能,保障深度教学活动顺利推进。

4.**设计组织活动**。结合学生实际以及现实热点，精心设计组织议题式学习活动，丰富活动形式。注重学生的思维过程，强调探究和分享，引导学生在主动参与活动的过程中，将议题的探究理念内化于心、外化于行。例如，在"企业的经营"教学中，设计家庭访谈以及社会调查活动。首先，让学生先交流自己家中汽车品牌；然后，让学生自由分组，在课余时间前往大家比较感兴趣的汽车品牌4S店开展调研活动，详细了解汽车品牌文化、企业经营实际，探讨成功经营的经验。通过实践活动，学生提升分析解决经济问题的能力。

议题式教学法在高中思想政治教学中的应用，符合学生的心理特征、认知规律，符合思想政治学科的特征，同时也契合新课改的基本要求。为此，广大政治教师要贯彻落实新课改要求，将议题式教学法有效应用于思想政治教学之中，为提升学生政治学科核心素养服务。

参考文献：

[1] 孙健.塑造活动型高中思想政治课——谈议题式教学法在高中政治教学中的应用［J］.中学政史地（教学指导），2019（6）：54-55.

[2] 严宏亮.思想政治课议题式教学探究——以"垃圾围城"为例［J］.中学政治教学参考，2017(19)：14-15.

[3] 朱爱武.高中思想政治课教学议题开发刍议［J］.天津师范大学学报（基础教育版），2019（1）：14-20.

当下普高德育存在的主要问题与对策探讨

浙江省严州中学新安江校区　谢　芸

摘　要：针对当下普高德育存在的观念落后、脱离实际、机制缺失等主要问题，采取相应的对策，提高普高德育的针对性和实效性，为进一步践行"德育为先、五育并举"的理念，为立德树人提供强大的动力。

关键词：普高德育；主要问题；对策

普高是学生形成科学世界观、人生观、价值观的重要阶段。开展科学的德育，不仅能调动学生学习的积极性、主动性和创造性，而且能够促进学生德智体美劳全面发展，为把学生培养成为中国特色社会主义事业的建设者和接班人奠基。然而，在应试教育的背景下，高中德育正处在"说起来重要，做起来次要，忙起来不要"的尴尬境地，德育的针对性、创新性和实效性等不尽如人意。这迫切需要广大德育工作者正视问题，寻觅对策，提高效能。

一、当下普高德育存在的主要问题

（一）观念落后

在传统应试教育思想下，重智轻德现象严重，长期以来形成了一些落后的观念。

1.急功近利的观念。不少普高的德育工作者,总希望用极端的手段,在极短的时间内,争取显著的德育效能。

2.一劳永逸的观念。许多普高德育工作者,常常在取得阶段性德育成效之后,就认为可以大功告成了,没有在德育中"反复抓、抓反复",持续关注德育问题的发展变化。

3.孤军奋战的观念。一些普高德育工作者坚持孤军奋战,没有争取有关方面的紧密合作,形成强大的德育合力,导致德育本领恐慌、收效甚微的后果。

4.随意拿来的观念。不顾学校当下学生的实际,照搬照抄兄弟学校的经验和做法,引起学生的反感,甚至对抗,导致犯经验主义的错误。

5.主观臆断的观念。凭借自己的主观判断,误诊德育中的问题,为解决德育问题开错药方,引发严重的德育后果。

6.包治百病的观念。长期以来,惯用一种德育的方法,解决各种复杂的德育问题,结果事与愿违,导致德育问题更加严重。

上述种种落后的教育观念,不符合德育的实际和规律,更不符合新时代的要求,严重影响普高德育的行为和实效,阻碍普高德育的整体和可持续发展。

(二)脱离实际

1.脱离学生的实际。许多德育活动,没有从学生的有效需求出发,仅仅从德育工作者的主观愿望出发,导致学生参与的热情低下,甚至以种种理由,抗拒参与有关德育活动。

2.脱离学校的实际。一些普高的德育活动打着学习兄弟学校先进经验的旗号,不顾学校的现状,强烈推行有关德育活动,导致师生萌生逆反心理,在无奈之中,应付这些所谓的德育活动。

3.脱离时代的实际。我们已经步入新时代,需要紧跟时代的步伐,争做新时代的主人。有的德育活动,依然搞一些诸如对长辈的愚孝、对男女学生交往的过于严苛等所谓的德育活动,招致学生的反感和抵触。

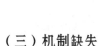

（三）机制缺失

1.合作机制缺失。包括教师与班主任的合作、学校各部门的合作、家校合作、学校与社会相关部门的合作等机制，这些机制往往处于尚未建立或者半途而废的境地，导致各种德育资源分散使用，难以形成强大的合力，甚至严重内耗，收效低下。

2.长效机制缺失。不少普高的德育往往存在"一哄而上，时冷时热"等现象，没有建立支撑学校德育持续发展的长效机制，导致学校德育工作时紧时松，波动现象严重，许多德育的顽症得不到根治。

3.创新机制缺失。众多的普高常常因忙于应试，往往在学校德育中过多"重复昨天的故事"，德育的内容、形式、手段、方法、资源等都比较陈旧，导致师生觉得德育活动索然无味，疲于应付，流于形式，走过场。

二、破解当下高中德育问题的基本对策

（一）加强德育队伍建设

1.建立一支德育行政管理团队。建立一支由校长挂帅，分管副校长和各部门中层干部参加的校本德育行政管理团队，专门研究校本德育的规律与策略，制订切实可行的校本德育规划和学期德育计划，开展贴近学生有效需求的丰富多彩的德育活动，追求德育活动的针对性和高效性，努力打造校本德育的特色。

2.建立过硬的班主任德育团队。班主任是校本德育的中坚力量和关键主体。选拔一批德才兼备，想干事、能干事、干成事的教师担任班主任。开展班主任校本研训、外出考察学习、疑难问题攻关等活动，全面提升班主任的素质。

3.建立学术型的德育研究团队。建立和完善以校本主课题研究为引领，以教师微课题研究为载体的校本德育研究动态机制，遴选一批有热

情、会研究、善攻关的骨干教师参与研究。学校竭尽全力为校本德育研究提高物质与时间等保障，推动校本德育持续有效开展。

（二）贯彻新的发展理念

针对当下普高德育观念落后现状，努力践行创新、协调、绿色、开放、共享发展的新理念，不断增强校本德育的生机与活力。

1.坚持创新发展。批判继承校本德育的经验，弘扬和培育先进的校本德育文化，破除陈旧的不合时宜的观念和做法，深入研究和推进校本德育内容、形式、手段与方法等创新发展。

2.坚持协调发展。坚持"五育并举"，加强校本德育与其他各育的深度融合和协调发展；坚持家校互动，优化校本德育与家庭教育的深度融合和协调发展；坚持德育与研究互通，推动校本德育与科学研究的深度融合和协调发展。

3.坚持绿色发展。积极探索生态德育，努力打造生态课堂德育、生态课外德育、生态社会德育，让德育成为学生生命的有机组成部分，成为学生全面发展的灵魂，让学生的生命焕发夺目的光彩。

4.坚持开放发展。大力践行改革开放的理念，坚持"走出去"与"引进来"的有机结合，大胆借鉴兄弟学校成功的校本德育经验和做法，为校本德育的发展注入更加强劲的动力。

5.坚持共享发展。坚持共商共建共享的理念，以学科德育为主阵地，以系列活动为主抓手，以校本德育研究为动力，以校本德育交流为平台，不断推动德育成果校本化、创新化和共享化。

（三）建立完善的德育机制

建立和完善校本德育机制，是推动校本德育可持续高效发展的关键环节。针对当下普高校本德育机制存在的主要问题，急需建立和完善以下校本德育机制。

1.建立和完善校本德育的合作机制。从学校的实际出发，研究和把握校本德育的规律,切实建立教师与学生、校内与校外、线上与线下等合作机制,完善合作的手段和方法,精心打造更好更多的合作平台,提升校本德育的合作效能。

2.建立和完善校本德育的长效机制。教育是慢的艺术,既不能急功近利,又不能一哄而退;既不能让学生输在起跑线上,更不能倒在终点线前。因此,校本德育要建立和完善德育内容、形式、方法、手段、制度、机制等方面的长效机制,推动校本德育的可持续发展。

3.建立和完善校本德育的创新机制。创新是推动校本德育发展的第一动力。创新的风险是失败,不创新的风险是灭亡。为此,校本德育要在贴近学生、贴近生活、贴近时代上狠下功夫,着力在德育内容、形式、方法、手段、制度、机制等方面创新,推动校本德育创新发展。

参考文献:

[1] 黄蕾.关于改善高中班主任德育工作举措的探讨 [J].课程教育研究,2019(21):201-202.

[2] 冯斌.行为世范,立德树人——高中班主任德育工作的实施策略 [J].中国校外教育,2019(8):53-54.

[3] 韩传信,段多梅.提升高中班主任德育能力的实践方略 [J].教师教育研究,2015(2):88-91.

思政课教学中如何培养学生公共参与的核心素养

浙江省严州中学新安江校区　邢　洁

摘　要：公共参与素养是思想政治学科核心素养的实践归宿，培养公共参与的核心素养已成为思政学科的重要追求。该文探究的是如何创设有效的议题，依托学生活动，在教师适度引领下，优化评价，让公共参与的核心素养落地生根，实现立德树人的目标。

关键词：思想政治课；公共参与素养；学生活动

《中国学生发展核心素养》指出："发展核心素养是落实立德树人根本任务的重要举措。"培育核心素养是思想政治学科的价值追求。公共参与素养是政治认同、科学精神、法治意识的行为表现和实践归宿。本文以《政治生活》第一单元第二课"我国公民的政治参与"为例，立足于学生现实的生活经验，着眼于学生长远的发展需求，积极探索培养高中学生公共参与核心素养的具体路径。

一、公共参与素养的科学内涵与价值界定

公共参与是指公民有序参与公共事务，承担社会责任，积极行使人民当家作主的政治权利的社会实践活动。公共参与素养是公共参与的主体所具备的公共参与的基本知识、价值认知、较稳定的参与品格和表现出的对公共事务的影响能力。其内容包括：一是具有集体主义精神；二是遵循规

则，有序参与公共事务；三是热心公益事业，践行公共道德，乐于为人民服务；四是积极参与民主选举、民主协商、民主决策、民主管理、民主监督的实践，体验人民当家作主的幸福感；五是具备善于对话协商、沟通合作、表达诉求和解决问题的能力，以及勇于担当社会责任的意识和能力。

公共参与素养是对学生的未来有着决定性意义的关键素质，培育高中学生的公共参与素养，有助于他们增强公德意识和参与能力，追求更高的道德境界。引导学生生成人民当家作主的责任感与使命感，成为有担当的具有较高政治素质和能力的现代公民。

二、培育学生公共参与核心素养的基本遵循

培育学生的公共参与素养，需要创设有效的议题，依托学生活动，在教师适度引领下，优化评价，最终促使该素养落地生根。

（一）前提：精选有效议题

精选有效议题是培育公共参与素养的前提和基点。适时合用的"议题"的选定应依据课程标准，教师在对议题相关问题的认识状况及原有经验的基础上，结构化处理学科知识，这样才符合价值性、生活性、开放性、挑战性的标准。

《政治生活》第二课"我国公民的政治参与"的议题设计，如表1所示。

表1 "我国公民的政治参与"的议题设计

活动议题	垃圾分类你我他
议题1	垃圾分类"我参与""我行动"——如何科学决策推动垃圾分类？
议题2	垃圾分类"他负责""他带头"——关注垃圾分类的带头人是如何产生的？
议题3	垃圾分类"您忙碌""您辛苦"——如何通过社区推动垃圾分类？
议题4	垃圾分类"全员参战""全面监督"——如何监督不良行为推动垃圾分类？

"垃圾分类"是近年来我国开展的全民参与的环境保卫战，是每一个

学生可观、可感、可思、可议的真实生活议题。在"垃圾分类你我他"的总议题下分设四个部分,既相互独立,又层层递进,凸显环环相扣的逻辑层次。有效议题具有以下主要特征。

1.**学科性,承载学科重点知识**。有效议题应紧扣学科教学重点,围绕学生必须掌握的最基本、最重要、最关键的知识,把握学科思想。结合垃圾分类四个议题,逐步探究民主选举、民主决策、民主管理和民主监督的方式,有助于高中学生了解民主管理的程序、体验民主决策的价值、感受民主监督的权利。

2.**生活性,贴近生活具体实际**。议题紧扣当前社会热点和学生实际,从学生的生活经验出发,引导学生关注媒体垃圾分类的各种报道,调查校内班级和校园公共区域的垃圾分类情况,利用周末实地考察自己生活的村落和社区的垃圾分类,贴近学生的学习需求,解决学生对生活的思考和追问,体现对"我"有触动,鼓励学生将自己相对比较稚嫩的生活体验与理论性较强的书本知识相结合,积累参与民主的实践经验,借用"小事""小地方"培养高中学生勇于担当社会责任,提高公共参与素养。

3.**开放性,触发学生多维思考**。针对目前垃圾分类存在的不足和隐患,如何更好地宣传推进垃圾分类工作实际是一个开放性议题,教师结合较多接地气的素材,开发社会资源,组织各小组不断探索思考垃圾分类的对策。以探究过程为主要环节,以培养能力为出发点,给学生带来更多的思考维度,合作拓展探究出许多解决问题的具体方法,初步形成解决问题的独立见解,逐步培养学生善于对话协商、沟通合作、表达诉求、解决问题的能力。

4.**挑战性,激起学生激烈辩论**。在垃圾分类工作中,村民委员会和居民委员会展现出强大的行动力,细化、落实所有的垃圾分类的具体工作,同时也暴露出两者存在的不够完善的地方,比如工作比较粗放不够细化,工作比较粗暴不够人性化。针对这些问题,可以设置"辨析性"问题,启发引导学生发表不同的意见甚至争论,从而延伸、拓展和深化疑难点和关键点。这个空间存在于学生的现实水平和潜在水平之间,找到该区域,设置具有挑战性、探究性的议题,使得问题必须通过合作方能有效完成,从而培养高中生具备集体主义精神，逐步培养对话协商、共同合作的意识和能力。

（二）关键：贴近学生活动原点

活动是公共参与素养的生成点。通过活动对学科知识进行消化、吸收、加工，由此才能升华为素养。以活动为载体，能促进学生认同主流价值观，内化成为自觉的价值取向并导向相应行为。

1.涵养公共参与意识，培育"我想参与"的热情。公共参与素养是一种意愿和态度，公民有主动参与的愿望、意识和热情。教师要尊重学生，关注学生内心的情感和价值需求；议题设置要有层次、有梯度；任务布置需兼顾不同学生的知识基础、学习能力、兴趣爱好、性格差异等实际情况；培养鼓励学生的主体意识；引导学生认识具备公共参与素养的意义，明确公共参与素养关系个人的前途和命运，关系社会、国家和民族的发展，只有一个人人参与的社会，才能促进社会和个人的发展。只有以生为本，调控呵护的温度，才能引导学生真正树立"我想参与"的勇气。

2.提升公共参与能力，坚定"我能参与"的信心。有素养还必须有能力，能力是素养的载体和具体表现，是知识到素养的必经之路，培育公共参与素养应着力于"关键能力"的形成和提升。通过各种形式的活动，开展不同主体之间的言语与行为的合理交往，生成促进自身发展的决策能力、交际能力、解决非原则问题时的协调能力等。强调训练学生的合作、积极进取的个性养成，掌握公共参与的方法、技能，知道公共参与什么，怎样公共参与，以学科知识为载体，引导高中生把科学知识与生活实际相联系，培养学生的合作交往技能和动手操作能力，提升公共参与能力，最终增强"我能参与"的信心。

3.强化公共参与实践，促进"我正参与"的行动。培育学生的公共参与素养，应该将课内活动和课外活动有机结合，应包括课内开展的思维活动（隐性）和课外开展的实践活动（显性）。围绕议题的课堂活动教学与课外实践活动呈立体状的结构，使学生既可以系统地学习思想政治学科的各类知识，更侧重于综合性知识、应用性知识，又能联系实际，灵活展开各种学习活动。公共参与素养使学生在自我体验、自我理解和自我实践的过程中发展起来。

（1）课堂学生活动。开展课堂活动，首先要精心设计活动，明确活动目标和清晰活动设计思路。强调学生的亲自参与，尊重学生的主动精神，让学生成为活动的主体。结合学科内容和特点设计活动，设法在学习者的亲身经历与学科知识之间建立联系。充分体现活动的教育性，采取多种形式开展活动。

民主选举活动——垃圾分类"他负责""他带头"

活动形式：文本阅读、对照比较、互动讨论、表述说明、评述反思。

活动过程：

①班级公选。

活动内容：班级选举2名代表向学校反馈垃圾分类的意见和建议。

设计意图：让学生直观感受直接选举和差额选举的特点，培养学生表达能力和分析问题的能力，注重行为实践。

②文字资料探究。

活动内容：学习浙江省人大代表徐波提出的制定《浙江省城乡生活垃圾分类收集利用实施办法》的议案和宁波市人大代表褚海娟的"创新垃圾分类载体，探索实施垃圾袋发放制度"。

设计意图：了解间接选举的特点；深入理解差额选举的特点；分析方法科学、精准。

③观看视频资料。

活动内容：我国国家主席选举的视频。

设计意图：探寻等额选举的特点。

活动收获和反思：活动只是工具和载体，目的是通过活动来实现"活动育人、实践育人"。采取自主探究、小组合作探究、课堂展示观点等方式引导学生根据不同的"他"的产生，探究我国民主选举的方式，寻找我国选举制度产生的原因，感悟我国民主政治建设的长足发展，使原有知识、经验、思想、观念在深度融合中内化为品性素养积淀。

（2）课外社会活动。公共参与素养最终必须表现为学生个体自觉的实际行为。参与课外社会活动有利于增强高中学生的社会适应性，学生通过亲自参与和自主选择，能够感受来自实践生活的需求，在学习者的亲身经历与学科知识之间建立联系。

"民主决策"活动——垃圾分类"我参与""我行动"

活动形式：实地调查、互动讨论、成果展示、模拟决策及反思。

活动内容：

①准备阶段：确定议题——垃圾分类"我参与""我行动"；根据成员差异，分好小组；制订活动方案，明确活动目的。

②实施阶段：收集国内外垃圾分类的优秀举措或现存困惑的相关材料；走访美丽新农村、网红村及学校附近社区（基于安全性和活动可行性考虑），了解本地垃圾分类现状和执行举措；分工合作完成初始调查报告，小组讨论优化调查报告；在学习园地展示各小组调查报告，每个学生手中有2票，评选自己心中的最佳，为公平起见，每个成员不能选自己小组成员；票选最佳小组负责人课堂展示，此环节应允许交流前的修改，鼓励吸取其他小组的闪光点。

③总结阶段：教师引导下质疑反思，总结提升。

④反馈阶段：借力校园生活，联系学校团委学生会，制作宣传海报，开展实践指向性活动，全员参与建设美丽校园；参加社区垃圾分类宣传的志愿活动。根据课堂讨论，向有关部门递交活动可行性报告，关注后续跟进。

反思：课外社会活动基于学生生活体验与需求而开展，围绕社会热点，整合乡土资源开发，以小组合作的形式，根据当地经济社会生活中的某个现实问题，分析其原因，提出解决对策。通过一系列社会实践活动，高中学生能够形成正确的价值判断，做出正确的行为倾向。在操作中主要存在安全问题，以及调查报告的原创性问题。有部分同学贪图方便，直接从网络上摘抄,这个现象一开始就必须要杜绝。参与社会实践活动,能够使学生认识到自己也是这个社会的一分子,自己的一言一行、一举一动都会影响到他人,影响到这个社会,真切地体会责任的价值,从而开始热心公益事业,践行公共道德,勇于担当社会责任,做公共事务的模范践行者,真正落实公共参与素养的培育。

(三)保障:教师适度引领

学生活动学习的进程中,预设之外的生成往往层出不穷,教师应及时采取相应措施进行适度引领,以免教学偏离大方向。

1.**精准定位**。在教学中,学生的主体地位不可置疑,而教师教学艺术、教学理念、教学能力也不可或缺,教师需营造关怀生命、情感交融、生生互动、师生互动的教学环境,到位而不错位,关注学生的发展,做好小组合作学习的组织者、引导者,承担好学习促进者的角色。在课前,教师需协调学生一起巧设议题,与小组长一起分解并布置好学习任务。在课中,教师要及时把握学习活动情况,运用教学机制,给予有效的启发指导,注重对话互动、思维互动、角色互动,适时加以点拨引导、点评鼓励。既教给学生探索发现的方法,又强调问题解决过程中的理性思考和科学论证,注重探索的高度和深度,让活动顺利开展,让素养扎实落地。

2.**适度开放**。首先,时间要开放。活动过程中思辨、对话、争论等思维碰撞都需要充足的时间。有充分的独立思考时间、完整阐述观点,将成果展示交流,并倾听他组观点,吸纳他人之长,形成关于议题的完整准确认识。学生足够的汇报、反思的时间,这都需要教师进行时间开放。其次,思维要开放。教师要扎实学生课内基础知识,引导学生深入了解与议题相关的实践问题,观照现实问题,并通过各种方式去探究、去发现、去反思,注重创新意识。最后,空间要开放。课堂是培养素养的重要阵地,但校园、社区、家庭等空间也都是公共参与素养培育的平台。

3.**科学导向**。教师需要用一切向上的正能量来培养学生科学的价值观,保证学生活动沿着正确的价值取向展开。

例如，以"如何通过社区推动垃圾分类"为议题，探究民主管理的意义和价值，以及体现民主管理的方式和制度。通过网络媒体查阅汇集其他城市及社区的举措；结合本地社区正在进行的垃圾分类工作现状，通过比较、借鉴、创新归纳解决社区垃圾分类的多种途径。教师紧扣课程内容，组织学生参与社区公共问题的改进、地方环境的保护活动，引导学生通过关注、服务公共事务认识到社会矛盾和社会差异的现实性和长期性，增强公德意识、公益精神，引导帮助学生把握好人生方向，扣好人生第一粒扣子，这样知识能力才能内化为素养，提升社会责任感，自觉承担社会责任。

（四）激励：优化评价方式

教学评价对公共参与素养的培育起着导向、激励、诊断、调控、交流的作用。优化激发学生公共参与的评价和激励机制，需要把公共参与的行为和效果作为评价个人素养的重要依据。

评价需要对活动诸要素进行系统的、科学的、全面的分析，评定活动效果对活动目标的实现程度。首先，评价需要看学生活动是否紧扣有关"议题"、学习内容是否明确、活动设计是否合理。其次，看组织的活动形式是否能够突出对议题的理解和深化、活动组织是否恰当、活动资源是否充分利用。最后，评价应重视表现性评价，重点考查学生的思维能力、团队协作、信息素养、价值观念等。采用"求同"取向与"求异"取向相结合的"差别式表现评价"。

针对许多居民不良的乱抛垃圾的习惯，开展"垃圾不分类对环境的影响"的专题调查活动。各小组学生自己查阅报刊网络资料，自编调查问卷，将收集来的资料进行认真的汇总和整理后撰写成调查报告。评价时应以学生的自我记录、自我小结、自我反思为主，让同学、教师、家长、社区工作人员、活动场所负责人等共同参与评价。学生的主体性、创造性是否得到充分发挥，学生的交往能力是否得到增强，学生是否有获得感、成就感，关键要看公共参与素养是否得到提升。

最美的教育永远在路上，培养高中学生公共参与素养，以学生感兴趣的活动为形式，探寻有趣的外显行为活动和高效的思维内化活动相结合，是值得广大一线教师努力的课题探究方向。

参考文献：

[1] 教育部.普通高中思想政治课程标准（2017年版）[M].北京：人民教育出版社，2018.

[2] 陈式华.基于学科核心素养的中学思想政治教学[M].广州：广东高等教育出版社，2018.

[3] 鲁新民.思想政治课教学新论[M].西安：陕西师范大学出版社，2016.

合理选材，提升思政课的教学效能

浙江省严州中学新安江校区　邢　洁

摘　要：该文试图从学材选择的真实性、生活性、新颖性、可塑性等四个角度来探讨中学思政课合理选材，更加充分地实现情感态度价值观目标，提升思政课教学的效能。

关键词：思政课教学；学材；合理选材

曾经听过这样一堂思政课，执教老师用家乡的特产"西塘枇杷"来贯穿全文，设置了从展特产、销特产、护特产三个层次来演绎财产的归属、财产的权利、如何维权三个主体内容。课堂受到了学生的积极回应和听课老师的广泛好评。然而也有不少质疑，比如，关于城管过于明显的不合理行为，让学生怀疑其真实性；从家门口挖出的三枚普通钱币，师生讨论后认为要交给相关部门，价值如此低微的钱币，课后教师将它上交给国家相关部门，似乎不太合乎情理。那么，如何选择学材才能使政治课堂情深境真，推动政治课情感态度价值观目标的实现呢？类似的疑问一直盘旋在笔者的大脑中，由此引发了撰写本文的念头。

一、学材的内涵解读

学材是指为帮助学生达到课程标准所规定的学习高度，由教育专家、教师、学生根据具体的学情和教材，结合特定的时间和区域，精选的辅助学习图文声像等材料。它与教材相辅相成，具有鲜明的个性化特征。

从来源看，学材源于学生的学习情况与生活背景，是社会化的素材，具有多样性和时代性特点。从指向看，学材立足于学生的发展，内容易被学生理解接受，又具有一定的可探究性，是一种处于学生"最近发展区"的教学资源。它的选择必须遵循真实性、生活性、新颖性、可塑性等原则，有利于创设适度的情境，打造情深境真的政治课堂。

二、学材的主要特征

新课程标准下的思政课是一门综合性、活动型的课程。这就要求学生能在一定的境界中自主地体验情感，学习知识，发展能力。思政课课堂教学要从重视教师的"点化"向重视学生的"内化"发展，促进学生各求其心、自求自得，把情的教育与心的感悟作为学生自主体验的重要内容。在这样的背景下，高中思政课学材的选择和使用应具有如下特点。

1.承载情感态度价值观目标。新课程下的高中政治课的内容涵盖了心理教育、道德教育、法律教育、国情教育等内容，最终归结于人与自己、与他人、与社会之间的和谐。课程的任务是引领学生感悟人生的意义，逐步形成正确的世界观、人生观、价值观和基本的善恶、是非观念，学做负责任的公民，过有意义的生活。在此基础上形成的三维教学目标中，情感态度价值观目标，它既是教学要达到的一个高度，又是教学中学生达到课标要求的情感桥梁，有利于知识目标的理解，推动能力与素养目标的达成。因此，新课程标准更强调和凸显情感态度价值观目标的地位。

2.弥补文本的滞后性等不足。课标是教师教学的航标，学生的学习要达到怎样的程度是课标的具体内涵。教师教学中的第一手材料是根据课标编写的教材。统编教材是专家编写的，具有科学性、普适性和经典性，但在一定程度上也存在着滞后性等问题。一方面，教材无法包括近期发生的具有教育意义的时政；另一方面，普遍适合一般中学生，往往难以体现校本性。所以，教师在教学的过程中选择适当合理的学材予以补充，有利于学生更好地学习，特别是有助于学习过程中情感激发与思想升华。

3.突出学材选择使用的适切性。当前的高中政治课处于解构后的新课建构期，优质课模式层出不穷。多数教师都把学习材料的开发作为教材的补充：有用于导入新课的，有用于做线索贯穿全文的，有用于辅助材料证明课堂内容的，有用于知识的衍生帮助学生理解教材某些内容的，也有用于课堂小结的。各种学习材料的选择都起到了很大的辅助作用。然而，学材本身是有价值倾向和情感导向的，在学材运用的过程中自然而然地会给学生带来一定的情感体验，学生会默认接受。这种体验有积极的，也不乏消极的。于是在学材的使用中难免存在画蛇添足、喧宾夺主、利弊取舍两难的现象，如何选择好学材显得尤为重要。

三、学材选择的主要原则

学材的选择要尊重学生、贴近学生、源于学生、用于学生、为了学生，遵循真实性、生活性、新颖性、可塑性等主要原则。

1.真实性原则。真实性并不是说选择的学材必须是已经发生的事实，而是所选的材料是允许经过加工的，但在其发生的可能性上是高概率事件。学材的本身是符合时序、常理、思维等方面逻辑的，是学生可以相信在特定的条件下会发生的事件。这样的学材能帮助学生投入相对真实的情境，走进自己的心灵来习得知识、发展能力。它既可以吸引学生的注意力，又能推动学生积极的思维生成，让学生成为学习的主人；反之，如果让学生听课感觉像看虚构小说，真实性必然大打折扣，效果也就可想而知了。

《生活中的法律常识》的学材选择对真实性的要求最高。法律是一种概括、普遍、严谨的行为规范，具有严谨性，理解和运用起来有一定的难度，而教材中的法律常识，重视法律意识的培养，辅之以一定的案例分析，学材选择需要从案例入手，考虑到法律特性，注重选材的真实性。

【教学案例1】"财产所有权"教学片段选材分析。

本课从情感态度价值观目标来看，主要是：帮助学生初步形成现代经济生活公民必备的法律意识，自觉遵守经济法律。具体到所有权这一片段，集中体现在提高法律意识这一范畴。为了创设更好的教学情境，教师可以开发适量的学材。

学材选择一：假如你中了体育彩票特等奖500万元，那么对于这500万元你将如何行使你的财产所有权呢？

学材选择二：春节是我国的传统节日，也是许多中小学生所期待的节日。这不仅仅是因为他们得到了休息的时间，还因为新年有压岁钱。每个同学的压岁钱数目不一，用途也不一。请结合自身经历，以压岁钱为例，谈谈如何行使财产的所有权。

选材分析：两种选材都是以学生为中心，试图从演绎思维的角度来帮助学生理解财产的占有、使用、收益、处分四种权利。从知识的角度看，两种选材都可以达到帮助学生理解所有权内涵的目的，促进情感态度价值观目标的实现。从这一角度看，两种选材的效果就不可同日而语了。

选材一"中500万元"是一个真实性低的事件。其一，买体育彩票需要年满十八周岁，这是一种成人的行为，极少发生在中学生的身上。课堂上以此来举例，学生就会默认"中学生买体育彩票是提倡的"这样一种思想，这对我们提倡"理想的实现源于自身的奋斗"的观点的负面效应显而易见。其二，单纯从"中500万元"的可能性来看，这也是个低概率事件，具体到某一人得奖的概率微乎其微，以此举例让学生觉得不够真实。其三，作为一名中学生，以他的行为能力和思维能力能否处理好500万元的财产？让他们来处理似乎强人所难，是他们现实生活中不曾接触过的，导致学生回答呈现出"幻想联篇"的特点，情感上更加随意，难以达成既定的情感态度价值观的教学目标。

选材二"处理压岁钱"是一个真实性高的事件。其一，几乎所有学生都有过这样的经历，容易勾起真切的回忆，引起共鸣，容易投入课堂的情境。其二，学生日常处理压岁钱的方式并不一定是合理的，在交流的过程中可以帮助学生得出相对合理的财产处理方式。其三，一般学生压岁钱的量从能力上说，学生可以处理，更让学生认识到财产所有权就在生活中，提高学生处理财产的法律意识。

2.生活性原则。生活性是指学材的选择是贴近学生生活,是发生在学生周围的事、存在于学生生活背景中的物。生活性的学材是学生身体的各种感官所接触过的,可以是看到的,可以是听说的,更可以是经历过的。学材的作用是辅助学习,而不是增加学习的内容。而生活性的学材正符合了这样的特点。一方面,它来自生活中,不需要学生去理解其本身的内涵,不给学习增加负担;另一方面,生活中的学材更符合学生的口味,它能够拉近教材与学生的距离,让学生把生活中的感情自发地迁移到学习中,更融洽地投入课堂的情境中来。

【教学案例2】"建设社会主义文化强国"教学片段选材分析。

本课的情感态度价值观目标:理解发展中国特色社会主义文化的基本要求,坚定走中国特色社会主义发展道路、实现社会主义文化繁荣昌盛的信念,充分地发挥中国特色社会主义文化的作用。这一目标的实现,有待于教师开发更多的具有生活体验感的学材,让比较抽象的概念落地生根。

学材选择一:《都挺好》一经开播迅速受到人们的追捧,腾讯视频上评分9.3分,演员们以高超的演技,贴近生活的桥段,充分展示受原生家庭影响的重男轻女、啃老、妈宝男、老人赡养以及子女教养等问题,彰显了人们对美好生活的向往。姚晨凭借《都挺好》苏明玉一角获得釜山电影节亚洲电影市场亚洲内容颁奖典礼"最佳女演员"奖。姚晨说,这部电视剧在中国引起了轰动,因为它非常真实幽默地展现了当代中国的家庭问题和女性情感问题。

学材选择二:2018年6月10日,《人民日报》第7版整版刊文谈建设社会主义文化强国。文章指出:没有高度的文化自信,没有文化的繁荣兴盛,就没有中华民族伟大复兴。建设社会主义文化强国,是建设社会主义现代化强国的重要任务;建设社会主义文化强国,就要积极主动地激活中华优秀传统文化,使其成为发展中国特色社会主义文化的内在滋养。要做到这一点,就需要高度重视对中华优秀传统文化进行创造性转化和创新性发展。

选材分析:选材一以电视剧《都挺好》为背景,集中展示了现代社会中突出的矛盾问题,学生都有所见、有所闻、有所感,对这些问题也有自己的见解和看法，通过引导就能很迅速地投入情境，学生容易将心比心，产生情感的共鸣，既加深了认识，又优化了行为，课堂情深而境真。通过讨论就能较快地实现情感的升华、知识的落地，理解建设社会主义文化强国的必要性和基本要求，达成教学目标。

选材二以《人民日报》时评为情境，高屋建瓴，具有权威性、说服力，能够很好地达到知识能力的要求，但在情感体验上有一定的差距，学生不容易以生活体验为抓手，更好地领会国家的文化发展战略。情境的创设，应该将顶层设计和生活体验相结合，这样才能更快更好地引起学生的共鸣，激活学生的参与感和主体意识。

3.新颖性原则。学材的新颖性有两层含义。一方面，在时间上是近的。学材本身是近期发生的事件，有巨大的影响或能给人以启发。另一方面，从学材的内容看，是独特的、与时俱进的，甚至是社会所期待的某种事件出现了。这样的学材在学习的开始阶段能吸引学生，提高学生的注意力，在学习的过程中能保持学生的热情，帮助学生以情唤情，提高学生的需要层次，推动积极情感的有效生成。

文化是一个抽象的概念。中学阶段学生对文化内涵的理解主要依托于对文化外延的把握、对文化生活的感知，学生对文化的理解很大程度上要依赖文化人物、文化实物（实景）来支撑。

【教学案例3】"中华文化源远流长"部分教学片段选材分析。

本课的情感态度价值观目标：增强对中华文化的认同感和归属感；自觉弘扬中华传统美德，引导学生从感情上认同中华文化的绵延不绝、与时俱进、丰富发展。

学材选择一：灿烂的中华文化是各族人民共同创造的，中华民族延续着灿烂的中华文化。如今的文化人与时俱进，为中华文化乃至世界文化做出了不可估量的贡献。青少年文学天才韩寒，在学生时期就投身于文学创作，作品丰厚，为祖国的文学事业做出了贡献。

学材选择二：灿烂的中华文化是各族人民共同创造的，中华民族延续着灿烂的中华文化。如今的文化人与时俱进，为中华文化乃至世界文化做出了不可估量的贡献。当代著名文学家、剧作家、诺贝尔文学奖获得者莫言，为文学事业奋斗一生，用笔诠释着祖国文学，用作品演绎着祖国的文化、丰富着祖国的文化。

选材分析：两则学材都来自现实生活，都从当今文化人的角度来证明祖国文化的发展。一个是青少年文学天才，一个则是诺贝尔文学奖获得者，都有一定的说服力，都能给学生的学以情感上的支撑。但两位作家闻名的时间不同且写作背景悬殊，在学材选用的作用上也存在差异。

韩寒曾经轰动一时，是校园里走出来的天才，但用在此处未必合适。首先，从时间上看，韩寒是"80后"熟悉的作家，现在的学生不一定了解其人和其作品。那么选择他来证明文化在当今的发展得不到学生的情感认同，与选择历史人物来证明差异不大。其次，从人物的特点看，也未体现出独特性。同一时期、同一高度的青少年作家也非凤毛麟角，要另选一位也能左右逢源、能让学生产生崇敬之情的作家。最后，学材指向的是韩寒的文学，但学生在了解其作品时必然会接触其性格。韩寒的个人经历与性格有诸多与校园文化相悖之处，以他为标杆，容易在情感上误导学生。

莫言——一个响亮的名字。如今的学生几乎都听说过这个诺贝尔文学奖获得者的名字。从时间上看是最近的文学事件。学生能感受到文化就在身边，文化在发展、在传承。中华文化是世界文化大园中的一朵奇葩。其次，从独特性上看，莫言是我国第一个诺贝尔文学奖获得者。学生容易对材料人物形成情感上的认可与崇拜。而这样的情感又迁移到祖国的文化上，达成"认同中华文化的绵延不绝、与时俱进、丰富发展"的情态目标。最后，情感态度价值观目标的实现，不仅仅停留在感受、体会的角度，更需要指导学习与实践。这一学材的选择从客观上能推动学生去尝试阅读莫言的文章，进而真正领略祖国文化的内涵与魅力。

4.可塑性原则。学材的可塑性是指学材具有存在性和发展性的特点。一方面，学材是一个已发生的事实或故事，就其本身而言，可以引起学生的情感共鸣。另一方面，学材中的事件是可能继续发展的，但发展的方向不同，不同的可能发展方向与学生不同的情感介入、处理方式有关。这样的选材关注学生的现有情感体验，更关注学生情感生成的差异性，并能指导情感的正向回归。

【教学案例4】"在砥砺自我中实现人生价值"教学片段选材分析

本课的情感态度价值观目标为：培养学生面对挫折积极向上的人生态度；善于用名人、英雄模范人物、先进人物战胜挫折的事迹和名言激励自己。

学材选择一：被人誉为"乐圣"的德国作曲家贝多芬，一生中屡遭磨难，尤其是耳聋对他的打击最为惨重。这一打击曾使他痛苦地关在房子里不愿与人见面。但是，不甘就此退出乐坛的强烈信念，使他重新振作起来，并且发出了"要扼住命运的咽喉"的坚强吼声，并创作出气势雄伟、举世闻名的《命运交响曲》。

学材选择二：刘伟幼年不幸失去双臂，但并没有放弃自我，而是积极投身于游泳事业，并在残疾人运动会上获得了游泳冠军。但在这之后，厄运再一次降临。由于身体条件，他将放弃游泳运动。此时的他应该何去何从？突然他想到了弹钢琴，可是他却没有一根手指。

两则学材都试图从正面的角度，用积极的人物行为来激励学生。但区别在于，学材一是一个完整的故事，学材二需要学生继续加工，具有可塑性。从这一角度看，学材二的选择更为合理。

贝多芬的学材的选择是一个完整的故事。这一故事非常显豁地给了我们两点启示：其一，人人都会遇到挫折；其二，积极面对会有理想的结果。而学材的结局是完整的良好结局，学生从逻辑的角度顺理成章地接受。这样的过程固然流畅，但是过于简单，缺少了学生不同的情感选择，学生看不到其他发展方向，虽有正面教育，但缺反例佐证。

刘伟从失去双臂到获得游泳冠军，已经具备了选材一的效果，但学材二是一个可塑性强的学材。当命运再一次捉弄他的时候，摆在他面前的有一个难题，这个难题用什么样的态度和方式解决，可能会有不同的结果，这需要学生基于自我认识来继续塑造人物。这样的学材有三大好处：其一，增加了挫折的情感体验，多次面对，程度更深；其二，学生拥有不同的态度、处理方式的选择权,有以知导行的机会;其三,学生之间有不同选择的情感碰撞,不同的处理方式呈现了出来;有情感正向回归,学生在情感碰撞中感悟并总结出正确的态度与方式,知、情、行合一,课堂情真境深。

学材选择的四个主要原则紧密联系,呈现出你中有我、我中有你的状态,需要在教学实践中全面科学贯彻。同时,学材的选择与运用还存在着许多需要进一步研究的问题,如"学材是为学生的学服务的",但学材的本身又容易增加学生的学习负担。这就要求教师把学材的选择建立在充分分析学情的基础上来实施,备课精选。学材与教材的关系也必须有机结合。学材不能代替教材,怎样处理才是最佳选择呢? 如此等等,都需要我们一线教师不断地探索与思考。

参考文献:

[1] 沈德立.高效率学习的心理学研究 [M].北京:教育科学出版社,2006.

[2] 黄玉峰.上课的学问(2015版)[M].南京:江苏凤凰科学技术出版社,2015.

信息理论在提升中学思政课教学效益的应用研究

浙江省严州中学新安江校区　邢　洁

摘　要：信息是当今社会重要的资源。教学工作是一个信息传递的过程，信息的来源越广泛，信息的渠道越开阔，信息的建构越合理，信息的理解越深刻，教学效果就越好。该文结合自身教学实践，对信息理论指导高中思想政治教学应用进行研究与思考。

关键词：信息理论；中学思政课教学；教学效益

信息有广义和狭义之分。广义的信息指的是客观世界中各种事物的存在方式和它们运动状态的反映。通俗地说，可以认为信息就是客观世界一切事物存在和运动所能发出的各种信号和消息。狭义的信息指的是能反映事物存在和运动差异的，能为某种目的带来有用的、可以被理解或被接受的消息、情况等。

信息无处不在、无时不有、无人不用，今天它已成为使用频率最高的词汇之一。信息是原料，经过人类"去粗取精、去伪存真、由此及彼、由表及里"的认识活动，经过时间和历史的积淀，形成知识和科学理论。信息理论就是研究信息的基本性质及度量方法，研究信息的获取、传输、存贮、处理和交换的一般规律的科学。

教学工作是一个信息传递的过程。信息的来源越广泛，信息的渠道越开阔，信息的建构越合理，信息的理解越深刻，教学效果也就越好。在课堂教学系统中，知识是以信息的形式存在，是一种知识信息，它是经过人类认识、挑选、系统化和深化了的信息，教学就是知识信息由存储状态转化为传输状态，通过信道传给学生。这种传递过程如图1所示。

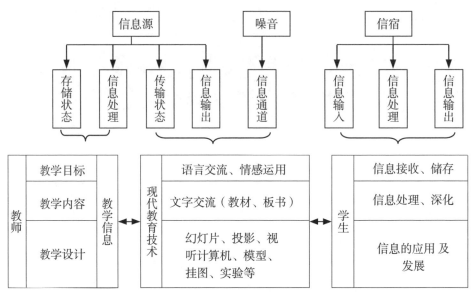

图1 教学信息的流动过程

可见，教学系统是一个开放性的信息动态系统。在教学系统中，知识是以信息的形式存在的，教师通过备课，按照既定的教学目标，重新整合知识结构，将存储状态的信息转化为传输状态的信息，再借助现代教学手段（多媒体），通过课堂教学活动，把信息传递给学生。学生把输入的信息在大脑中重新加工，经同化和顺应后贮存起来，再在练习和考核时重新提取出来，以另一种信息形式输出。

由此我们可以得到这样一个结论：信息是当今社会重要的资源，获取和正确处理各种有效信息是提高教学效益的重要途径。学科教学的效益好、质量高，关键取决于学生获得什么样的信息和如何获得信息。

获得怎样的信息与教材内容、教师素质以及学生条件密切相关。一方面，教师的业务水平、教学能力和教学态度影响学生获得信息量的大小和有效性；另一方面，学生的学习动机和非智力因素，以及原有的认知结构和学习方法也影响信息获得和组合。因此，教师在努力提高自身教学能力的同时,也要注意培养学生的学习兴趣及自学能力、思维能力,注意做好教书育人的工作,努力增加双方的信息储备量,这也是培养创新能力的重要条件。

怎样获得信息与信息通道呈正相关,信息通道越顺畅,学生获得的信息就越多,反之越少。学生的信息不仅仅来自教师,更多的来自书本和社会。因此,很好地利用图书馆、阅览室以及网络,打造通畅的信息渠道,是增加信息量的有效途径。教师需要做的是积极地引导学生对信息进行筛选取舍,培养学生信息处理的能力,从而产生新的信息。而这必须要求教师具备较强的课堂调控能力。

中学思想政治课最大的特点,就在于具有鲜明的时代性、现实性和开放性。以信息理论来指导我们的思想政治教学完全具备现实性和可操作性。政治课教学与时俱进就显得非常迫切而可能。一份调查报告显示:86%的学生认为,政治课需要补充大量的辅助材料;90%的学生认为,政治课教学应着力于发展学生的分析能力和理论联系实际的能力;83%的学生认为,政治课教学应着力于发展学生的创造能力。因此,关注社会热点、焦点,及时收集和整理有关的时事资料,学会正确认识和分析经济、社会现象,这不仅仅是提高政治成绩的有效途径,更是能力培养的一大重要举措。下面就结合高中思想政治教学,分析一下如何疏通信息渠道,以信息理论为指导培养学生分析、处理、提炼信息的能力,为今后的发展打下良好的基础。笔者认为,可以通过以下几点来实现。

一、多阅读,拓宽信息渠道

所谓"多看",不光是多看课本,课前搞预习,课后抓复习,还要增加课外阅读量。

有研究表明,学生感知的信息数量与对信息的熟悉程度有密切联系:信息不熟,每秒6比特;信息熟悉但不常见,每秒18比特;信息熟悉且常见,每秒可达65比特。可见,学生对知识熟悉与否,极大地影响对知识信息的感知。因此,良好的预习、复习习惯对提高教学效益尤为重要。

预习是一种超前的学习活动，能使学生对将要学习的内容产生心理准备，概略了解课堂上将要学习的内容轮廓，联想已知知识，并能对有难度的问题做到心中有数，从而提高上课时对知识全局的把握能力，增强听课的目的性和针对性。复习能进一步巩固知识。同时，复习要注重体现识记与培养思维能力，练习运用与综合概括相结合，重视知识的内在联系，把握知识主干，形成知识网络。

另外，在教师的指导下看一些课外读物也是必要的，这样可以扩大知识面，增加信息量，激发兴趣。"多看"可以提高学生的自学能力和思维能力。多看，多记忆，才能多思。根据心理学家分析，人脑的学习潜力是很大的，至少可以存储1万亿比特的信息。这个信息量远远超过了世界上最大的图书馆的藏书信息量。但是人的一生能够认真读多少本书呢？恐怕还不到这个数的万分之一。

二、多实践，深化理解信息

在人的感官中，接收信息量最大的是视觉和听觉。有数据表明，人的耳朵可以接收的声波频带宽为20—20000Hz，人的眼睛可以观察到光波的频带宽为3.9×10^{11}—7.5×10^{14}Hz。可见，多参加社会实践，用自己的眼睛、耳朵去感知，去接收信息，不仅可以拓宽信息来源，而且可以加深对信息的理解，有助于已有的信息在实践中拓展与升华。

在政治教学中，所谓多"实践"，除了带学生参加社会实践以外，更多地可以利用我们现有的资源——课堂多媒体设备，模拟现实，让大家在模拟操作的过程中，移情换位，充分发挥主观能动性，站在角色的立场来思考问题，不仅让学生自觉自愿地去搜集资料，而且能引发对问题更深层次的思考。在这次高三的两会专题复习中就采用了这样一种形式：第一步，在学期初，让学生从网络、报纸、电视等媒体提供的信息中，广泛收集自己感兴趣的、关心的社会热点问题，并进行汇总整理，然后从中精选出大家最为关注的若干社会问题，确定两会时政专题复习的内容；第二步，成立"全国十一届人大和全国十一届政协"两大内容的研究性小组,让学生对信息加以汇总、分析、整理,形成"假设你是代表……?"的两会报告;(由于信息资料的多样性和广泛性,如何对这些信息进行取舍,对于学生来说是一个难点,这就需要教师予以指导,让学生学会用全面的观点、辩证的观点来选择合适的有效的材料信息。)最后,教师选取典型例题,让学生运用所学的原理予以分析,达到理论和实践的统一。课后,同学们还可以将学习的成果通过各种形式予以展示,例如,政治小论文、政治宣传海报、校园网上开辟专栏等。

三、多精讲,注重高质输入

教师讲得多不等于学生学得多。学生在课堂上最佳注意力有效时间是20—30分钟。因此,教师要抓住时机,对教学内容进行精讲,不能平铺直叙,搞"满堂灌"。

精讲也属于教学指导思想,但讲授在传送教学信息上是主要的方式。精讲指教师抓住教学内容的重点、难点进行讲授,讲关键、讲网络、讲方法、讲思路,并结合学生在知识结构上的缺陷,进行启发和诱导,发展学生能力。文化的多样性与文化传播这一课的内容,如图2所示。

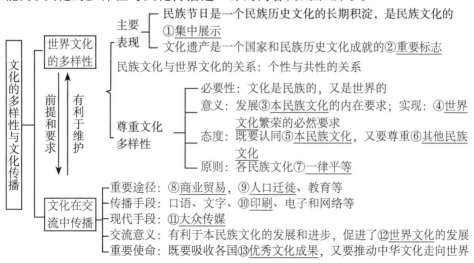

图2 "文化的多样性与文化传播"这一课的内容

在"文化的多样性与文化传播"的复习课中,先指导学生把握本课的两大中心——"文化多样性"和"文化传播",再分别围绕两个中心整理出教材结构体系。文化多样性主要集中讲清五个知识点:含义、集中表现、文化的世界性和民族性、为什么尊重、怎样尊重。文化的传播主要掌握三个知识点:途径、手段和意义,两者存在的密切联系。文化的多样性是文化交流传播的前提和要求,文化在交流中借鉴融合、发展创新,有利于更好地发展本民族文化,保持本民族文化的生命力和创造力,从而维护文化的多样性。通过知识点整理,学生头脑中应有一个清晰的知识网。

教学活动是一个开放的、有序的认识活动系统,所以要求教学内容是有序的、系统的。只有有序的、系统的知识,按一定方式组织起来的知识,才便于学生接收、存储和提取。因此要做到精讲,先要精心组织好教学内容,讲授的知识内容还要考虑学生的认知特点,即根据不同年龄学生的思维特点和已有的知识结构来确定所要讲的知识的深度和难度,并以相应的教学方法施教。

四、多反馈,畅通信息通道

教学过程是师生的双边活动,教师是主导,学生是主体。对教师来说,教师应随时掌握教与学的动态情况。达到这一目的的主要方法就是信息反馈。反馈的方式可以多种多样,通常包括观察、谈话、作业、测试等。及时掌握反馈信息,及时发现教学过程中所存在的问题,对教学进行相应的调整。调整教学内容、进度,改进教法,把教学向前稳步推进。对学生来说,也会从反馈信息中了解自己学习情况,并做出相应调整,从而提高学习效率。

五、多练习,提升解读能力

学生仅仅靠课堂听讲,并不能完全吸收和消化所学的知识,还必须通过练习加以强化、理解和掌握。练习还能起到反馈和自我检控的作用。练习的种类有多种：课前练习、随堂练习、课外练习、复习检测等。在教学中，创造机会，让学生适当多练，使学生更快地掌握所学知识，保证知识的顺利同化和迁移。

例如，在讲"商品价值"概念时，通过讲解让学生明确价值是"凝结在商品中无差别的人类劳动"之后，马上附上随堂练习——"商品以外的其他物品有没有价值？如空气、阳光、农民自给自用的粮食和蔬菜"。学生通过思考很快得到这样一个结论：阳光、空气和水等是自然物，没有人类劳动的耗费，所以没有价值。但是农民自给自用的蔬菜、粮食有价值，因为它耗费了人类劳动。这时，教师就要抓住这个点进行深入挖掘：①从商品的概念角度看，农民自给自足的粮食、蔬菜虽是劳动产品，但不用于交换，没有必要计算生产时所耗费的劳动量，所以没有价值。②从价值的概念角度看，无差别的人类劳动可以形成价值，但并不意味着一般人类劳动本身就是价值。只有在商品经济条件下，在商品交换中，一般人类劳动才形成价值。通过分析归纳得出：价值是商品特有的属性(本质属性)，商品以外的其他物品都没有价值。在学生了解概念的基础上，适时地通过典型例题加深印象，不仅能巩固知识，强化信息储存，还为知识信息的理解、深化奠定基础。

多练不是搞题海战术，而是结合教学目标的精练，是针对基础知识、基本技能、重点内容进行练习。练基本题、典型题，以开拓思路，掌握技巧，举一反三，以质取胜。

建立现代信息论与中学政治教学的有机联系，分析教学过程中的信息传递，创设多种信息通道，拓宽信息频道，保证信道畅通，增加信息量，充分发挥教师和学生的作用，尤其是激发学生的主观能动性，促进思政课教学效益的提高。

参考文献：

[1] 施良方，崔允漷.教学理论：课堂教学的原理、策略与研究 [M].上海：华东师范大学出版社，1999.

激发高中思政课议题式教学活力的主要路径探究

浙江省严州中学新安江校区　　邢　洁

摘　要： 随着新课改的不断推进，培养学生的核心素养已经成为高中政治教学的重要目标。为了落实这一目标，政治教师就必须对传统课堂进行改革，突出学生的主体地位，提升学生的核心素养。议题式教学是教师根据教学的实际情况创设场景、确定议题、展开探究、培育学科核心素养的一种教学方式。基于此，该文着重阐述如何通过议题式教学，焕发出活力，落实核心素养，以期提高思政课教学的效能。

关键词： 议题式教学；高中政治；应用途径

思政课是高中的重要课程，它不仅在高考中占据着重要地位，更是引导学生树立正确世界观、人生观和价值观的重要途径，是立德树人的关键课程。故此，提升高中思政课的教学效率，对于学生未来发展有着不可替代的作用。议题式教学方式，是深化思政课教学改革、转变教学方式、开创教学新境界的主要抓手。

一、议题式教学解读

传统的政治课堂氛围过于沉闷，其主要原因就是教师讲解知识过多，学生就容易在课堂上扮演一个旁观者。在议题式教学的背景下，教师不再是在课堂中唱"独角戏"，而是与学生一起在课堂中大合唱。在民主和谐的氛围中,把学科重点知识、教学情境和教学议题有机结合起来,引领学生从真实情境中探究问题、解决问题、提高素养,实现教学相长。

二、议题式教学现状

1.**教师层面**。当前我国对议题式教学的谈论比较热烈,实践活动极不平衡。从总体上看,多数教师对议题式教学的研究还不够深入,认知不够全面和深刻。在教学实践中,有的教师不能掌握其本质,往往与问题导学法混为一谈,这就导致议题式教学不伦不类,难以助力学生发展、落实核心素养;有的教师不能正确设计科学合理的议题,导致课堂探究偏离教学目标;有的教师设计的议题过多、过难,不能合理安排议题探究的时间,导致课堂探究收效甚微;有的教师对开展议题式教学存在畏难情绪,还是停留在传统的教学方式之上,或者只是在公开教学中做一点尝试,非公开的教学依然重复"昨天的故事",让议题式教学成为一种空想。

2.**学生层面**。高中生虽然已经具备了较强的自学能力,但是受应试思维惯性的影响,不少学生还缺乏自学和探究的意识,片面认为教学就是"教师讲、学生听"。学生在这种思维的影响下,当教师开展议题式教学时,就会态度较为敷衍,不愿意主动参与其中。况且高中生的学习实力两极分化现象比较严重。部分思维活跃、性格外向、比较健谈的学生,愿意积极主动参与到议题式教学之中,那些性格内向、学习能力薄弱的学生容易处于沉默状态。这就导致议题式教学的课堂参与度不广、不深,教学效率低下。积极创造条件,吸引广大的学生参与到议题教学中来,应该成为开展议题式教学的应然追求。

三、激发议题式教学活力的主要途径

1.**以生活为依托,引导学生搜集有效信息**。议题的展开不能依靠天马行空的幻想,而要以真实资料作为依托。为此,想要让议题深入进行下去,教师就需要鼓励学生去搜集更多的资料。通常来说,学生搜集资料的途径有两种：第一种是查阅与政治教材配套的教辅资料。此种查阅方式让学生找到的资料准确度更高，但在信息技术飞速发展的今天，往往会落后于时代。第二种是优化搜集资料的方式，即通过网络平台，直接搜索关键词，并对查到的资料进行整合。这样既有利于学生查阅到更多资料，也可以培养学生对信息整合能力，但学生容易接触到不良信息。为此，教师就需要参与到学生的信息搜集中，做好监督者与引领者。

2.以学生为主体，联系实际合理挑选议题。 好的议题是议题式教学成功的基础。因此，在高中思政课议题式教学中，教师首先要合理挑选议题。议题应当立足于教材又不局限于教材，在学生能力范围内又具有一定的挑战性。比如，在《生活与哲学》的"系统优化的方法"教学中，选择"某校如何教育学生管理和使用好手机，提升学生的学习成绩"的案例，重点探究三个议题：（1）如果把学生手机管理作为一个系统，需要考虑哪些要素？（2）该校是如何运用系统优化的方法，管理和使用好手机，提升学习成绩的？（3）从"系统优化的方法"的角度看，我校在学生手机管理和使用中存在哪些问题，应该如何解决？这些议题的设计贴近学生生活实际、思政课的学科知识与教学的规律，是合适的议题，为高效达成教学目标创造重要条件。

3.以小组为战队，不断引导学生积极参与。 对于议题式教学方式而言，前期搜集资料和精心设计议题都是铺垫，讨论环节直接决定议题式教学的成效。通常一堂课是40分钟或45分钟，在安排讨论时间时，教师首先应该对议题的复杂程度进行精准评估，让学生的讨论时间控制在15—20分钟为宜。待学生讨论完后，教师才能让学生分享讨论成果，并对其进行评价。议题式教学模式通常是借由小组讨论展开的，而部分学生由于种种原因不愿意参与讨论。为此，教师不仅需要密切关注学生讨论状态，还要采用各种有益的方式，鼓励和启迪每个学生参与其中，竭力营造一种和谐、融洽、浓郁的氛围，引导学生真正成为学习的主人和能人。

4.以反思为抓手，积极推进学生深度探究。 课堂反思是议题式教学的一个重要环节。以反思为抓手，既有利于学生的政治知识水平实现质的飞跃，更有助于落实学科核心素养，促进学生的持续发展。反思并不意味着让学生静默，而是鼓励学生结合他人的观点和自己的实际，谈更广、更深、更新的理解。例如，在让学生讨论如何确立正确的消费观时，学生就会从宏观的正确消费观是什么、当前社会中存在哪几种消费观、我们高中生应该树立怎样的消费观。大部分小组的讨论会停留在这几个层次，但有的学生能将消费观与社会环境以及国家和世界未来发展联系起来思考，与实现可持续性的高质量消费结合起来，提升消费的科学性和前瞻性。

5.以评价为手段，增强学生参与探究动力。 课堂评价是议题式教学的重要环节。科学的课堂评价，不仅能让学生发现自己在讨论过程中存在的不足，还能为学生树立学习信心，增强学生的内在学习动力。为此，在议题式教学方式中，教师需要适时对学生进行积极的课堂评价。首先，精选评价语言。对学生进行评价时，教师不能仅用"很好""非常棒"等宽泛的词语对学生进行评价，而是应该视学生的具体情况，采用有针对性的语言进行评价。其次，丰富评价方式。将学生自评以及小组成员互评纳入评价体系。最后，注意评价结果。注意对每个小组成员进行评分、排名，激发学生的上进心，培养学生的集体荣誉感和团结合作意识，使其更加积极主动地参与议题式教学。

综上所述，在高中政治教学中采用议题式教学，能够有效激发课堂活力，落实学科核心素养。政治教师需要分析议题式教学的内涵，大胆克服当下不足，从有效搜集信息、合理挑选议题、鼓励学生大胆讨论、改进课堂反思、实施科学评价等方面展开议题式教学，让高中思政课教学的课堂真正焕发出活力，为立德树人做出更大的贡献！

参考文献：

[1] 邢海龙.高中政治议题式教学的有效途径 [J].高考,2021(16)：39-40.

[2] 刘琪.高中政治教学中议题式教学法分析 [J].中学政史地（教学指导），2021(3)：9-10.

[3] 陈亚萍.基于学科核心素养的高中政治议题式教学中情境创设研究 [J].考试周刊,2021(31)：143-144.

高中生理性思维和探究意识在思想政治课堂教学中的生成策略研究

浙江省建德市新安江中学　于　群

摘　要：该文结合新课程改革背景，针对学生学习思政课的实际情况，分析当今高中政治课堂学习效果不佳的原因，探讨在高中思政课教学实践中，如何提升学生的理性思维能力、增强学生的探究意识、促进课堂教学的有机生成，为打造高效课堂服务。

关键词：新课程改革；理性思维；探究意识

一、培养理性思维、探究意识的必要性和重要性

随着新课程改革的深入推进，高中政治教学也迎来了跨越式发展的良好时期。培养学生对于问题认知的理性思维与合作探究意识的重要性日渐凸显。政治这门学科和其他基础科目不同，学生从逻辑上对某些现象知识和本质问题容易出现认知上的误区，培养学生的理性思维能力和探究意识，对于提升高中生思政学科学习层次具有不可或缺的重要意义。

1.理性思维的培养有利于防止出现高中政治学习和研究中的断层式现象。理性思维的培养可以充分鼓舞学生正视高中政治学习中的理解障碍，能够有效针对疑难问题的根源，积极找寻正确的解决方法，良性的师生互动和交流也会继续升级，教师适当的言语点拨可在第一时间内弥补学习过程中的缺陷，以防止形成难以填补的政治学科学习断层的沟壑。

2.**探究意识的培养有利于提升高中生将所学的理论联系应用实践的水平**。在当今社会,探究意识的培养将使学生不再局限于被动消极地接受教师讲解的内容,更为可贵的是学生能够在教师的引导下试图主动积极地去寻找其他所学理论与真实生活的联系点,进一步印证现有所学知识的有效性,产生相应的反馈,在反复的思考和实践摸索中生成驾驭对该政治学科知识的深入理解和运用的能力。

3.**理性思维和探究意识培养有利于熏陶政治素养和培养学生主人翁的责任感**。高中生努力跨越学科断层,到学以致用实践水平的提高,以及最终提升政治学科素养和主人翁责任感,是一个从易到难的递进式过程;同时对思想政治课程所包含的知识与技能的认知也是在循序升华,高中生的认知结构初具雏形,探究意识的带动则可使学生自觉主动地接触并融入政治的多元化学科氛围,或是情境探究,或是相关链接,或是真实案例,或是参与竞争小组游戏,都是学生自主合作学习探究在课堂上的生动表现,在耳濡目染当中同学们的政治素养可以得到培养,达成对身边事物更为理性的认识,产生主人翁的意识。

二、相关理论基础

理性思维是建立在证据和逻辑推理前提下的认知方式,理性思维要求教师精心设计导入情境,对有价值的学习素材进行深加工后,以多样化的态势呈现给学生,帮助学生提升理性思维能力。探究意识则是学生通过对素材的自主把握和摸索,将过程进行充分消化吸收,并将其转为永久性记忆理解的过程。

1.**互动模式论**。互动模式论认为,有积极性的学习是在与社会人的互动中生成发展起来的,学生已生成的知识结构是推动其继续自主学习的关键因素。教师责任就在于为学生提供一个适宜的学习交流和讨论的环境,在环境中学生感知和理解素材与文本,对书本知识的内涵和表象给出合理的解释,这种合理的解释和认知是理性思维产生的前提。

2.**体验主义理论**。体验式学习在20世纪由北美大卫·科尔博比较系统、全面地提出。他认为"体验式学习圈",是有效学习的良好开端,综合阐述观点,然后深入反思,再次总结理论,最终结合现有理论应用于当今实践生活中去。在这个过程中,他强调共享与应用。在实际的教学过程中,我们很多教师大多采用从理论到理论的纯理论灌输的方式进行教学,缺乏实践的过程,导致学生所学的知识与社会脱节,造成了思维的僵化。因此,体验主义理论启示我们应多给学生创设可参与度高的情境,如学习小组,让学生自己去合作和思考、分享知识和信息,通过自主探索,深刻启悟思政课知识。

3.**建构主义理论**。认知发展领域专家皮亚杰是认知发展领域最有影响的一位心理学家,他提出了著名的建构主义理论。该领域的多名知名学者对此内容进行了完善,强调个体的主动性在建构认知结构中的关键作用。在教学实践中,当问题内容呈现在同学们面前时,他们会根据自己的认知能力,针对问题的具体解释,阐述假想,而教师的职责就在于引领学生建构知识树,成为学生成长引领者,带动并保持学生的学习热情与状态。这样的师生关系正如丁念金教授在著作《问题教学》中所形容的"学习者的学习活动与问题相结合,教师引导学生在真实的教学情境中,以探索问题的解决方法来进行学习"。在新课程改革中,我们明确强调课堂教学过程中要坚持以学生为主体,以学生发展为己任,教师的角色正在由知识传授者转变为课堂思路引领者和方法的指导者。这正暗合了建构主义理论的核心理念,由此我们明确了知识不是通过教师传授的,而是学生主动建构的。可见,建构主义理论对我国高中思想政治教学对学生理性思维和探究意识的培养具有重要指导作用。

三、当下问题的"望闻问切"

为了能更好地反映学生对高中政治课堂教学的理性思维和探究意识建构的真实想法,笔者在建德市新安江中学高一和高二年级中随机抽取了178

名学生进行问卷调查,让学生积极真实地表达自己对政治课堂的期许。调查发现当下思想政治教学存在不可忽略的问题,汇总如下。

1.教师在培养学生探究意识方面表现薄弱。虽然新课程理念已经深入人心,但是,很多一线思政课教师由于长期受传统教学模式的束缚,仍习惯把提问的主导权掌握在自己手中,让学生按照自己的既定思路去寻找问题的线索和答案,留给学生自主发挥的空间变得日益狭窄。

2.学生对问题的内涵和本质理解比较肤浅。在当今提倡素质教育的大背景下,"唯分数论"的影响在短期内难以根治。在这种"唯分数论"的形势下,教师的目光焦点仅仅停留在教材内容本身,对涉及教材拓展或者引申出来的情感态度类的问题,大多采用了视而不见的态度,这种做法极大地禁锢了学生思维模式的多样化和探究意识的生成。因此,教师应充分将现实生活与书本知识紧密联系起来,进一步促进和加深他们对社会的认识和理解,然而传统方式和方法不利于培养学生的理性思维,因而难以形成对事物本质的深刻认识。

3.教师对学生能力训练形式化。所谓的形式化,只是在形式上进行了探究而没有作"实质意义探究",学生仍然被教师"牵着鼻子走"。形式化教学现象普遍存在。长此以往,严重阻碍了学生的自我发展。学生在政治学习当中建立主动的探究意识,有助于真正将课堂所学知识转化为自身生活中的实用技能,实现知识、技能与情感的有机统一。另外,教师设问的水平有待提高。问卷调查显示,许多同学表示教师在课堂中关于对错问题的判断式提问远超过思考类问题,阻碍了学生探究意识的形成和发展。

4.学生提出问题的意愿不强,主动思考积极性不高。问卷第七题:你喜欢处理问题的哪个环节?4.3%的同学选择"提出问题",76.6%的同学选择"研究问题,19.1%的同学倾向于"解决问题",学生在课堂上的思考和处理问题的方式已形成固定的范式,只有极少数同学愿意对形成的理论提出自己的真实想法。调查问卷显示,当学生有疑问时,其中有 23%的学生表示"不好意思问",34.5%的学生"不知道如何问",30.8%的学生表示"不敢和老师交流",还有11.7%的学生表示"没有问的必要"。这真实地反映了学生的心理状态、能力和态度问题是导致学生不愿提问的重要原因。

5.教师对学生不同问题采取截然不同的态度。问卷第四题：教师对学生提问的态度是怎么样的？A.耐心。B.敷衍。C.忽视。D.与课程有关。E.与课程无关。F.大众问题。G.小众问题。调查显示，教师对学生问题的关注集中在两个方面：一是围绕课程的相关问题；二是大部分学生关注的问题，而对于那些思维活跃的学生和少数学生提出的问题，一般会采取敷衍了事的态度。

四、理性思维和探究意识在课堂中的生成策略研究

1.巧设课堂导入，激发学生探究欲望。苏霍姆林斯基说："所有智力方面的工作，都依赖于兴趣。"刺激学生强烈探求新知的欲望，学生的创新力才能得到更好的发挥。例如，在第八课"财政与税收"，笔者通过大量图片展示杭州地铁的路线和地铁运营情况，告知学生地铁的造价是十分昂贵的，这自然而然地激发了学生的思考，究竟是谁承担了地铁建设的费用呢？这时学生们的求知欲就被充分激发起来了。通过比较分析得出国家财政给予了地铁建设巨大的资金支持，完善了杭州的公共交通体系。只有学生们在课堂的开始保持着良好的精神状态，才有可能让这节课的预设效果达到最大化。

2.营造学习氛围，倡导合作讨论与竞争共生的课堂教学模式。民主、和谐、平等的情感化的学习氛围，是政治课堂激励学生进行自主探究的基本保证。在这个过程中师生间应相互尊重，教师更应尊重学生在探究活动中的主体地位，教师切不可包办代替；与此同时，学生的探究活动离不开教师的点拨。应该为学生创设良好的学习情境，包括时间、组织、心理等诸多环节。实践表明，"合作讨论与竞争共生"的课堂教学模式，有助于生成探究意识。根据情境探究性案例，学生们可通过自主探索与合作交流来建构个人知识体系。应该注意的是，在自主探索过程中，因为实际中学生固有经验和知识面的差异性较大。因此，学生之间进行合作交流可以使学生相互

讨论、切磋、总结探究学习体会、分享观点、提炼知识，用来回答同学的问题、论证本组观点、评价他人观念。自主表达思想，充分凸显了其作为"社会人"而存在的重要性，从而增强学生课程表现的自信度，而当学生自己的观点或行为得到大家的肯定和赞扬时，反过来又会极大地强化这种探究意识。

3.**善于发掘优点，鼓励学生乐于探究表达**。爱因斯坦曾说过："兴趣是最好的老师，它永远超过责任感。"兴趣的产生是以体验活动的参与途径实现情绪上的满足。对此，教师可优化创新政治教学理念和方法，让学生的积极性得到最大限度的调动，从而形成持久的认知内驱力。美国心理学罗森塔尔主张在课堂上多多赞许和表扬学生。这种方式让教师对学生抱有更高的期许和要求，教师经常性地对学生行为、态度、情感给予更多关注和赞扬，学生会有积极的情绪反馈；反过来，又激发了教师更多的教育热情和力量，循环往复，形成了良性循环。

4.**活用网络和本土素材，丰富学生政治生活视野**。合理地利用网络和本土的素材是上好一节特色思政课的染色剂，丰富的网络资源可以为我们提供鲜活的数据和理论支撑，本土资源的有效使用也能增进同学对家乡的认知和热爱。俗话说得好，"美不美，家乡水；亲不亲，家乡人"，因而采用本土素材往往能让本节课的授课效果化平淡为神奇。在意识的"能动作用"和"财政的积极作用"这两部分，笔者结合杭黄高铁建设这一案例，展示新安文化的图片，让同学们切身感受到家乡文化底蕴的深厚，告诉大家财政可以通过资源配置实现资源利用的最大化。继而笔者让同学们说一说家乡的一些名胜风景，同学都能说出一二，杭黄高铁的建设无疑打开了一条黄金通道，可以加快实现建德的旅游生态资源转化成经济效益的配置情况，通过本土景点的展示，学生们产生满满的自豪感和归属感，经历了一场情感态度价值观的体验之旅。

5.**借助社会实践，让理论知识与真实生活有机结合**。学以致用，一直是我们课堂教学强调的目标所在。理论固然可以使学生们系统地掌握政治知识，但其内容较枯燥，不易激发同学们的学习兴趣。然而，社会实践可以借助多样化的形式，使政治知识变得更为生动而直观。因此，社会实践能够使教育对象变被动为主动，充分发挥其积极性和主动性。从这种意义上说，只有将政治学习与社会实践有机结合起来，才能达到政治教育的目的，使学生得到最大的学习收获。教师应灵活运用各种机会，让同学有机会真正走出去，如本学期新安江中学组织参观农夫山泉这个驰名企业。同学们来到工厂车间的参观走廊。透过明亮的玻璃向下望去，生产机器林立，这些高科技化的生产机器正快速运作，机器运作速度之快真让人无法转移视线。同学们仔细地倾听女讲解员的讲解，整个灌装过程正在压罩内进行，确保水质优良，一台机器产能每小时达近8万瓶。这充分体现了农夫山泉工厂的高度机器化、科技化水平，同时其他的设备也节能环保。这些所闻所见的不仅证实了企业正常的生产运作，还让同学们看到了我们国家产业结构调整的方向，让同学们树立了一种危机意识。这是一节令人印象深刻的非常有意义的"企业知识课程"。

6.提倡课堂角色转换，提升综合思维和理性思维。对于思政课程而言，笔者认为能力和品格比成绩更重要。树立双向互动师生关系，发挥学生的主观能动性，使学生转变为学习的主体，为学生营造轻松的教学氛围，让每个学生都能在教育中快乐成长是教育体制改革的根本要求。一方面需要加强学生自主的学习意识；另一方面，需要加强教师的责任意识，让教师在教学环境中引导学生进行自主思考探究，顺应课改的大势，旗帜鲜明地提出教师和学生角色转变以及其他社会角色的转变。在"企业的经营"一课中，笔者通过小组合作的形式，让不同组别的学生进行角色扮演，如濒临破产的企业经营者该如何自救、政府如何规范市场秩序等，学生扮演不同角色可以从多角度理性思考并分析问题，而不是孤立、静止地看问题了。教师不仅是教学中的引导者和组织者，更是学生的良师益友；而学生成为学习的主体、学习的实施者和探索者。在新的教学体制下，学生可以大胆踊跃地发表自己的观点，而教师应该从"主演"升华成为"导演"，将课堂让出来，让学生去演绎，教师负责协助和指导，在课堂上让学生充分地进行自主探究、小组讨论、演讲自述，使学生能够增强自主学习探究的自信心，构建活力课堂。

7.实施分层教学和小组合作相结合。学生能力是有差异的，因此教师应具体问题具体分析。要想真正促进学生的全面发展，教师要努力构建促进每个学生良好发展的递进机制。差异性教学的最终目标就是为了满足学生个性差异和个别学习需要，以促进每个学生在原有的基础上得以充分发展。分层教学要求依据不同类型学生的接受能力，提出不同教学要求，使他们在各自的能力范围内得到充分发展。要缩小差异，提高政治教学的有效性，要求教师要落实好课堂提问的层次，并根据不同思维层次的问题，来照顾与教育不同层次的学生。在作业与试卷设计与点评时，要对不同层次的学生给予回馈与反应。同时在关注和照顾个体差异时能不断调整教学方法。例如，在教学中对主动积极型学生，可以鼓励他们敢于反思并积极设计话题，引导自我评价；对中间游离型学生，要强化诱导因素，提出他们可能感兴趣的话题，让他们处理；对暗示参与型学生，要及时予以激励性评价，课堂中要给他们一定的机会展示成果，体验成功。而小组合作学习使每个同学在小组中相互交流，彼此尊重，共同分享成功的快乐，使每个学生进一步发现自我、认识自我，促进学生的全面发展。

总而言之，新课改理念下的政治课堂教学正日趋完善，原有的传统灌输模式早已不符合时代发展和学生提升自我的要求。因此，增强高中政治课堂教学的合作性和趣味性，需要另辟蹊径，创新教学模式和方法，提升学生学习的自主性，这样才能更好地培养学生的理性思维能力与合作探究的意识，构建良好和谐的政治教学氛围，实现师生在新教学背景下的共生和共赢。

参考文献：

[1] 张春兴.教育心理学：三化取向的理论与实践[M].杭州：浙江教育出版社，1998：116．

[2] 李勤.议题设计的"六原则"[J].教学研究，2018（10）．

[3] 沈雪春.议题式教学例论[M].西安：陕西师范大学出版社，2019．

浅谈议题式教学在浙江高考复习中的运用研究

——以《生活与哲学》"矛盾观"的复习为例

浙江省建德市新安江中学　于　群

摘　要：议题式教学在浙江省中学政治学科新课堂教学中已广泛运用，然而在高考复习课中出现少之又少。开展议题式教学复习模式，采取行之有效的策略，能更有效地提高课堂复习实效。依据教学设计思路，操作层次可分为：根据浙江考纲范围锁定相关议题，依据议题对接真实生活情境材料，依据真实生活情境设计探究议题，根据实践反思深化行动研究。

关键词：议题式教学；高考复习；情境导入

一、依据考纲，锁定知识要点

2019年版《浙江省普通高校招生选考科目考试说明·思想政治》明确指出：复习课型的教学设计是否能够反映活动型课程实施的重中之重，核心是活动议题主题的确定。所以，无论采取新授课或复习课，议题教学设计的第一步，主要在于确定议题主题。议题主题不仅能够体现学科课程的内容性，而且也能够彰显学科发展的价值性；具有适度延展性、学科引领性、明确方向性和价值导向性。

根据2019年度浙江考试说明要求，关于"唯物辩证法的矛盾观"这一考纲共涉及六个相关考点：矛盾的含义和基本属性；矛盾普遍性的含义及要求；矛盾特殊性的含义及情形；矛盾普遍性和特殊性的辩证关系及其意义;主次矛盾、矛盾的主次方面的辩证关系及其要求;具体问题具体分析。其中前三者为b级条目,后三者为c级条目。通过整理近五年浙江新高考与全国、地方高考政治试题,精细筛选题型、考点后,发现浙江省每年至少有2道2分选择题对矛盾观进行考查,且大概率会出现矛盾观多重知识交叉的情形。当然不排除主观问答题同时出现矛盾观的情形,2020年浙江卷分别在1月和7月连续两次考查矛盾观(6分问答题),在全国各地的高考政治试题,发现全国卷中近三年也先后考查了矛盾观(5道选择题和2道问答题)。

不难发现,矛盾观考点在各地高考中都属于高频考点。对此,根据考纲要求,立足教材内容,笔者把本课的议题内容确定为"为什么要用矛盾的观点看问题"。该议题既紧扣考纲,又明确强调价值导向,阐明要用矛盾(对立统一)的观点看问题,反对用一点论看问题,体现了矛盾观的方法论要求。其次,围绕该议题中心进行发散思维训练,让学生找到学习哲学的乐趣。

二、根据知识,对接生活情境

以往浙江高三最后阶段政治复习策略是对原有知识的回顾,教师基本不会再使用情境案例再现考纲知识,而是基于考试考纲要求学生背默知识点或者通过练习来检测知识点,这类教学模式一定程度上会让学生觉得复习课枯燥无味。

若在复习课中采取"议题式教学"模式,通过核心议题的选择,适时构建真实生活情境,就会让课堂动起来,尤其是让学生的思维活起来。这也是政治学科核心素养的培育要求所在。

构建情境不仅要贴近生活,而且需与考试大纲内容相吻合。笔者发现在建德市周边,出现了很多共享单车,而共享单车是互联网时代自行车发展的一种新事物,于是笔者决定以"共享单车"为核心词,通过网络筛选,截取与共享单车相关的文字和视频的生活素材。

【情境一】共享单车的"前生今世"

法国人在18世纪末，研制了世界上第一辆自行车。1860年后，自行车来到中国。随着战争的爆发，物资紧缺，交通不便，自行车凭借着轻巧、便捷、占地小等实用性的特色，承担了交通运输、资源共享传递等艰巨的使命，成为战争时期人民制胜的好帮手。中华人民共和国成立后，计划经济盛行，购买自行车需凭票，因此"一车难求"的情况时常出现。改革开放后，自行车的出行方式呈现多样化趋势，共享模式重返街道。作为低碳环保节能减排、骑行方便的利器，迎来其事业发展的机遇期！但是也出现了乱停乱放、管理混乱、充值容易退费难等问题。材料以中国自行车的发展过程作为复习课的导入素材，激发了学生的求知欲。

【情境二】共享单车的"大起大落"

《中国共享单车行业发展报告（2019）》统计数据显示，我国2015年仍处在共享单车的探索阶段，2016年共享单车在城市街头大放异彩。2017年共享单车在全国共投放近3000万辆。一方面，共享单车蕴含了大量的创新元素，为城市交通拥堵和居民短途出行提供了行之有效的解决方案，也让绿色新发展理念深入人心；另一方面，它不计数量随意地投放会给有限的城市空间带来问题，并耗费了大量人力、物力和财力。视频画面显示的共享单车杂乱地被堆放在一起的场景极具视觉震撼力，其中蕴含丰富的情感价值导向问题，有利于提高学生透过共享单车发展现象看内在本质的能力，培育科学精神和公共参与等政治学科核心素养。

三、依据情境，设计探讨议题

高中思想政治的定位是一门活动型学科课程。其课程本质在于促进转变学生学习方式，规范性引导学生开展教材文本探究性学习。为此，笔者通过呈现两则现实情境，设置了与学科知识内容具有相关性的学习活动。

【情境一、二合并活动】依据《共享单车的"前生今世"》，首先让学生主观感悟，对课本考点有一个感性认识。

【自我感悟】从共享单车的发展史中，你感悟到了什么哲学原理？你对此有何想法？通过观看视频，学生自主地谈谈从单车的发展史中感受到的哲学原理，理解任何事物都具有对立统一的两个方面（共享单车的利弊分析）。

共享单车作为人类的一种骑行工具，对社会产生了深远的影响。这种影响既包括积极合理的影响，又包括消极不合理的因素。由此推断，矛盾反映了事物自身对立统一的两个方面，矛盾即对立统一，这就要求我们用一分为二的观点看问题。紧接着展示多组照片，第一组照片《黑色与白色》，第二组照片《战争与和平》，第三组《人的优点和缺点》等，意在告诉同学们矛盾不仅仅指的是优缺点，任何对立统一的方面都是矛盾的表现。

展示"青桔单车""摩拜单车"相关照片，教师提出一个思辨问题。

【认知思辨】为什么共享单车在现实生活中出现了这么多问题，我们还要继续发展共享单车吗？国家是否应该责令企业停产？说说你的理由。

该问题的设置是为了让学生明确矛盾的基本属性，以及矛盾主次方面及矛盾普遍性知识。学生通过思考讨论，得出结论：人们之所以提出共享单车的问题，基于以下几点理由。

（1）共享单车这个矛盾体包括对立统一的两个方面，单车的利弊问题相互依赖，一方的存在以另一方的存在为前提，双方处在单车这个矛盾体中。

（2）矛盾双方相互贯通、相互渗透、相互包含，在一定条件下相互转化（如单车的管理混乱问题如果能够有效解决，会在一定条件下转化成其管理优势，吸引更多的潜在用户）。

（3）在一个矛盾体中居于支配地位、处主导作用的矛盾方面叫矛盾的主要方面，事物的性质主要是由主要矛盾的主要方面决定的。单车这个矛盾体的主要方面是其现阶段存在的优越性。

（4）矛盾具有普遍性，事事有矛盾，时时有矛盾，要求我们在任何时候对待任何事物，都要承认矛盾、分析矛盾，积极寻找正确的方法解决矛盾。

（5）如果我们把交通工具视作一个复杂事物，它包括现有的传统汽车、混合动力汽车、新能源汽车等多个矛盾，但从现有情况来看，传统汽车仍是现有交通工具中的主要矛盾。但随着绿色经济的发展，在未来趋势下新能源汽车将取代传统汽车成为主要矛盾,我们将新能源汽车这个矛盾经过细致分析,不难发现虽然发展过程中存在诸多问题,这些问题是次要方面,优点和优势才是主流。因此要大力发展新能源汽车,使其不断转型升级满足人们更高层次的出行要求。

经过一系列思辨、学习活动,学生充分运用一分为二的观点看问题,学会抓主流,把握事物的性质。

高中思想政治课是一门交叉学科,为了更好地贯彻落实核心素养参与意识的培养,笔者设计了"我来做做看"环节。

请运用《经济与政治》相关知识,为解决共享单车带来的"新问题",特提出对议题式教学运用策略建议。

【要求】小组合作研究,每个组员分工参与,该组组长主持,同时做好记录输入工作,最后派该组同学代表汇报总结综述。

在实施活动过程中,学生需先弄清楚文字及视频中反映的共享单车带来的"新烦恼"是现实生活中过量投放、人为损坏带来的结果,然后引导学生从《必修一》教材的三个主体(政府、企业、公民)维度来思考应对策略。如,国家可通过科学运用"有形手"具体落实新发展理念;企业通过自主创新生产高质量的共享单车,更好地满足消费者日益增长的对美好生活的需求,又要注重观察市场导向,积极承担相应的社会责任;公民应从国家主人角度出发,珍惜共享单车,合理有序使用,有序停放,提升自身社会公德意识。

【设计评价】为了更好地适应议题式教学新思路,教师还需及时转变课堂理念,结合学科素养对学生在课堂上的表现进行多样化评价,设计如表1所示。

表1 学生议题课堂活动表现评价表

课堂表现	等级评价
善于倾听并尊重他人的观点	
能够准确表达自己的观点,并举例说明	
对矛盾问题的认识深刻到位	
通过讨论思辨及时反思,做出正确的价值判断	

评价体系实施过程,起初可能会让学生一时很难适应,甚至有部分学生认为高中生做量表评价没有实际意义。作为教师,应该多包容鼓励,让学生理解议题式复习过程中量表的评价可以帮助自己锻炼分析和思辨能力,从而有助于提高学生的学科核心素养。

四、实践反思,深化行动研究

高三复习教学仅仅依靠议题相关生活素材来复习,是远远不够的。复习课型与新授课型目标定位不同,复习课侧重知识整合、深化,考纲知识容量大,对学生要求较高,需要学生灵活运用和迁移知识。在这个过程中,合作探究的形式可以帮助学生自主或合作建构知识体系,独立完成材料分析,通过充分感悟模拟卷和真题,夯基提技。

当前议题式教学在高三政治复习课中的运用仍处于探索阶段,议题式教学深入复习课的这个过程不能急于求成。因此立足课堂与教材、优化情境、设计合理的学习任务,方能激发学生学习的积极性,提高政治复习的有效性,进一步提升学科核心素养。

开展议题式复习教学,要求我们每一位教师在进行活动设计时,要充分考虑该议题所涉及的知识范围,对设计的活动进行有效的规划,做到课前活动、课堂活动和课后活动综合考量,以规范、有序的活动来推动议题的解决和核心素养目标的实施,最终实现"议题式学科课程"构建的完美落地。

参考文献:

[1] 王平.把每个孩子深深吸引[M].上海:华东师范大学出版社,2017.

[2] 骆秋炎.活用归纳思维[J].思想政治课教学.2021(2):52.

[3] 沈学春.议题式教学的层式架构[J].中学政治教学参考,2018(10):32-34.

坚守"两育""理践"结合　牢抓素养　注重评价

——2021 年浙江省选考高中思想政治试卷命题特点简析

浙江省建德市严州中学新安江校区　于　群

摘　要：2021年浙江省1月高中思想政治学科选考试卷聚焦《浙江省高中思想政治学科课程标准》和《浙江省高中思想政治学科指导意见》，指向思政学科的核心素养，彰显了立德树人的时代性和素材精选的与时俱进性，总的来说，是一份高水平、高质量的命题试卷。

关键词：新型教育体系；思想政治课教学；选考

一、突出学科特色，凸显育人导向

1.**上关下联，理论与实践紧密结合**。结合课程标准，"上关"主要强调对教材原理和内容的考查，如试卷共分为六个模块，经济模块主要考查了价值量、经济全球化、纸币、民营经济、劳动者的就业观、减税减费、大力发展生产力以及消费的相关知识，前六个考点侧重考查概念的理解，后三个知识点强调知识的运用。政治模块考查内容为基层群众自治、人大代表、国家安全观、社会主义民主特点、政府职能、全国人大常委会地位及职能、中国共产党、国家利益及公民的相关知识，除最后一题外，其他题目主要强调对知识细节的把握，公民知识则考查同学们宏观上对第一单元知识的筛选。文化模块则考查了文化的含义、文化对人的影响、传统及民族文化、文化传播、新中华民族精神等内容。从命题内容来看，文化模块的考查与往年有较大的不同，知识考查偏向对时政材料的审题和细节的筛选，要求比以往的选考试卷难度上偏低一些。哲学模块考查了哲学基本派别、实践决定认识、量变和质变、联系观、价值观、意识的作用、矛盾的基本属性，与其他模块不同的是，哲学题目主要偏向于对知识的运用和理解。国常模块涉及美国的国体、法国政体运行特点、欧盟、美国两党制，内容紧贴时政，材料与设问逻辑设计环环相扣。法律模块主要结合当今典型案例改编考查案例分析，涉及所有权、违约责任的承担方式、专利权、人格权益（隐私权、名誉权）及合同履行的原则，要求学生运用所学法理知识，解决实际问题。

"下联"则强调命题材料紧贴现实生活，联系时政背景，具有与时俱进的时代特点，本次选考试卷紧密联系现实热点：基层治理、网红经济、数字产业转型升级、疫情背景下中国的营商环境、《国家科学技术奖励条例》和《中华人民共和国生物安全法》的审议通过、"一带一路"、《本草中华》纪录片、北斗卫星导航系统、长三角一体化、浙江老城区改造、疫情防控中的"小青荷""银发联盟"、脱贫攻坚、直播带货、杭州奥体中心设计、共享单车、"抗美援朝70周年"、新冠疫情、拜登当选美国总统，这些选材鲜活生动，贴近学生现实，设问切口做到微观与宏观有机结合，由知识点到框架面，点面结合，既充分体现了国家宏观政策，又具体呈现了浙江特色，实现了共性与个性的统一。

2.**由浅入深，智育与德育齐头并进**。浙江省选考试卷结构特点显著，层次分明。判断题10分，侧重对经济、政治、文化、哲学基础知识的了解和掌握。单向选择题59分，既要求同学们做到理解书本知识的内容，也对同学们对材料细节、主旨和关键词的分析能力提出了更高的要求。综合题31分，从以往浙江命题的特点来看，考查范围一般是必修和选修范围内六本书，其中必修部分的文化和政治交替考，不会出现在同一张试卷中。浙江省的材料综合题在经历了一年多的调整和变革后，也注重对开放性试题的选取，如"提意见类"的3分题，让考生设身处地为材料中的行为主体提出具体可行的意见，如给企业转型提意见、为政府更好地履行职能提意见等。其中大切口设问,如单元标题、课标题也陆续出现在题目设问中,这对同学们对教材的整体把握和知识建构提出了更高的要求。

在整个题目设计中,贯穿了德育和实践育人的功能性题目。如第31题:

从充满青春朝气的"小青荷"、发挥余热的"银发联盟",到疫情防控一线的国际面孔……如今,志愿服务在浙江大地日益成为一种新的生活样态,在"重要窗口"建设中大显身手。由此可见,实现人生价值(B)

①需要正确价值观的引导

②需要努力发展自身才能

③必须投身志愿服务

④必须正确处理个人与社会的关系

A.①③　　　B.①④　　　C.②③　　　D.②④

此题目设置中结合了浙江省疫情防控志愿服务活动的现状。志愿活动之所以在浙江省的疫情防控中大显身手,是因为志愿者们正确价值观的引导,这种德育功能向学生们传递了积极进取、不怕困难的社会正能量,同时通过志愿活动的相关实践活动,学生们既可以服务社会,实现社会价值,又可以磨砺自我,做到知行合一,最终形成自我价值与社会价值的有机统一,彰显了浙江省命题过程中立德树人的价值导向,帮助学生在潜移默化中提升道德境界。材料中不涉及人们的才能和素质,因此②选项与材料无关,难点在于对③的理解,服务社会的实践是多种多样的,而志愿服务是社会服务实践的其中一种情况,因此可以排除选项。总的来说,题目的呈现特点由易到难、由浅入深、层层递进,呈现了教材原理与生活实践的精准衔接,凸显高中思想政治学科的育人功能。

二、专注逻辑融合,彰显能力培养

1.知识逻辑与材料逻辑相融合。高中生的逻辑思维能力相对不足,日积月累的有效训练有利于形成逻辑思维能力,使学生在做题实践中能够明晰含义、合理判断、合理推理和有效论述。

如，第14题选择题：2019年我国营商环境若干优势指标及国际比较如表1所示。

表1　2019年我国营商环境若干优势指标及国际比较

国家	创办企业所需时间（天）	通电所需时间（天）	筹纳税所需时间（小时）	纳税项（数量）	征信信息深度指数（1=低至8=高）	企业信息披露程度指数（1=低至10=高）
中国	8.6	32	138	7	8	10
德国	8	28	218	9	8	5
日本	11.2	80.9	128.5	19	6	7
美国	4.2	89.6	175	10.6	8	7.4

注：根据世界银行《营商环境报告》，我国营商环境排名从2017年的第78位跃升至2019年的第31位。资料来源：转引自《疫情冲击下的中国经济》，人民出版社，2020年。

从表1可以得出，我国（　C　）

①减税力度超过部分发达国家

②市场在资源配置中发挥作用的环境得到改善

③部分营商环境指标优于美国

④政府在市场经济建设中发挥了更大的作用

A.①②　　　　　　B.①④　　　　　　C.②③　　　　　　D.③④

考查逻辑思维能力的关键是有效获取材料的有效信息，形成准确的材料逻辑，设问中已明确提到了表格可以得出的内容，也就是寻找材料显示出来的信息。在此题中很多同学会误选①选项，因为学生看到材料中的中国纳税项目是世界上最少的。实际上，纳税项目的多少与减税力度的大小并不是必然的因果逻辑。也就是说，纳税数量少，但是每一项纳税额度高，也不会导致减税力度的减少，这就是材料逻辑。接下来通过解读④选项可以明显发现，我国虽然处于社会主义市场经济阶段，却并没有刻意强调市场和政府的作用谁更突出，而是要发挥好市场和政府的调控经济两只手的作用，因此关于谁更重要或者谁发挥更大的作用的表述是错误的，这运用的便是知识逻辑。材料逻辑和知识逻辑融合,使学生透过材料,把感性认识上升到理性认识,深刻把握材料背后的主旨和本质。

2.信息解读和综合运用相统一。信息是人们区别不同事物,并运用其认识和改造世界的前提条件。浙江省选考试卷中信息的呈现方式也是丰富多彩的,如文字信息、图表信息、漫画信息等,用来衡量考生的信息解读和处理能力。如,2021浙江选考卷第14题营商环境图表题,给出结构化、信息含量丰富的表格,要求考生从中提取有效信息,排除多项干扰,进行有效的数据筛选和分析。再如,第28题漫画《猪八戒提供了图像资料》中,既要看到"八戒提供图像资料"这个文字信息,进一步思考是否提供图像就是真实的,可不可以PS等?还要思考漫画里大师兄悟空和三师弟沙悟净面面相觑画面背后的意思,讽刺了一种网络时代版本的官僚主义。无论是文字、图表还是材料,对材料的取舍过程能够强化学生的认知力,是高校人才选拔的重要标准。

坚持理论与实践相结合是高中政治课教学的基本原则,也是高考命题的重要依据。紧跟时代,贴近社会与生活是高考命题的初心所在。如,综合题第38题第(2)问中为了促进"直播带货"健康发展,运用有关公民的知识,给直播者提出三条建议,就是希望通过现实环境的呈现,同学们能够结合现实去解决直播带货的问题,从而感悟其知识原理背后的应用价值。

三、考查核心素养,完善命题导向

1.构建素养导向型的题目设计机制。提高学科核心素养是高中生身心发展、步入社会的基础性条件,也是我国教育立德树人的根本要求。在新课改背景下,我国已基本完善了高中阶段政治学科学生核心素养的标准认定,即科学精神、法治意识、政治认同和公众参与。据此,结合2021年1月浙江政治选考试卷,归纳总结出表2内容。

表2　2021年浙江1月选考试卷部分试题核心素养导向列表

题号	问题情境	体现的核心素养(关键)
12	民营经济	政治认同、科学精神

续表

题号	问题情境	体现的核心素养（关键）
14	国际营商环境比较	科学精神
16	人民民主的特点	政治认同
17	政府转变职能	政治认同、科学精神
19	党的初心及使命	政治认同
20	共建"一带一路"	科学精神
23	《本草中华》	政治认同、科学精神
26	新时代有为青年	政治认同
31	浙江志愿服务	公众参与
35	微信群争执闹事	法治意识
36	杭州奥体中心设计	科学精神、法治意识
38	直播带货	公众参与
39	抗美援朝70周年	政治认同
40	美国两党与欧盟	科学精神

2.试题美中不足，期待蜕变。由表2不难发现，试题内容题目设计十分丰富，下到微观生活情境类现实题材，上到国家宏观的顶层制度设计，内到我国的经济复工、政治改革、文化理念、社会热点问题、疫情防控，外到国际时政热点、形势变化等问题，字里行间进行着无形的核心价值观的引领和熏陶。但难免存在一些问题：首先，题目设计中体现公众参与的偏少，学科素养的体现是不平衡的；其次，判断题、选择题和综合题难度较低，区分度不大，这对接下来的成绩赋分会带来较大的难度；再次，试题的开放性有待于进一步提高；最后，重复考查的知识点偏多，相信这些小的问题在接下来的教学改革中会不断被解决，趋于完善和成熟。

参考文献：

[1] 赵军霞.以试题命制讲好中国故事［J］.思想政治课教学.2021(2).

[2] 钱煜明.探究新真题，靶向除"灶病"［J］.中学政治教学参考.2021(3).

[3] 中华人民共和国教育部.普通高中思想政治课程标准［M］.北京：人民教育出版社，2018.

概述高中思政课课堂教学的点拨法

浙江省建德市寿昌中学　祝敏红

摘　要：启发式教学是优化课堂教学、提高教学质量的必然要求，点拨法是启发式教学的重要方式。该文探索如何在中学思想政治课教学中运用点拨艺术，优化点拨技巧，以激活学生思维，产生打造高效课堂的神奇力量，提高思想政治课教学的效度。

关键词：思政课教学；启发式教学；点拨法

提高教学效率，必须选择科学的教学方法，启发式教学是与注入式教学相对立的，一种较为有效的教学方法。在教育学上，启发式不只是一种教学方式，更是一条教学原则，是一种教学指导思想。实行启发式的目的，主要在于调动学生学习的积极性和主动性，启发学生独立思考，发展学生的智力和能力，引导学生动脑、动口、动手，进行创造性学习，贯彻启发式的原则，可以运用多种教学方法，点拨法就是其中的一种重要方法。

"点拨教学法"是以目前前沿的现代认知心理学理论——构建主义为理论基础的。"点"就是"点要害，抓重点"；"拨"，就是"拨疑难，排障碍"，即针对学生学习过程中存在的知识障碍与心理障碍，运用"画龙点睛"和排除障碍的方法，适时巧妙而灵活地启发诱导学生的学习活动，帮助学生学会动脑思考和动口表达，从而达到掌握知识并发展能力的目的。运用点拨法，同样是为了做到这一点。孔子说："不愤不启，不悱不发，举一隅不以三隅反，则不复也。"（《论语·述而》）这里所说的"启"与"发"和

"举一反三"，实际上就是一种点拨。叶圣陶同志说："教师之教，不在于全盘讲授，而在于相机诱导。"所谓"相机诱导"，就是适时点拨，正是贯彻启发式的一种较好的教学方法，在高中思政课教学中更是如此。

一、导入点拨，引发兴趣

"兴趣是最好的老师。"点拨学生的思想，激发他们的兴趣，打开他们的思路，是上好一堂课的前奏曲。明代王阳明就曾指出兴趣对于学生学习的重要性，他说："今教童子，必使其趋向鼓舞，中心喜悦，则其进自不能已。"巴甫洛夫高级神经活动学说实验证明了：积极的情感是人的一切活动（无论是体力活动还是脑力劳动）的强有力的鼓舞者和发动者；相反，消极的情感则阻碍压抑他的工作。教育家斯卡特金说："如果我们能够做到百分之百地使孩子们兴致勃勃地学习，那么我们的成绩率就是全优的了。兴致勃勃地学习，不仅是孩子们的幸福，而且也是教师们的幸福。"点拨法就是要激起学生求知欲望与学习兴趣，把他们引入"兴致勃勃地学习"境界，提高学习效果。教师进入新课学习前，若能通过精心设计，运用一定的点拨方式和手段，营造出与新课相适应的学习情境和氛围，就能调动起学生的学习兴趣，激起学生高涨的学习热情和强烈的求知欲望，并把学生的注意力很快吸引到对新知的学习上来。比如，笔者在引入"事物的矛盾具有各自的特点"这一课时，先设置一个猜谜语游戏，谜语如下。

1.一双似喜非喜含情目，态生两靥之愁，娇袭一身之病。泪光点点，娇喘微微。闲静时如娇花照水，行动处似弱柳扶风。

2.身长九尺，髯长二尺；面如重枣，唇若涂脂；丹凤眼，卧蚕眉，相貌堂堂，威风凛凛。骑坐赤兔马，提一口青龙偃月刀。

3.个子不高，面容黑瘦，短平头，头发根根竖立，胡须像隶体"一"字，穿着长衫，常咬着烟嘴。

谜语一出，激起了学生极大的兴趣，一个个跃跃欲试，争先恐后地抢着回答。然后笔者适时点拨道：这些不同的人物有着不同的特征，从哲学上看,就是矛盾的特殊性。这种创设情境式的导入,发挥了点拨功能,激发了学生的学习兴趣。

二、疑难点拨,排除障碍

点拨学习疑难,启发学生思考,引导他们主动探索;在探索过程中相机引导,适时指点,帮助学生逾越障碍,从而培养和提高学习兴趣,充分调动自觉学习的积极性和主动性。我们知道,学习的过程是一个不断发展的认知过程,它往往要经历一个无疑——生疑——解疑——领会的过程。传统的教学是教师唱独角戏,将这个过程变为教师嚼烂知识送进学生嘴里的简单的包办代替的形式,导致的结果是学生的思维变得呆板机械。点拨法教学则侧重于点拨学生自己在无疑中生疑、解疑,或者当学生实在生不出疑难时,教师献疑,让学生活跃起来,攻克疑难,逾越障碍。学生在"可疑"处"不疑",原因有三:一是对实际生活缺乏深入了解;二是思想方法的片面性;三是没有积极认真思考。因此,需要教师的相机诱导,适时点拨,即通过"激疑"引导学生思考,把隐含的疑点揭露出来,疑问提出来以后,教师又需引导学生去解决疑问。点拨的目的是让学生学会积极思考。苏霍姆林斯基说得好,如果把掌握知识的过程比喻为建造一幢大房屋,那么,教师应该提供给学生的只是建筑材料——砖头、灰浆等,把这一切垒起来的工作应当由学生去做。经常看到,正是由于教师不让学生去干这种笨重的建筑工作,才使得学生变得不够机灵、理解力下降 。只有让学生去实际地干,他才会真正开始掌握知识。如,在学习矛盾普遍性和特殊性的辩证关系时,有学生提出能不能将矛盾普遍性与特殊性的关系理解为整体与部分的关系,为了让学生进一步理解,笔者出示了下列一组图。

1. 工厂(整体)可分为办公室、生产科、供销科、财务科、行政科等(部分)。

2. 工厂(共性)可分为钢铁厂、机床厂、纺织厂、食品厂、炼油厂等(个性)。

部分组成整体 整体具有部分没有的功能 所以整体比部分内容更丰富	共性是对个性共同点的概括 但不能把个性的全部内容概括进去 个性比共性要丰富

学生在比较、分析的过程中很快得出了上面方框中的结论，进一步理解"整体与部分的辩证关系"与"普遍性寓于特殊性之中"的哲理。

三、争鸣点拨，激活思维

组织学生对教材中的"热点""难点"进行讨论，引导学生能动地学习。因学生水平和能力的差异，课堂上学生对某个问题的认识或理解常会出现截然不同的矛盾观点。对此，教师如果总是简单地予以否定，则难以让学生信服，有时甚至产生逆反心理。若教师能抓住契机点拨他们的思维，充分发挥学生的主体作用，鼓励学生大胆发表自己的见解，相互辩论，相互质疑，相互点拨则能统一认识，求得正解。正如萧伯纳所言："你有一只苹果，我也有一只苹果，我们俩交换后，手里仍只有一只苹果；而如果你有一种思想，我也有一种思想，我们交换后就各有两种思想了！"如"共产党员、共青团员能否信仰宗教？"这一问题一提出，课堂上立刻热闹起来，有的赞成，有的反对，在辩论中引经据典，旁征博引，各不相让。这时，笔者鼓励学生针对上述观点发表见解，有的同学认为："我国宪法明确规定，中华人民共和国公民有宗教信仰自由，我国实行尊重和保护宗教信仰自由政策。共产党员和共青团员是公民，也应该有享受宗教信仰自由的权利，他们的宗教信仰自由也应该受到保护。"有的同学认为："宗教信仰是个人的事，不能干涉。"有的同学认为："共产党员是无产阶级先锋队战士，共青团员是党的得力助手，如果相信迷信，岂不是混同于普通老百姓？"这时笔者适时提出了：（1）什么是宗教？宗教的本质是什么？（2）中国共产党的性质、宗旨、指导思想各是什么？党既然是以马列主义、毛泽东思想为指导的，即是坚持唯物主义，反对唯心主义的，那么，共产党员和共青团员能否信仰宗教呢？经过点拨结论自然而出。实践证明，辩论是很有效的点拨手段，既可以相互启示，又给了个人以表现的空间。当学生能畅所欲言时，就有可能突破思维习惯，有所创见，达到意想不到的教学效果。

四、辐射点拨，拓展思路

辐射思维是创造性思维的主导成分和核心，是提高学生创造性思维的关键。所谓辐射思维，就是对某一问题，从不同角度、不同侧面去观察、思考、想象，寻找解决问题的多种方法、方案，像辐射一样多向发散展开的一种思维方式。在教学中，教师要选准思维的辐射点，即在设疑中激起学生思考、联想和改变思考方向的焦点，这是突破难点和"诱思"的关键之处，又是学生凭借已有知识让思维易辐射开去的爆发点。在哲学教学中，教师利用辐射法（通过辐射对所学同类知识归总合并形成体系的终结性点拨法）引导学生对所学知识做进一步的归纳总结。一方面，让学生在更高层次的水平上认识掌握所学知识的整体结构。另一方面，深刻理解这些知识在整个知识体系中所处的地位和作用，使知识在学生头脑中串珠成线，前后连贯，形成系统。如学习了矛盾知识后，引导学生就以下问题思考回答：（1）唯物辩证法的根本观点是什么？（2）这一观点与联系的观点、发展的观点之间有什么内在联系？第一个问题要求学生能准确诠释概念，第二个问题让学生学会联想、分析并对所学知识辐射归并。这两个有序递进的问题的设置与点拨，可以使学生进一步系统全面地了解和掌握唯物辩证法的有关知识。这既锻炼了学生的发散性思维，又提高了学生归纳总结的能力。

五、讲评点拨，引导反思

学生练习之后，迫切希望教师讲评点拨。因此，教师一定要分清详讲、略讲和不讲的界限。教师的点拨要有的放矢，围绕教学重点和学生难点，着重知识难懂处、概念模糊处、应用易错处、实验难做处和思路难通处。其具体应该做到：首先，要讲清解题思路。其次，要讲清学生没有解决好的问题，要有重点地点拨，尽量做到显其要处、隐其全。最后，要讲清技巧，突破难点，化开学生的疑团。点拨也有层次：第一层次，重在"拨正"——就题论题，释疑解难；第二层次，重在"点化"——借题发挥，由此及彼，由表及里，由点及面。

总之，讲评点拨要遵循教师的主导作用和学生的主体作用有机结合的原则，引导学生怎样思考问题，教给他们寻找答案的方法，授给学生完整的知识。讲评点拨要紧扣问题，但不要拘泥于问题，要紧紧围绕教学做文章。在授业解惑时，还要充分地肯定学生的努力，热情赞扬学生独立思考的精神，保护和激励学生的创造性，使学生感受到探索的喜悦和学习的乐趣，强化学习动机。不能"满堂灌"或"一言堂"，务必让学生"吃得饱，更要吃得好"。

参考文献：

[1] 邓胜兴，姚凤娟，王林发.教师课堂提问的技巧和策略[M].重庆：西南师范大学出版社，2017.

[2] 周明，沈群.提升学生核心素养[M].南京：江苏凤凰科学技术出版社，2017.

浅谈高中思政课教学中的例证艺术

浙江省建德市寿昌中学　祝敏红

摘　要： 该文探索如何在高中政治教学中运用例证艺术，提高政治教学的有效性。首先，阐述了例证艺术是优化课堂教学、提高教学质量的内在的必然要求。然后介绍了政治课教学中例证要坚持的原则和注意的问题。

关键词： 思政课教学；例证；效能

理论联系实际是高中思政课教学的基本原则，也是政治的生命力和战斗力之所在。为了更好地帮助学生掌握知识，培养能力，提升学生的学科核心素养，在高中思政课教学中，往往需要教师旁征博引，精选一定的典型事例予以分析说明，使政治课中枯燥的内容趣味化、抽象的内容具体化、深奥的内容浅显化、死板的内容灵动化，从而寓教于乐，激发起学生学习政治课的积极性。这就需要创新政治教学中的例证艺术。

一、运用例证艺术的基本价值

1.运用例证艺术有助于克服思政教材的滞后性。思政课教材具有相对的稳定性，与变幻莫测的国际形势和日新月异的国内形势相比，教材内容不可避免地具有相对的滞后性。理论必须反映时代的风貌，在思政课教学中，运用例证有利于克服教材的滞后性、彰显教学的时代性、讲究教学的针对性。

2.运用例证艺术有助于丰富学习的趣味性。多年来,我们的教育似乎形成了一套这样的模式,整个教学过程以讲解为主轴,讲解又以应付考试为中心。这种模式也"非常权威"地占据着政治教学的全过程。在这种模式影响下,理论联系实际原则的运用出现了偏差,变成了理论联系考试。这种"唯应试主义"不能培养学生用学过的理论分析问题、解决问题的能力,更不能达到提高学生思想觉悟的目的。传统的陈旧教学方法已经远远不能适应知识经济迅速发展的要求。当今的高中生心理和思想特点更具时代性和社会性,但他们又受到知识水平、生活阅历、思维方式和认识能力的制约,更会受到各种复杂社会因素的影响和干扰,他们对现实生活往往缺乏理性分析,会产生模糊的认识或错误的意识。这就要求教师在教学中坚持以人为本,关注当下社会人们的精神需求。在运用书中实例的同时,注意运用学生比较熟悉、易于理解的,生动具体的例证来旁征博引地论证书中的基本原理。同时,教师更需要启发学生自己联系贴近教材原理、贴近现实生活的事例开展讨论。这样把课堂教学、社会实践紧密结合起来,激发学生的学习兴趣,不仅能活跃课堂气氛,还能充分调动学生学习的积极性、主动性和创造性。

3.运用例证艺术有助于提高教学的有效性。"理论是灰色的,生活之树常青。"思想政治课的教学内容就是由许多概念和原理所构成的知识体系。传授这样的知识,需要一些生动形象的例证。杜威说:"最好的一种教学,牢牢记住学校教材和实际经验二者相互联系的必要性,使学生养成一种态度,习惯于寻找这两方面的接触点和相互的关系。"例证对于学习理论、突破难点、理解重点、揭示关系,提高政治课教学有效性有着特殊的作用。特别是那些联系党和国家政治生活以及学生学习、思想、生活实际的鲜活实例,效果更佳。因为它源于实际,来自现实,充满了浓厚的时代气息和生活气息,形象具体,浅显生动,易于理解,便于接受,有利于理论联系实际,化抽象为具体,化复杂为简单,便于学生消化吸收,提高课堂教学效能。

二、运用例证艺术的主要原则

例证是一门艺术。例证运用得好，就会取得良好的教学效果；反之，只是徒费口舌，事倍功半。但选例证难，精选更难。因为马克思主义理论源于生活又高于生活，是对政治、经济、社会生活的高度概括和抽象。因此，不是现实生活中的任何事例都能用来论证理论的，更何况，生活中的事例是具体的、个别的、千姿百态的。要用个别的、具体的事例去说明一般的、普通的、抽象的理论确非易事，两者的结合往往不是勉强的，就是欠严密性，给人以生硬的强加感。所以，必须"沙里淘金"，对例证精心"鉴别"，对材料仔细"筛删"，从中精选出能论证理论、揭示联系、反映本质的"矶珠"。如果信手拈来，不加选择，就有可能导致例证的庸俗化，有损例证的思想性和科学性。根据教学实践并借鉴名家成功经验，我认为，运用例证艺术必须坚持以下几个原则。

1.**科学性原则**。科学性是指教师在教学中用来说明抽象理论的例证必须具有对理论做正确无误说明的性质，免使学生因例证的运用不当而对理论知识产生歧义或误解。政治是一门科学，有其科学的知识体系和独特的学科规律，教师必须用科学的态度来对待它。科学性是政治课堂教学中运用例证的起码要求，是保证向学生准确传授知识的前提。现实生活中的事例和问题很多，但不是所有的事例都能科学地说明某个理论。所以，教师在课堂教学中要注重材料的权威性和真实性。不能选用那些存在争议、尚未肯定的东西，也不能选用那些道听途说、无真实依据的东西，更不能歪曲事实胡编乱造。对已占有的材料应去粗取精，去伪存真，力求做到实事求是。特别是对涉及的时间、数据等更需要慎之又慎，切忌信口开河。必要时，还应向学生讲明其来源出处，以增强可信度和说服力。只有言出有据，与"原典"意出不二，才不会误人子弟、贻笑大方。

2.**典型性原则**。典型性是指教师在教学中用来说明抽象理论的例证，必须是最具代表性的。所举例证能集中反映同类事物的共同本质，既能使学生全面、清晰地感知事物的形象和基本属性，又便于确切地揭示所要阐明的基本概念或原理的实质。这对于调动学生感知教材、理解教材的积极性，有着重要作用。例如："矛盾"的概念学习。由于矛盾具有普遍性，这种例子俯拾即是。但如果不经过精选，举些上下、左右、高低等例子，只能得出"矛盾就是互相对立，相互排斥"的结论，对初学者来说看似简单，但却很难把握矛盾的含义。而以电器"开关"为例就很容易说明问题。在开关这个统一体中，存在着相互联系，又相互对立的"开"与"关"两个方面。这个东西既能开又能关，"开"与"关"是相互对立的，但又相互依存，失去了一方另一方就不能存在，如果开关的一方坏了，只有"开"，或只有"关"，就不称其为开关了。这种存在于统一体中的既相互联系又相互对立的关系，就是矛盾。由此，关于"矛盾是对立统一的"科学含义也就清楚了。

举例具有典型性，就能使学生易于理解所要阐明的理论。举例不当，不仅难以启发学生由现象到本质、由具体到抽象的思维活动，甚至会把学生的思路引入死胡同。所以说事例的典型性是使学生正确理解理论知识的保障。

3.思想性原则。思想性是指教师在教学中运用的例证必须对学生具有教育意义。思想性是例证中体现政治本质属性的必然要求。政治教学的目的，不仅是为了培养学生运用所学知识去分析、解决实际生活问题的能力，更是为了让学生从中接受教育，提高觉悟。因此，必须引导学生树立正确的价值观，自觉践行社会主义核心价值观，内化于心、外化于行。

在高三政治《公民应履行维护国家利益的义务》的教学中，为使学生领会爱国主义的真谛，笔者引用了张作霖鲜为人知的一件往事。有一次张作霖应邀参加了一个酒会，席间有个日本名流拿出笔墨请张作霖题词。因为日本人听说张作霖大字不识几个，意欲让其当众出丑。不料张胸有成竹挥笔写出了大大的"虎"字，然后落款"张作霖手黑"。秘书看后，忙小声提醒："大帅，您的'墨'字少了个'土'，成了'手黑'了。"张作霖眼睛一瞪，掷笔而起，大声说道："我还不知道这'墨'字下面有'土'，这是给人家看的，不能让他带走'土'。"这发人深思、扣人心弦的例证，使人爱国之心油然而生。

教学中选材，不但应有利于"授业解惑"，还要有利于"传道"。我们绝不能选用那些庸俗低下、容易使人误入歧途的事例，而应该积极地选用那些格调高雅能给人以深刻启迪、催人向上的极富思想教育性的材料，使思想教育在传授知识的过程中恰如其分地进行，达到一种"随风潜入夜，润物细无声"的效果。

4.灵活性原则。政治课教学中的例证内容应丰富生动，同时形式要灵活多样。有时选用报刊文章中的事例，有时选用民间传说、名人轶事，有时选用诗词佳句、谚语、成语、格言、寓言故事；有时选用图表，有时采用演示，有时老师举例，有时也请学生举例，等等，增强授课效果。例如，在讲授"共产党领导地位的确定"这一课题时，播放《没有共产党就没有新中国》这首合唱歌曲，并讲解这首歌曲在音调、节奏上的层次安排，从平心静气的叙说到连珠炮式的短句，情绪越来越激奋，好似扳着指头列举事实，特别是最后两句是开头两句的变化再现，更加坚定有力，给人以理直气壮、毋庸置疑之感。通过这种艺术情景烘托，营造的氛围非常浓烈，同学们有了感情共鸣。这无疑为讲好"共产党领导地位的确立"这一课题，起到画龙点睛和升华的作用。

可以新旧结合，即新例与旧例的结合。过去的典型事例有很强的说服力，教学中当然要用。但当代的高中生成长于改革开放的环境中，新情况、新问题层出不穷，运用例证时只有新旧结合，以新为主，才能实现政治课教学的目的并增强其对学生的吸引力。

可以中外结合。这是指在说明某个观点时从国际与国内的联系中进行举例分析。我国社会主义政治、经济、文化等各个领域都与国外有着密切的联系，这在政治教材中也有着明显的体现。因此，我们的例证必须中外结合。否则，很难说清我国社会主义的优越性和对外开放政策。

可以正反结合。这是指为了说明某个问题从正确与错误两个方面进行举例分析。中华人民共和国成立后，我们在进行社会主义建设特别是经济建设方面走过了一段曲折的道路，党的十一届三中全会以后，我们逐步摆脱了"左"倾思想的束缚，我国社会进入了蓬勃发展的新阶段。在政治教材中，我们经常可以看到，许多道理正是通过正、反两方面的经验和教训进行说明的。所以，我们在进行论证时有意识地正反结合、对比分析，可以帮助学生明辨是非，领悟道理。

参考文献：

[1] 李国臣，孙九启，李铭浩.优化课堂教学的策略与修炼 [M].天津：天津教育出版社，2017.

[2] 王鹿.讲好课堂故事的六重蕴意 [J].中学政治教学参考，2021(3)：7-9.

附：陈志红特级教师工作室2018—2020学年工作概述

一、成员概况

姓　名	所在学校	政治面貌	最高学历	现有职称	现任职务	最高荣誉	最高获奖
陈志红	严州中学新安江校区	中共党员	本科	正高	协理员	省特级教师省劳模	全国论文评比一等奖
邢　洁	严州中学新安江校区	中共党员	本科	中级	学科组长	建德市教坛新秀	杭州优质课评比一等奖
谢　芸	严州中学新安江校区	群众	本科	中级	班主任	建德市教坛新秀	建德优质课评比一等奖
饶云燕	严州中学新安江校区	中共党员	本科	中级	班主任	杭州市教坛新秀	杭州"一师一优课"评比一等奖
方再华	严州中学梅城校区	群众	本科	中级	学科组长	建德市教坛新秀	杭州论文评比一等奖
连卫国	建德市新安江中学	中共党员	本科	高级	中层干部	浙派名师培养对象	建德市论文评比二等奖
于　群	建德市新安江中学	群众	硕士	中级	班主任	市教学能手	建德市教学技能大赛一等奖
童建红	建德市寿昌中学	群众	本科	中级	班主任	杭州市教坛新秀	杭州优质课评比一等奖
祝敏红	建德市寿昌中学	群众	本科	中级	学科组长	建德市教坛新秀	杭州优质课评比二等奖
吴晓君	建德市乾潭初中	中共党员	本科	高级	副校长	省教坛新秀、杭州名师培养对象	杭州论文评比一等奖

二、基本做法

1.以打造高效课堂为载体,组织教师参加省、地、县的各类教研活动,参加编题说题、职业技能大赛、业务考试等活动,导师为工作室成员上示范课,聘请专家做讲座等,提升教师的教学能力。

2.以杭州市立项课题"基于学科核心素养的高中思政课议题式教学行动研究"为载体,开展"同课异构"、外出学习、经验交流等活动,研究成果获杭州市综合课题三等奖,提升教师的研究能力。

3.以建立学习共同体为载体,为学员选购书籍,每年为学员征订本学科核心期刊2种、交流学习心得,提升教师终身学习能力。

4.以各类支教活动为载体,组织工作室成员上示范课,为兄弟学校开设专题讲座,学员结对带徒,组织学科经验交流,开展党史学习教育的专题讲座,提升教师的辐射能力。

5.以高端研训为载体,组织教师参加全国优质课展示会议,让教师开拓视野,更新观念,提高教师的创新能力。

6.以全面发展为载体,指导教师在学校管理、当班主任与当好学科教师等方面全面发展,提升教师的综合能力。

三、主要体会

1.工作室要引领教师讲政治,在"培养什么人""怎样培养人"与"为谁培养"等重大问题上,必须理直气壮,旗帜鲜明,提升自己的核心素养。

2.工作室要引领教师坚持系统思维,把学习、研究、管理、合作、反思有机结合起来,提高教书育人的实效。

3.工作室要引领教师坚持团结合作,把个人理想融入国家理想之中,把个人奋斗融入团队共进之中,充分发挥教师的战斗力、合作力与辐射力,努力实现共商共建共享共赢。